CONDITION

CIVILE ET POLITIQUE

DES MILITAIRES

Volume mis à jour au 9 août 1926.

CHARLES-LAVAUZELLE & Cie

Éditeurs militaires
PARIS, Boulevard Saint-Germain, 124
LIMOGES, 62, Avenue Baudin | 53, Rue Stanislas, NANCY

1926

N° 28.

CONDITION

CIVILE ET POLITIQUE

DES MILITAIRES

Volume mis à jour au 9 août 1926.

CHARLES-LAVAUZELLE & CIE

Éditeurs militaires

PARIS, Boulevard Saint-Germain, 124

LIMOGES, 62, Avenue Baudin | 53, Rue Stanislas, NANCY

1926

CONDITION
CIVILE ET POLITIQUE

DES MILITAIRES

I. — Actes de l'état civil.

Note ministérielle indiquant la voie à suivre, par les conseils d'administration des corps, pour se procurer les expéditions d'actes de l'état civil dont la production est prescrite par les règlements militaires.

(Bureau de l'Habillement.)

Paris, le 17 décembre 1866.

L'examen des comptes des masses générales d'entretien a donné lieu de constater que les conseils d'administration des corps de troupes ne suivent pas tous la même marche pour se procurer les actes de naissance des militaires sous les drapeaux, dans les circonstances où la production de ces pièces est exigée par les règlements.

A l'avenir, ces actes, pour quelque cause qu'ils soient réclamés (promotion des caporaux ou brigadiers au grade de sous-officier, instruction de propositions d'admission à la retraite ou pour la réforme avec gratification renouvelable, etc.), devront être demandés à MM. les maires des communes du lieu de naissance, qui sont autorisés par la loi à les délivrer sur papier libre et par conséquent sans frais.

Le Ministre rappelle, à cette occasion, que les présidents des conseils d'administration jouissent du droit de correspondre en franchise *sous bandes*, avec les maires, dans toute l'étendue de l'Empire, relativement à la délivrance des actes de l'état civil concernant les militaires en activité.

Note ministérielle relative aux actes de l'état civil délivrés en Alsace-Lorraine et produits en France, et réciproquement (1).

(Cabinet du Ministre ; Correspondance générale.)

Paris, le 15 septembre 1874.

Le Vice-Président du Conseil, Ministre de la guerre, rappelle aux diverses autorités militaires, qu'aux termes de l'arrangement intervenu le 14 juin 1872 entre la France et l'Allemagne, les actes de l'état civil, les documents judiciaires et autres analogues, délivrés en Alsace-Lorraine et produits en France, et réciproquement, doivent être admis par les autorités compétentes des deux pays lorsqu'ils ont été légalisés, soit par le président d'un tribunal, soit par un juge de paix ou son suppléant.

Il n'y a pas lieu, par conséquent, de réclamer, pour ceux de ces actes qui sont présentés aux autorités militaires françaises, la légalisation de l'ambassade de France en Allemagne.

---

(1) Sans objet.

Loi relative aux actes de procuration, de consentement et d'autorisation dressés aux armées ou dans le cours d'un voyage maritime.

Paris, le 8 juin 1893.

Le Sénat et la Chambre des députés ont adopté,

Le Président de la République promulgue la loi dont la teneur suit :

Art. 1er. En temps de guerre ou pendant une expédition, les actes de procuration, les actes de consentement à mariage ou à engagement militaire et les déclarations d'autorisation maritale, consentis ou passés par les militaires, les marins de l'État, ou les personnes employées à la suite des armées ou embarquées à bord des bâtiments de l'Etat, pourront être dressés par les fonctionnaires de l'intendance ou les officiers du commissariat.

A défaut de fonctionnaires de l'intendance ou d'officiers du commissariat, les mêmes actes pourront être dressés : 1o dans les détachements isolés, par l'officier commandant pour toutes les personnes soumises à son commandement ; 2o dans les formations ou établissements sanitaires dépendant des armées, par les officiers d'administration gestionnaires pour les personnes soignées ou employées dans ces formations ou établissements ; 3o à bord des bâtiments qui ne comportent pas d'officier d'administration, par le commandant ou celui qui en remplit les fonctions ; 4o dans les hôpitaux maritimes et coloniaux, sédentaires ou ambulants, par le médecin directeur ou son suppléant pour les personnes soignées ou employées dans ces hôpitaux.

Art. 2. Au cours d'un voyage maritime, soit en route, soit pendant un arrêt dans un port, les mêmes actes concernant les personnes présentes à bord pourront être dressés : sur les bâtiments de l'Etat, par l'officier d'administration ou, à son défaut, par le commandant ou celui qui en remplit les fonctions, et sur les autres bâtiments, par le capitaine, maître ou patron assisté par le second du navire ou, à leur défaut, par ceux qui les remplacent.

Ils pourront de même être dressés, dans les hôpitaux maritimes ou coloniaux, sédentaires ou ambulants, par le médecin directeur ou son suppléant, pour les personnes employées ou soignées dans ces hôpitaux.

Art. 3. Hors de France, la compétence des fonctionnaires et officiers désignés aux deux articles précédents sera absolue.

En France, elle sera limitée au cas où les intéressés ne pourront s'adresser à un notaire. Mention de cette impossibilité sera consignée dans l'acte.

Art. 4. Les actes reçus dans les conditions indiquées en la présente loi seront rédigés en brevet.

Ils seront légalisés : par le commissaire aux armements s'ils ont été dressés à bord d'un bâtiment de l'Etat; par l'officier du commissariat chargé de l'inscription maritime s'ils ont été dressés sur un bâtiment de commerce; par un fonctionnaire de l'intendance ou par un officier du commissariat s'ils ont été dressés dans un corps de troupe et par le médecin-chef s'ils ont été dressés dans un hôpital ou une formation sanitaire militaire.

Ils ne pourront être valablement utilisés qu'à la condition d'être timbrés et après avoir été enregistrés.

La présente loi, délibérée et adoptée par le Sénat et par la Chambre des députés, sera exécutée comme loi de l'Etat.

Fait à Paris, le 8 juin 1893.

Signé : CARNOT.

Par le Président de la République :

Le Ministre de la marine,
Signé : RIEUNIER.

Le Ministre de la guerre,
Signé · Gal LOIZILLON.

Le Garde des sceaux,
Ministre de la justice,
Signé : E. GUÉRIN.

Le Ministre des affaires étrangères,
Signé : Jules DEVELLE.

Loi ayant pour objet de suppléer par des actes de notoriété à l'impossibilité de se procurer des expéditions des actes de l'état civil dont les originaux ont été détruits ou sont disparus par suite de faits de guerre.

Paris, le 20 juin 1920.

Le Sénat et la Chambre des députés ont adopté,

Le Président de la République promulgue la loi dont la teneur suit :

Art. 1er. Jusqu'à ce que la reconstitution ou la restitution des registres ait été effectuée, il pourra être suppléé par des actes de notoriété à tous les actes de l'état civil dont les originaux ont été détruits ou sont disparus par suite de faits de guerre.

Art. 2. Ces actes de notoriété seront reçus dans les formes prévues par les articles 70 et 71 du Code civil, sauf les modifications qui suivent :

1º Ils seront dressés sans aucun frais par le juge de paix du domicile ou de la résidence du requérant.

L'expédition en sera délivrée dans les mêmes conditions que le serait l'expédition de l'acte qu'elle remplace et sans que le coût puisse en être plus élevé;

2º Ces actes de notoriété seront visés pour timbre sur la minute et enregistrés gratis et ne seront pas soumis à homologation;

3º Le nombre des témoins sera réduit à trois.

Art. 3. Les requérants et les témoins qui seraient convaincus de fausses déclarations tomberont sous l'application des articles 363 et suivants du Code pénal.

Art. 4. Le juge de paix qui aura reçu un acte de notoriété sera tenu d'en adresser dans le mois une expédition au procureur de la République de l'arrondissement où se trouvait déposé l'original de l'acte de l'état civil auquel il aura été suppléé, et elle sera déposée dans le délai d'un mois au greffe du tribunal de cet arrondissement.

Loi portant modification des dispositions du Code civil relatives à certains actes de l'état civil et aux testaments faits soit aux armées, soit au cours d'un voyage maritime.

Paris, le 8 juin 1893.

Le Sénat et Chambre des députés ont adopté,

Le Président de la République promulgue la loi dont la teneur suit :

Art. 1er. Les articles 47, 48, 59 à 62, 80, 86 à 98 et l'intitulé du chapitre 5 du titre II du livre 1er du Code civil sont modifiés ainsi qu'il suit :

« ARTICLE 47.

« (Le commencement comme à l'article du Code.)
« Lorsqu'un de ces actes concernant des Français sera transmis au ministère des affaires étrangères, il y restera déposé pour en être délivré expédition.

« ARTICLE 48.

« (Le commencement comme à l'article du Code.)
« Un double des registres de l'état civil tenus par ces agents sera adressé, à la fin de chaque année, au Ministre des affaires étrangères : il y restera déposé pour en être délivré expédition.

« ARTICLE 59.

« En cas de naissance pendant un voyage maritime, il en sera dressé acte dans les trois jours de l'accouchement, en présence du père s'il est à bord, et de deux témoins pris parmi les officiers du bâtiment ou, à leur défaut, parmi les hommes de l'équipage.
« Si la naissance a lieu pendant un arrêt dans un port, l'acte sera dressé dans les mêmes conditions, lorsqu'il y aura impossibilité de communiquer avec la terre ou lorsqu'il n'existera pas dans le port, si l'on est à l'étranger, d'agent diplomatique ou consulaire français investi des fonctions d'officier de l'état civil.
« Cet acte sera rédigé, savoir : sur les bâtiments de l'Etat, par l'officier du commissariat de la marine ou, à son défaut par le commandant ou celui qui en remplit les fonctions, et sur les autres bâtiments, par le capitaine, maître ou patron, ou celui, qui en remplit les fonctions.
« Il y sera fait mention de celle des circonstances ci-dessus prévues dans laquelle l'acte a été dressé.
« L'acte sera inscrit à la suite du rôle d'équipage.

« ARTICLE 60.

« Au premier port où le bâtiment abordera pour toute autre cause que celle de son désarmement, l'officier instrumentaire sera tenu de déposer deux expéditions de chacun des actes de naissance dressés à bord.

« Ce dépôt sera fait, savoir : si le port est français, au bureau des armements par les bâtiments de l'Etat, et au bureau de l'inscription maritime par les autres bâtiments; si le port est étranger, entre les mains du consul de France. Au cas où il ne se trouverait pas dans ce port de bureau des armements, de bureau de l'inscription maritime ou de consul, le dépôt serait ajourné au plus prochain port d'escale ou de relâche.

« L'une des expéditions déposées sera adressée au Ministre de la marine, qui la transmettra à l'officier de l'état civil du dernier domicile du père de l'enfant ou de la mère si le père est inconnu, afin qu'elle soit transcrite sur les registres; si le dernier domicile ne peut être retrouvé ou s'il est hors de France, la transcription sera faite à Paris (1).

« L'autre expédition restera déposée aux archives du consulat ou du bureau de l'inscription maritime.

« Mention des envois et dépôts effectués conformément aux prescriptions du présent article sera portée en marge des actes originaux par les commissaires de l'inscription maritime ou par les consuls.

« Article 61.

« A l'arrivée du bâtiment dans le port de désarmement, l'officier instrumentaire sera tenu de déposer, en même temps que le rôle d'équipage, une expédition de chacun des actes de naissance dressés à bord dont copie n'aurait point été déjà déposée conformément aux prescriptions de l'article précédent.

« Ce dépôt sera fait, pour les bâtiments de l Etat, au bureau des armements et, pour les autres bâtiments, au bureau de l'inscription maritime.

« L'expédition ainsi déposée sera adressée au Ministre de la marine, qui la transmettra comme il est dit à l'article précédent.

« Article 62.

« L'acte de reconnaissance d'un enfant naturel sera inscrit sur les registres à sa date, et il en sera fait mention en marge de l'acte de naissance, s'il en existe un.

« Dans les circonstances prévues à l'article 59, la déclaration de reconnaissance pourra être reçue par les officiers instrumentaires désignés en cet article et dans les formes qui y sont indiquées.

« Les dispositions des articles 60 et 61 relatives au dépôt et aux transmissions seront, dans ce cas, applicables. Toutefois, l'expédition adressée au Ministre de la marine devra être transmise par lui, de préférence, à l'officier de l'état civil du lieu où l'acte de naissance de l'enfant aura été dressé ou transcrit, si ce lieu est connu.

« Article 80.

« Lorsqu'un décès se sera produit ailleurs que dans la commune où le défunt était domicilié, l'officier de l'état civil qui aura dressé l'acte de décès enverra, dans le plus bref délai, à l'officier de l'état civil du dernier domicile du défunt une expédition de cet acte, laquelle sera immédiatement transcrite sur les registres.

« En cas de décès dans les hôpitaux, formations sanitaires, hôpitaux

---

(1) Les transcriptions d'actes de l'état civil et de jugements qui, aux termes des articles 60 (§ 3), 86 (§ 3), 92 (§ 1ᵉʳ) et 94 du Code civil, et 4 de la loi du 30 mars 1916, doivent être faites à Paris, seront effectuées à la mairie du 1ᵉʳ arrondissement. (Loi du 10 août 1917, *B. O.*, p. 2311.)

maritimes coloniaux, civils ou autres établissements publics, soit en France, soit dans les colonies ou pays de protectorat, les directeurs, administrateurs ou maîtres de ces hôpitaux ou établissements devront en donner avis, dans les vingt-quatre heures, à l'officier de l'état civil ou à celui qui en remplit les fonctions.

« Celui-ci s'y transportera pour s'assurer du décès et en dressera l'acte, conformément à l'article précédent, sur les déclarations qui lui auront été faites et sur les renseignements qu'il aura pris.

« Il sera tenu dans lesdits hôpitaux, formations sanitaires et établissements, un registre sur lequel seront inscrits ces déclarations et renseignements.

« ARTICLE 86.

« En cas de décès pendant un voyage maritime et dans les circonstances prévues à l'article 59, il en sera, dans les vingt-quatre heures et en présence de deux témoins, dressé acte par les officiers instrumentaires désignés en cet article et dans les formes qui y sont prescrites.

« Les dépôts et transmissions des originaux et des expéditions seront effectués conformément aux distinctions prévues par les articles 60 et 61.

« La transcription des actes de décès sera faite sur les registres de l'état civil du dernier domicile du défunt, ou, si ce domicile est inconnu, à Paris (1).

« ARTICLE 87.

« Si une ou plusieurs personnes inscrites au rôle d'équipage ou présentes à bord, soit sur un bâtiment de l'Etat, soit sur tout autre bâtiment, tombent à l'eau sans que leur corps puisse être retrouvé, il sera dressé un procès-verbal de disparition par l'autorité investie à bord des fonctions d'officier de l'état civil. Ce procès-verbal sera signé par l'officier instrumentaire et par les témoins de l'accident et inscrit à la suite du rôle d'équipage.

« Les dispositions des articles 60 et 61, relatives au dépôt et à la transmission des actes et des expéditions, seront applicables à ces procès-verbaux.

« ARTICLE 88.

« En cas de présomption de perte totale d'un bâtiment ou de disparition d'une partie de l'équipage ou des passagers, s'il n'a pas été possible de dresser les procès-verbaux de disparition prévus à l'article précédent, il sera rendu par le Ministre de la marine, après une enquête administrative et sans formes spéciales, une décision déclarant la présomption de perte du bâtiment ou la disparition de tout ou partie de l'équipage ou des passagers.

« ARTICLE 89.

« La présomption de décès sera déclarée comme il est dit à l'article précédent, après une enquête administrative et sans formes spéciales, par le Ministre de la marine à l'égard des marins ou militaires morts aux colonies, dans les pays de protectorat ou lors des expéditions d'outre-mer, quand il n'aura pas été dressé d'acte régulier de décès.

« ARTICLE 90.

« Le Ministre de la marine pourra transmettre une copie de ces procès-

---

(1) Voir le renvoi (1) de la page précédente.

verbaux ou de ces décisions au procureur général du ressort dans lequel se trouve le tribunal soit du dernier domicile du défunt, soit du port d'armement du bâtiment, soit enfin du lieu du décès, et requérir ce magistrat de poursuivre d'office la constatation judiciaire des décès.

« Ceux-ci pourront être déclarés constants par un jugement collectif rendu par le tribunal du port d'armement, lorsqu'il s'agira de personnes disparues dans un même accident.

« ARTICLE 91.

« Les intéressés pourront également se pourvoir, à l'effet d'obtenir la déclaration judiciaire d'un décès, dans les formes prévues aux articles 855 et suivants du Code de procédure civile. Dans ce cas, la requête sera communiquée au Ministre de la marine, à la diligence du ministère public.

« ARTICLE 92.

« Tout jugement déclaratif de décès sera transcrit à sa date sur les registres de l'état civil du dernier domicile, ou, si celui-ci est inconnu, à Paris. Il sera fait mention du jugement et de sa transcription, en marge des registres, à la date du décès (1).

« Les jugements collectifs seront transcrits sur les registres de l'état civil du port d'armement ; il pourra en être délivré des extraits individuels.

« Il sera fait mention du jugement et de sa transcription en marge du registre à la date du décès, si l'original de l'acte de décès avait dû figurer sur ces registres à cette date; si la transcription seule de l'acte avait dû figurer sur les registres du dernier domicile, une mutation sommaire du jugement figurera à la suite de la table annuelle des registres de l'année du décès et, s'il y a lieu, sur les tables décennales.

« CHAPITRE V.

« Des actes de l'état civil concernant les militaires et marins dans certains cas spéciaux.

———

« ARTICLE 93 (2).

« Les actes de l'état civil concernant les militaires et les marins de l'Etat, seront établis comme il est dit aux chapitres précédents.

« Toutefois, hors de la France et dans les circonstances prévues au présent alinéa, les actes de l'état civil pourront, en tout

———

(1) Voir le renvoi (1) de la page 9.
(2) Texte nouveau. (Lois des 28 février 1922, 20 décembre 1922 et 11 décembre 1924, *B. O.*, p. 834, 3773 et 3323.)

temps, être également reçus par les autorités ci-après indiquées, en présence de deux témoins : 1° dans les formations de guerre mobilisées, par l'officier payeur ou par son suppléant, quand l'organisation comporte cet emploi, et, dans le cas contraire, par le commandant de la formation; 2° dans les quartiers généraux ou états-majors, par les fonctionnaires de l'intendance ou, à défaut, par leurs suppléants; 3° pour le personnel militaire placé sous ses ordres et pour les détenus, par le prévôt ou son suppléant; 4° dans les formations ou établissements sanitaires dépendant des armées, par les gestionnaires de ces formations et établissements, et par les gérants d'annexes ou leurs suppléants; 5° dans les hôpitaux maritimes et coloniaux, sédentaires ou ambulants, par le médecin directeur ou son suppléant; 6° dans les colonies et pays de protectorat et lors des expéditions d'outre-mer, par les officiers du commissariat ou les fonctionnaires de l'intendance, ou, à leur défaut, par les chefs d'expédition, de poste ou de détachement; 7° dans les localités occupées par les troupes françaises, et pour les Français non militaires, par toutes les autorités énumérées au présent alinéa, lorsque les dispositions prévues aux chapitres précédents seront inapplicables (1).

Les autorités énumérées à l'alinéa précédent ne seront compétentes, pour célébrer des mariages, que si les futurs conjoints sont tous deux de nationalité française, citoyens ou sujets français.

« En France, les actes de l'état civil pourront également être reçus, en cas de mobilisation ou de siège, par les autorités énumérées aux cinq premiers numéros de l'alinéa 2 ci-dessus, mais seulement lorsque le service municipal ne sera plus assuré en aucune façon, par suite de circonstances provenant de l'état de guerre. La compétence de ces autorités pourra s'étendre, sous les mêmes réserves, aux personnes non militaires qui se trouveront dans les forts ou places fortes assiégées.

« Les déclarations de naissance aux armées seront faites dans les dix jours qui suivront l'accouchement.

« Les actes de décès peuvent être dressés aux armées, par dérogation à l'article 77 ci-dessus, bien que l'officier de l'état civil n'ait pu se transporter auprès de la personne décédée, et, par dérogation à l'article 78, ils ne peuvent y être dressés que sur l'attestation de deux déclarants. »

---

(1) Alinéa modifié par la loi du 11 décembre 1924 applicable aux colonies de la Guadeloupe, la Martinique et la Réunion.

« ARTICLE 94.

« Dans tous les cas prévus à l'article précédent, l'officier qui aura reçu un acte en transmettra, dès que la communication sera possible et dans le plus bref délai, une expédition au Ministre de la guerre ou de la marine, qui en assurera la transcription sur les registres de l'état civil du dernier domicile : du père, ou, si le père est inconnu, de la mère, pour les actes de naissance ; du mari, pour les actes de mariage ; du défunt, pour les actes de décès. Si le lieu du dernier domicile est inconnu, la transcription sera faite à Paris (1).

« ARTICLE 95 (2).

« Dans les circonstances énumérées à l'article 93, il sera tenu un registre de l'état civil : 1° dans chaque corps de troupe ou formation de guerre mobilisée, pour les actes relatifs aux individus portés sur les contrôles du corps de troupe ou sur ceux des corps qui ont participé à la constitution de la formation de guerre ; 2° dans chaque quartier général ou état-major, pour les actes relatifs à tous les individus qui y sont employés ou qui en dépendent ; 3° dans les prévôtés, pour le personnel militaire placé sous les or-

---

(1) Voir le renvoi (1) de la page 9.

(2) Modifié par l'article 2 de la loi du 28 février 1922 (*Bulletin officiel*, page 834).

Article 3. Toute transcription qui ne pourra être effectuée sur les registres de l'état civil d'une commune parce que, depuis qu'elle a été libérée de l'occupation ennemie, le service de l'état civil n'y a pas été réorganisé, et qu'aucun registre n'y est tenu pour l'année courante, sera faite provisoirement à la mairie du 1ᵉʳ arrondissement de Paris, dans les conditions prescrites par l'article 4 de la loi du 30 mars 1916 pour les jugements et arrêts de divorce.

Si les registres qui contiennent les actes en marge desquels doivent être mentionnées les transcriptions ont été détruits, ces mentions marginales seront effectuées au fur et à mesure que lesdits registres seront reconstitués.

Article 4. Les actes dressés ou transcrits sur les registres de l'état civil depuis le 2 août 1914 ne pourront être annulés à raison du seul défaut de qualité des personnes qui les ont reçus, pourvu que ces personnes aient eu à ce moment l'exercice public des fonctions municipales ou de celles d'officier de l'état civil, à quelque titre et sous quelque nom que ce soit.

Article 5. La présente loi est applicable à tous les actes de l'état civil dressés ou transcrits depuis le 2 août 1914 jusqu'à ce jour.

dres du prévôt et pour les détenus employés à la suite des armées ; 4° dans chaque formation ou établissement sanitaire dépendant des armées dans chaque annexe des formations ou établissements et dans chaque hôpital maritime ou colonial, pour les individus en traitement ou employés dans ces établissements, de même que pour les morts, qu'on y placerait à titre de dépôt ; 5° dans chaque unité opérant isolément aux colonies, dans les pays de protectorat ou en cas d'expédition d'outre-mer.

« Les actes concernant les isolés, soit civils, soit militaires éloignés du corps, du service ou de la formation où ils comptent ou dont ils dépendent seront inscrits sur les registres du corps ou de la formation la plus voisine du lieu du décès.

« Les registres sont adressés au Ministre de la guerre ou de la marine pour être déposés aux archives immédiatement après leur clôture, qui aura lieu au plus tard au jour du passage des armées sur le pied de paix ou de la levée de siège.

« ARTICLE 96.

« Les registres seront cotés et paraphés : 1° par le chef d'état-major pour les unités mobilisées qui dépendent du commandement auquel il est attaché ; 2° par l'officier commandant pour les unités qui ne dépendent d'aucun état-major ; 3° dans les places fortes ou forts, par le gouverneur de la place ou le commandant du fort ; 4° dans les hôpitaux ou formations sanitaires dépendant des armées, par le médecin-chef de l'hôpital ou de la formation sanitaire ; 5° dans les hôpitaux maritimes ou coloniaux et pour les unités opérant isolément aux colonies, dans les pays de protectorat et en cas d'expédition d'outre-mer, par le chef d'état-major ou par l'officier qui en remplit les fonctions.

« ARTICLE 97.

« Lorsqu'un mariage sera célébré dans l'une des circonstances prévues à l'article 93, les publications seront faites au lieu du dernier domicile du futur époux ; elles seront mises, en outre, vingt-cinq jours avant la célébration du mariage, à l'ordre du jour du corps pour les individus qui tiennent à un corps, et à celui de l'armée ou du corps d'armée pour les officiers sans troupe et pour les employés qui en font partie.

« ARTICLE 98.

« Les dispositions des articles 93 et 94 seront applicables aux reconnaissances d'enfants naturels.

« Toutefois, la transcription de ces actes sera faite, à la diligence du Ministre de la guerre ou de la marine. sur les registres de l'état civil où l'acte de naissance de l'enfant aura été dressé ou transcrit, et, s'il n'y en a pas eu ou si le lieu est inconnu, sur les registres indiqués en l'article 94 pour la transcription des actes de naissance. »

Art. 2. Les articles 99 et 101, concernant la rectification des actes de l'état civil sont modifiés ainsi qu'il suit :

« ARTICLE 99.

« La rectification des actes de l'état civil sera ordonné par le président du tribunal de l'arrondissement dans lequel l'acte a été dressé sauf appel, il y sera statué, sauf appel, par le tribunal du lieu où l'acte a été reçu et au greffe duquel le registre est ou doit être déposé.

« La rectification des actes de l'état civil dressés au cours d'un voyage maritime. aux armées ou à l'étranger sera demandée au président du tribunal dans le ressort duquel l'acte a été transcrit conformément à la loi ; il en sera de même pour les actes de décès reçus en France ou dans les colonies et dont la transcription est ordonnée par l'article 80.

« La rectification des jugements déclaratifs de naissance ou de décès sera demandée au tribunal qui aura déclaré la naissance ou le décès ; toutefois, lorsque ce jugement n'aura pas été rendu par un tribunal de la métropole, la rectification en sera demandée au tribunal dans le ressort duquel la déclaration de décès aura été transcrite.

« Le procureur de la République sera entendu dans ses conclusions.

« Les parties intéressées seront appelées, s'il y a lieu.

« ARTICLE 101.

« Les ordonnances, jugements et arrêts portant rectification seront transmis immédiatement par le procureur de la République à l'officier de l'état civil du lieu où se trouve transcrit l'acte réformé. Leur dispositif sera transcrit sur les registres, et mention en sera faite en marge de l'acte réformé. »

Art. 3. Les articles 981 à 984 et 988 à 998, concernant les règles particulières à la forme de certains testaments, sont modifiés ainsi qu'il suit :

« ARTICLE 353.

« La personne qui se proposera d'adopter, et celle qui voudra être adoptée, se présenteront devant le juge de paix du domicile de l'adoptant, pour y passer acte de leurs consentemen's respectifs.

« Dans les cas prévus par l'article 93, l'acte sera dressé par un fonctionnaire de l'intendance ou par un officier du commissariat (1).

« ARTICLE 354.

« Une expédition de cet acte sera remise dans les dix jours suivants, par

---

(1) Nouvelle rédaction (Loi du 17 mai 1900).

la partie la plus diligente, au procureur du Roi (Procureur de la République) près le tribunal de première instance dans le ressort duquel se trouvera le domicile de l'adoptant pour être soumis à l'homologation de ce tribunal.

« Le fonctionnaire de l'intendance ou l'officier du commissariat qui aura reçu un acte d'adoption en adressera, dans le plus bref délai, une expédition au Ministre de la guerre ou au Ministre de la marine, qui la transmettra au procureur de la République (1).

« ARTICLE 981.

« Les testaments des militaires, des marins de l'Etat et des personnes employées à la suite des armées pourront être reçus, dans les cas et conditions prévus à l'article 93, soit par un officier supérieur ou médecin militaire d'un grade correspondant, en présence de deux témoins, soit par deux fonctionnaires de l'intendance ou officiers du commissariat, soit par un de ces fonctionnaires ou officiers en présence de deux témoins; soit, enfin, dans un détachement isolé, par l'officier commandant ce détachement, assisté de deux témoins, s'il n'existe pas dans le détachement d'officier supérieur ou médecin militaire d'un grade correspondant, de fonctionnaire de l'intendance ou d'officier du commissariat.

« Le testament de l'officier commandant un détachement isolé pourra être reçu par l'officier qui vient après lui dans l'ordre du service.

« La faculté de tester dans les conditions prévues au présent article s'étendra aux prisonniers chez l'ennemi.

« ARTICLE 982.

« Les testaments mentionnés à l'article précédent pourront encore, si le testateur est malade ou blessé, être reçus, dans les hôpitaux ou les formations sanitaires militaires telles que les définissent les règlements de l'armée, par le médecin chef, quel que soit son grade, assisté de l'officier d'administration gestionnaire.

« A défaut de cet officier d'administration, la présence de deux témoins sera nécessaire.

« ARTICLE 983.

« Dans tous les cas, il sera fait un double original des testaments mentionnés aux deux articles précédents.

« Si cette formalité n'a pu être remplie à raison de l'état de santé du testateur, il sera dressé une expédition du testament pour tenir lieu du second original; cette expédition sera signée par les témoins et par les officiers instrumentaires. Il y sera fait mention des causes qui ont empêché de dresser le second original.

« Dès que la communication sera possible, et dans le plus bref délai, les deux originaux ou l'original et l'expédition du testament seront adressés, séparément et par courriers différents, sous plis clos et cachetés, au Ministre de la guerre ou de la marine, pour être déposés chez le notaire indiqué par le testateur ou, à défaut d'indication, chez le président de la chambre des notaires de l'arrondissement du dernier domicile.

« ARTICLE 984.

« Le testament fait dans la forme ci-dessus établie sera nul six mois après que le testateur sera venu dans un lieu où il aura la liberté d'em-

---

(1) Nouvelle rédaction (Loi du 17 mai 1900).

ployer les formes ordinaires. à moins que, avant l'expiration de ce délai, il n'ait été de nouveau placé dans une des situations spéciales prévues à l'article 93. Le testament sera alors valable pendant la durée de cette situation spéciale et pendant un nouveau délai de six mois après son expiration.

« Article 988.

« Au cours d'un voyage maritime, soit en route, soit pendant un arrêt dans un port, lorsqu'il y aura impossibilité de communiquer avec la terre ou lorsqu'il n'existera pas dans le port, si l'on est à l'étranger, d'agent diplomatique ou consulaire français investi des fonctions de notaire, les testaments des personnes présentes à bord seront reçus, en présence de deux témoins : sur les bâtiments de l'Etat,. par l'officier d'administration ou, à son défaut, par le commandant ou celui qui en remplit les fonctions, et sur les autres bâtiments, par le capitaine, maître ou patron, assisté du second du navire, ou, à leur défaut, par ceux qui les remplacent.

« L'acte indiquera celle des circonstances ci-dessus prévues dans laquelle il aura été reçu.

« Article 989.

« Sur les bâtiments de l'Etat, le testament de l'officier d'administration sera, dans les circonstances prévues à l'article précédent, reçu par le commandant ou par celui qui en remplit les fonctions, et, s'il n'y a pas d'officier d'administration, le testament du commandant sera reçu par celui qui vient après lui dans l'ordre du service.

« Sur les autres bâtiments, le testament du capitaine, maître ou patron, ou celui du second, seront, dans les mêmes circonstances, reçus par les personnes qui viennent après eux dans l'ordre du service.

« Article 990.

« Dans tous les cas, il sera fait un double original des testaments mentionnés aux deux articles précédents.

« Si cette formalité n'a pu être remplie à raison de l'état de santé du testateur, il sera dressé une expédition du testament pour tenir lieu du second original; cette expédition sera signée par les témoins et par les officiers instrumentaires. Il y sera fait mention des causes qui ont empêché de dresser le second original.

« Article 991.

« Au premier arrêt dans un port étranger où se trouve un agent diplomatique ou consulaire français, il sera fait remise, sous pli clos et cacheté, de l'un des originaux ou de l'expédition du testament entre les mains de ce fonctionnaire, qui l'adressera au Ministre de la marine afin que le dépôt puisse en être effectué comme il est dit à l'article 983.

« Article 992.

« A l'arrivée du bâtiment dans un port de France, les deux originaux du testament, ou l'original et son expédition, ou l'original qui reste, en cas de transmission ou de remise effectuée pendant le cours du voyage, seront déposés, sous pli clos et cacheté, pour les bâtiments de l'Etat, au bureau des armements, et, pour les autres bâtiments, au bureau de l'inscription maritime. Chacune de ces pièces sera adressée, séparément et par courriers différents, au Ministre de la marine, qui en opérera la transmission comme il est dit à l'article 983.

« ARTICLE 993.

« Il sera fait mention sur le rôle du bâtiment, en regard du nom du testateur, de la remise des originaux ou expéditions du testament faite, conformément aux prescriptions des articles précédents, au consulat, au bureau des armements ou au bureau de l'inscription maritime.

« ARTICLE 994.

« Le testament fait au cours d'un voyage maritime, en la forme prescrite par les articles 988 et suivants, ne sera valable qu'autant que le testateur mourra à bord ou dans les six mois après qu'il sera débarqué dans un lieu où il aura pu le refaire dans les formes ordinaires.

« Toutefois, si le testateur entreprend un nouveau voyage maritime avant l'expiration de ce délai, le testament sera valable pendant la durée de ce voyage et pendant un nouveau délai de six mois après que le testateur sera de nouveau débarqué.

« ARTICLE 995.

« Les dispositions insérées dans un testament fait, au cours d'un voyage maritime, au profit des officiers du bâtiment autres que ceux qui seraient parents ou alliés du testateur, seront nulles et non avenues.

« Il en sera ainsi, que le testament soit fait en la forme olographe ou qu'il soit reçu conformément aux articles 988 et suivants.

« ARTICLE 996.

« Il sera donné lecture au testateur, en présence des témoins, des dispositions de l'article 984 ou 994 suivant les cas, et mention de cette lecture sera faite dans le testament

« ARTICLE 997.

« Les testaments compris dans les articles ci-dessus de la présente section seront signés par le testateur, par ceux qui les auront reçus et par les témoins.

« ARTICLE 998.

« Si le testateur déclare qu'il ne peut ou ne sait signer, il sera fait mention de sa déclaration, ainsi que de la cause qui l'empêche de signer.

« Dans les cas où la présence de deux témoins est requise, le testament sera signé au moins par l'un d'eux, et il sera fait mention de la cause pour laquelle l'autre n'aura pas signé. »

La présente loi, délibérée et adoptée par le Sénat et par la Chambre des députés, sera exécutée comme loi de l'Etat.

Fait à Paris, le 8 juin 1893.

Signé : CARNOT.

Par le Président de la République :

Le Ministre de la marine.
Signé : RIEUNIER.

Le Ministre de la guerre,
Signé : Gal LOIZILLON.

Le Garde des sceaux,
Ministre de la justice.
Signé : E. GUÉRIN.

Le Ministre des affaires étrangères,
Signé : Jules DEVELLE.

Rapport au Ministre de la guerre sur la refonte de l'instruction du 8 mars 1823, pour l'exécution des dispositions du Code civil et de divers décrets et ordonnances applicables aux militaires de toutes armes.

Paris, le 3 février 1894.

Monsieur le Ministre,

Par lettre du 10 octobre 1893, n° 765, vous avez bien voulu me confier la présidence de la commission chargée de procéder à la refonte de l'instruction du 8 mars 1823, pour l'exécution des dispositions du Code civil applicables aux militaires de toutes armes. Ce travail est aujourd'hui terminé, et j'ai l'honneur de vous adresser ci-joint le projet qu'elle a élaboré.

La commission ne s'est pas bornée à mettre l'instruction en harmonie avec les lois du 8 juin 1893 et autres lois, décrets et règlements antérieurs. Tout en respectant l'ordonnance générale de ce document, elle s'est efforcée d'élucider certains points obscurs, de combler certaines lacunes, de faire disparaître enfin les quelques inexactitudes qui s'y étaient glissées. J'ai l'honneur de signaler à votre attention les modifications principales qu'un examen attentif lui a suggérées.

Titre I. — Section I. — *Actes de l'état civil. — Dispositions communes.*

Quelques articles du Code civil, notamment les articles 34 et 35, avaient été inexactement reproduits dans l'instruction du 8 mars 1823. La commission a cru nécessaire de rétablir les textes dans leur intégrité, sauf à en fixer le sens ou compléter les indications, quand il y avait lieu, sous forme d'observations.

Prévoyant le cas où des actes de l'état civil intéresseraient des personnes auxquelles la langue française n'est pas connue (militaires appartenant aux régiments étrangers, aux troupes indigènes, etc.) la commission propose que, le cas échéant, l'officier de l'état civil, après avoir donné lecture de l'acte, comme la loi le lui prescrit, en fasse faire, si c'est possible, la traduction orale (1).

---

(1) Voir solution analogue. Dalloz, *Répertoire*, actes de l'état civil, n° 186.

L'article 44 du Code civil prescrit d'annexer aux actes les procurations ou autres pièces qui ont dû être produites par les comparants. Cette disposition très importante, qui s'applique sans nul doute aux actes dressés aux armées, avait été omise dans l'instruction du 8 mars 1823. Elle a été rétablie dans le projet.

Section II. — *Actes de l'état civil aux armées.*

L'énumération, faite par les articles 93 et 95 (nouveaux) du Code civil, des groupes où un officier d'état civil doit être institué, et des registres à ouvrir, fait naître quelques incertitudes. Quels sont, par exemple, les individus qu'on doit considérer comme *dépendant* d'un quartier général ou d'un état-major ? Cette expression ne s'applique-t-elle qu'aux isolés proprement dits (officiers sans troupe, cavaliers-ordonnances, etc.) ou embrasse-t-elle les divers détachements, tels que trésor et postes, télégraphie militaire, convois, etc., qui relèvent du quartier général ? Pour prévenir toute difficulté d'interprétation, on a, dans un tableau annexe (tableau A), indiqué la solution qui paraît devoir se dégager des textes pour les principaux groupes ou formations. Les solutions à adopter dans les cas non prévus s'en déduiront aisément par analogie.

Sous l'ancienne législation, la question s'était posée de savoir si, dans les cas où le droit de recevoir les actes de l'état civil est attribué aux officiers militaires, les autorités anciennes sont exclues. La loi du 8 juin 1893 a tranché la question dans le sens de la négative : elle reconnaît la compétence simultanée de ces autorités (1).

Il importe néanmoins que l'officier militaire, à partir du jour où il est entré en fonctions, soit considéré comme l'officier d'état civil *normal*, celui auquel on devra régulièrement s'adresser, à moins qu'il n'y ait impossibilité ou tout au moins difficulté sérieuse. La bonne tenue de l'état civil de nos armées en campagne y est directement intéressée.

La disposition que la commission a insérée dans ce sens (n° 12 *g*) ne va nullement à l'encontre de la loi ; elle n'infirme en rien, cela va sans dire, la validité de l'acte qui serait dressé contraire-

---

(1) Voir rapport Sénat, annexe 80 (1893), et rapport Chambre des députés, annexe 2267 (1893).

ment à ses prescriptions. C'est une simple mesure d'ordre qui rentre évidemment dans les limites de la compétence ministérielle.

De même, et pour des raisons analogues, on a cru devoir spécifier (n° 12 *f*) qu'aux colonies et dans les pays de protectorat, les officiers militaires n'auront à remplir les fonctions d'officier de l'état civil que dans les colonnes d'opérations, en quelque lieu qu'elles se trouvent, et dans les postes où il n'existe pas d'autorité civile préposée à cet effet. L'initiative en cette matière appartiendra au gouverneur et, en cas d'urgence, à l'autorité militaire locale.

L'instruction du 8 mars 1823 attribuait au conseil d'administration dans les corps de troupe, au chef d'état-major dans les quartiers généraux, le soin de conserver les registres. Cette disposition pouvait se fonder sur l'article 90 (ancien) du Code civil, aux termes duquel les registres devaient être conservés « de la même manière que les autres registres des corps et états-majors ». La loi du 8 juin 1893 n'a pas reproduit ce paragraphe, et il a semblé à la commission que le dépositaire naturel des registres était l'officier chargé de leur tenue. Le Code civil et le Code pénal punissent de peines sévères la destruction ou l'altération des actes provenant même d'une simple négligence ou d'un défaut de surveillance. Comment les responsabilités pourront-elles être établies, le cas échéant, si les registres ont passé de main en main ? La disposition dont il s'agit (14 *b*) ne soulève d'ailleurs aucune difficulté pratique, puisque les officiers auxquels la loi attribue les fonctions d'officier de l'état civil ont tous des archives et des caisses pour les mettre en sûreté.

L'instruction du 8 mars 1823 attribuait compétence générale aux fonctionnaires de l'intendance, en tant qu'officiers d'état civil. Il ne semble pas qu'aucun texte justifie cette interprétation. La vérité est que ces fonctionnaires, en leur qualité d'officiers publics que leur reconnaît l'avis du Conseil d'Etat en date du 23 juillet 1884, sont naturellement désignés pour recevoir, à défaut d'officier de l'état civil, les déclarations y relatives. C'est dans cet ordre d'idées qu'a été rédigé le paragraphe 12 *h*, qui répond d'ailleurs à tous les besoins.

Le soin d'assurer la transcription des actes au lieu du dernier domicile appartenant, d'après la nouvelle loi, au Ministre de la guerre, l'officier d'état civil n'aura plus à établir qu'une seule expédition des actes reçus. Le législateur a refusé d'adopter la disposition proposée par le gouvernement et aux termes de laquelle deux expéditions auraient été adressées au Ministre, l'une, pour être conservée dans ses archives, l'autre, pour assurer la transcription au lieu du dernier domicile. « Il suffit, dit le rapporteur(1), d'une copie qui servira à la transcription au lieu du dernier domicile, l'original lui-même devant figurer aux archives de la guerre où le registre de l'état civil sera déposé. » Mais, comme les registres de l'état civil ne sont déposés aux archives de la guerre qu'à la fin de la campagne, la commission a dû se préoccuper de donner au Ministre les moyens de tenir régulièrement à jour, et sans attendre le terme des opérations, l'état civil des militaires. Désireuse d'obtenir ce résultat sans imposer de nouvelles écritures aux corps en campagne, elle propose d'utiliser à cet effet l'*extrait mensuel*, dont l'envoi était prévu par l'instruction du 8 mars 1823, et de décider, pour faciliter le classement dans les archives, que les extraits seront distincts et séparés par acte (n° 14 c).

L'envoi des actes et des extraits mensuels sera fait directement au Ministre. Cette disposition, qui a pour but d'éviter des pertes de temps, ne contrevient à aucun règlement en vigueur. Elle laisse intact le principe posé par la loi du 16 mars 1882, l'envoi dont il s'agit rentrant évidemment dans les cas exceptionnels prévus par l'article 9 (5° alinéa) de cette loi. Comme il importe cependant que le commandement soit mis à même d'exercer sa haute surveillance sur cette partie de service, compte rendu sera adressé, par la voie hiérarchique, de l'envoi des extraits mensuels.

TITRE II. — SECTION II. — *Naissances aux armées.*

La législation ancienne accordait un délai de dix jours pour les déclarations des naissances aux armées. Cette disposition n'a pas été reproduite dans la loi nouvelle, et l'omission est d'autant plus regrettable que, d'après un avis du Conseil d'Etat en date du 12 brumaire an XI, l'officier de l'état civil « ne doit point re-

---

(1) M. Darlan, Chambre des députés, 1893. Annexe 2267.

cevoir et inscrire sur son registre la déclaration qui lui est faite après l'expiration du délai légal ».

Aux armées, où il faut tenir compte des embarras de la guerre et des occupations multiples des officiers de l'état civil, une prolongation de délai n'avait, semble-t-il, rien que de fort légitime, et on cherche d'ailleurs vainement, dans les rapports et autres documents qui ont précédé le vote de la loi, les motifs qui ont pu déterminer le législateur à innover sur ce point. Pour pallier, dans la mesure du possible, les inconvénients du nouvel état de choses, la commission, se fondant sur l'opinion de jurisconsultes autorisés (1), propose de décider que l'officier d'état civil, saisi d'une déclaration tardive, devra dresser procès-verbal des circonstances qui expliquent ou justifient le retard. Il appartiendra ensuite aux tribunaux d'apprécier le degré de foi que l'acte pourra obtenir (n° 30).

L'ancienne législation (ainsi interprétée, du moins par l'instruction du 8 mars 1823) n'admettait l'officier d'état civil militaire à recevoir la déclaration de reconnaissance d'un enfant naturel que dans deux cas : celui où elle était faite par un individu non marié, au moment de la présentation de l'enfant, pour constater sa naissance ; et celui où deux personnes libres, en se mariant, déclaraient reconnaître l'enfant qu'elles avaient eu précédemment.

Il résulte de l'article 98 (nouveau) que les déclarations pourront désormais être reçues par acte séparé. La commission a cru devoir, pour éclairer les officiers de l'état civil, reproduire dans l'instruction les articles 334 à 336 du Code civil relatifs à cet objet.

Un membre de la commission était d'avis que l'instruction fît défense à l'officier d'état civil de recevoir déclaration de reconnaissance lorsque la paternité ne serait pas possible eu égard à l'âge du déclarant. La majorité n'a pas cru devoir se rallier à cette proposition, qui lui a paru contraire à la doctrine juridique (Lettre du ministre de la justice, 17 septembre 1849) (2).

On a cru pouvoir éliminer de l'instruction les articles du Code civil relatifs au désaveu de paternité. Il a paru suffisant de rap-

---

(1) Voir notamment Pandectes françaises, nouveau répertoire, actes de l'état civil, n° 100.

(2) DALLOZ. Table décennale, 1845-67 · Actes de l'état civil, n° 20.

peler que la matière est exclusivement du ressort des tribunaux et que les officiers de l'état civil n'ont pas à en connaître (n° 18). Par contre, on y a introduit diverses dispositions susceptibles d'application aux armées, notamment le décret du 4 juillet 1806 relatif aux enfants mort-nés, et l'article 58 du Code relatif aux enfants trouvés.

TITRE III. — *Mariages.*

Dans une observation relative au « domicile quant au mariage », l'instruction du 8 mars 1823 faisait remarquer qu'un militaire, pouvant se trouver pendant longtemps dans la nécessité de ne pas résider six mois de suite dans le même lieu, « il lui suffit de justifier qu'il est au corps depuis plus de six mois ».

Cette doctrine est contraire à un avis du Conseil d'Etat en date du 21 septembre 1805 (4ᵉ j. complémentaire an XIII), duquel il résulte que l'article 74 du Code civil est de tous points applicable aux militaires en activité de service, lorsqu'ils se trouvent dans les circonstances normales du temps de paix. Le paragraphe 79 du projet a été rédigé dans ce sens.

De même il était dit, à propos des publications (observation faisant suite à l'article 94), que « les enfants de troupe n'ayant souvent pas eu d'autre domicile que sous les drapeaux, les publications faites dans l'endroit où se trouve le corps sont les seules exigibles à leur égard ».

L'enfant de troupe, comme tout mineur non émancipé, a son domicile chez ses père et mère ou tuteur. Aucune disposition de la loi ne permet de déroger, à son égard, au droit commun.

D'assez nombreuses décisions ont successivement modifié la procédure à suivre pour les demandes en autorisation de mariage et les conditions mêmes auxquelles cette autorisation est subordonnée. La commission n'a retenu, des dispositions actuellement en vigueur, que celles qui intéressent directement l'officier de l'état civil, à savoir : l'autorité compétente pour délivrer l'autorisation; le délai pendant lequel cette autorisation est valable. Elle a tenu compte de la faculté de délégation ouverte par la décision du 18 juillet 1887.

Dans les circonstances normales, les oppositions sont signifiées à l'officier de l'état civil par le ministère d'un huissier. Aux armées, l'intervention de cet officier ministériel sera rarement possible, et comme cependant on ne saurait admettre que l'officier d'état civil passe outre à une opposition recevable, il faut évidemment, dans ce cas exceptionnel, lui reconnaître qualité pour recevoir directement l'opposition et en dresser acte. Le paragraphe 88 *c* a été rédigé dans ce sens.

Si le mariage doit être contracté avec une femme étrangère (1), les conditions à remplir par la future épouse sont réglées par son statut personnel et non par la loi française. Une circulaire du garde des sceaux (4 mars 1831) exige que, dans ce cas, l'officier d'état civil se fasse représenter un certificat de l'autorité civile du domicile de la future épouse, constatant qu'elle est apte, d'après les lois de son pays, à contracter mariage. Bien que cette disposition ait été critiquée, la commission a cru devoir se l'approprier (n° 88 *f*). Si la formalité n'est pas nécessaire pour que le mariage soit valable au regard de la loi française, il est de l'intérêt des futurs époux que leur union produise également tous ses effets au regard de la loi étrangère.

Titre IV. — *Des décès.*

Il importe que le Ministre de la guerre soit avisé du décès de tout militaire en activité de service. Or, l'instruction du 8 mars 1823 ne prescrit, *en temps de paix*, l'envoi au Ministre d'un extrait mortuaire que si le militaire est décédé à l'hôpital ou en prison, ou de mort violente ; elle est muette sur le cas des militaires décédés au corps (2) ou dans leurs foyers. Cette lacune est d'autant plus regrettable que la décision du 20 mars 1879 a supprimé

---

(1) On a contesté, dans ce cas, la compétence de l'officier d'état civil militaire. (Pandectes françaises, nouveau répertoire, actes de l'état civil, n° 276.) La maxime « Là où est le drapeau, là est aussi la France », qui a servi de base au chapitre V du titre II du Code civil, est manifestement contraire à cette opinion. L'arrêt sur lequel elle s'appuie (Cassation, 23 août 1826) n'a pas d'ailleurs la portée qu'on lui attribue, car il se borne à affirmer la compétence de l'officier public étranger, sans dénier la compétence *simultanée* de l'officier militaire.

(2) L'article 66 du règlement du 25 novembre 1889 sur le service de santé (volume 80) dit, il est vrai, que lorsqu'un militaire vient à décéder au corps, un rapport circonstancié sera adressé au Ministre, mais ce rapport, dont le caractère est purement technique, ne va pas au bureau des archives.

les états périodiques de mutation qui permettaient de tenir à jour au ministère, pour chaque corps de troupe, le double des registres matricules.

Le projet d'instruction y a pourvu par les dispositions qui font l'objet des paragraphes 91 et 94.

Aux termes de l'instruction du 8 mars 1823, l'officier de l'état civil doit relater le genre de mort dans les actes de décès relatifs aux individus morts sur le champ de bataille et des suites de blessures reçues en combattant l'ennemi, ou de maladies provenant de fatigues de la guerre, « *ou enfin morts de maladies ordinaires et dont le genre sera spécifié par les officiers de santé* ». Il ressort, d'autre part, du règlement sur le service de santé à l'intérieur, que la déclaration faite à la mairie doit mentionner la maladie ou la blessure qui a occasionné la mort (art. 284), et que cette mention doit également figurer sur l'extrait du registre des décès adressé au maire du dernier domicile (modèle n° 68).

Ces prescriptions sont contraires à l'article 35 du Code civil, lequel fait une obligation à l'officier d'état civil de n'insérer dans les actes rien autre que *ce qui doit être déclaré par les comparants.* S'il est permis de déroger à cet article dans l'intérêt du défunt et de sa famille, en relatant dans l'acte de décès les circonstances honorables pour lui, ou susceptibles de créer des droits à sa veuve ou à ses enfants, telles que la mort sur le champ de bataille, ou à la suite de blessures reçues devant l'ennemi, il n'en est pas de même dans les autres cas, alors surtout que la révélation du genre de mort (maladie héréditaire, syphilis, etc.) risquerait de porter à la famille un réel préjudice.

La commission propose que, sauf le cas de blessures ou de maladies contractées au service, la mention relative au genre de mort ne figure que sur les registres tenus dans les hôpitaux et les extraits destinés au Ministre de la guerre.

Un décret du 4 janvier 1813 indique les formalités à remplir lorsqu'une explosion a occasionné la mort d'individus dont il est impossible de retrouver les corps. La jurisprudence a étendu ces dispositions à tous les cas analogues : éboulement, incendie, submersion, etc. (1).

La commission a jugé utile de les reproduire dans le projet d'instruction. Lorsqu'un événement de cette nature se produira aux armées, il appartiendra au Ministre de la guerre, saisi du procès-verbal dressé à cet effet, d'en poursuivre l'homologation devant les tribunaux.

La constatation du décès des militaires sur le champ de bataille exige des précautions particulières. Si, d'une part, il importe aux familles que tous les décès soient exactement enregistrés, d'autre part l'officier de l'état civil qui, sur de simples indices, dresserait un acte de décès, risquerait de compromettre irrémédiablement les intérêts du prétendu défunt.

La commission était en présence de deux solutions.

L'instruction du 8 mars 1823 confiait exclusivement à l'officier de l'état civil du corps le soin de dresser les actes de décès des militaires appartenant au corps. D'un autre côté, un règlement plus récent (notice n° 14, annexée au règlement sur le service de santé en campagne) dit que l'officier d'administration qui procède à l'inhumation des corps est chargé de dresser les actes de l'état civil auxquels la constatation de la mort donne lieu.

Chacune de ces solutions a ses dangers.

L'officier de l'état civil du corps sera le plus souvent dans l'impossibilité matérielle de vérifier, comme le lui prescrit l'article 77 du Code civil, la réalité du décès. Les témoignages qu'il recueillera (*réduits à deux par la loi du 8 juin* 1893) émaneront de personnes peu compétentes, en général, pour discerner les signes caractéristiques de la mort, et qui, dans le trouble du combat, n'auront eu ni le temps, ni le sang-froid nécessaires pour procéder à des constatations sérieuses. De son côté, l'officier d'administration chargé de l'ensevelissement des corps n'aura, pour établir leur identité, que des indices, comme la plaque d'identité, les marques des vêtements, etc., qui, si probants qu'ils soient, sont cependant insuffisants au regard de la loi. L'acte mortuaire, qu'il soit établi ici ou là, sera donc, dans un grand nombre de cas, incomplet.

Il y aura, ce qui est plus grave encore, des omissions inévita-

---

(1) V. Dalloz. Table décennale, 1877-87 : Actes de l'état civil, n° 12.

bles, soit que le décès n'ait pas eu de témoins ou que ceux-ci aient eux-mêmes disparu, soit, dans l'autre système, que l'armée, ayant dû évacuer le champ de bataille, n'ait pu reconnaître ses morts.

Il importe en conséquence que le soin de constater les décès soit confié, non exclusivement à l'un ou à l'autre de ces officiers, mais cumulativement à l'un et à l'autre. Les constatations faites par chacun d'eux se compléteront l'une par l'autre et, par leur rapprochement, fourniront aux tribunaux des éléments certains d'appréciation.

Un membre a exprimé des doutes sur la régularité de l'acte dressé par l'officier d'administration préposé aux inhumations, ou tout au moins de sa transcription aux registres de l'état civil. Il a été répondu que cette procédure n'est pas nouvelle, qu'elle est suivie à l'intérieur toutes les fois qu'un cadavre est découvert, dont l'identité ne peut être attestée par des témoins (1).

Avant de quitter ce sujet important, qui a provoqué, à diverses reprises, les délibérations de la commission, je ne dois pas omettre de mentionner une proposition qui a réuni quelques adhésions dans son sein. Pourquoi, a-t-on dit, l'officier de l'état civil qui, faute de témoignages précis et concordants, a dû se borner à établir un acte de disparition, ne serait-il pas autorisé à transformer cette pièce en un acte de décès régulier, lorsque les renseignements parvenus de l'arrière feront connaître que le corps du défunt a été retrouvé ? On éviterait ainsi, dans un grand nombre de cas, l'intervention des tribunaux.

Le système serait assurément plus simple ; mais la légalité en a été contestée par la majorité des membres de la commission. L'acte dressé dans de telles conditions n'aurait que les *apparences* d'un acte de décès. Ce serait en réalité la conclusion d'une enquête, conclusion basée sur un ensemble de présomptions. L'officier d'état civil qui l'établirait sortirait du rôle de *simple greffier* que la loi lui attribue (2), pour empiéter sur le domaine des tribunaux.

Que si l'acte, au lieu d'être rédigé dans la forme ordinaire d'un acte de décès, expose purement et simplement la vérité, à savoir que les témoignages des sieurs N et N, non probants par eux-

---

(1) V. DALLOZ, *Répertoire*. Actes de l'état civil, n° 305. — Pandectes françaises. *Nouveau répertoire*, Actes de l'état civil, n° 243

(2) Discours de Siméon au Tribunat.

mêmes, ont été corroborés par tels et tels renseignements venus d'autre part, on peut être certain que, sous cette forme, l'acte n'échappera pas davantage à la sanction des tribunaux.

Titre V. — *Tutelle temporaire.*

La commission a reproduit sous ce titre la disposition qui faisait l'objet de l'article 3 de l'instruction du 8 mars 1823. (Dispositions générales.) La mission temporaire dont il s'agit ne saurait être considérée comme une *tutelle*, au sens légal du mot, entraînant hypothèque sur les biens de celui qui en est chargé ; car la tutelle ne peut être régulièrement déférée que dans les conditions prévues par le Code civil (art. 405 et suivants), et les militaires en sont d'ailleurs dispensés (article 428). Le tuteur désigné dans les circonstances prévues par la présente instruction n'est, à proprement parler, qu'un gérant d'affaires, dont la responsabilité est définie par les articles 1372 à 1374 du Code civil. Il a semblé utile de dissiper à cet égard toute incertitude.

Titre VI. — *Des testaments militaires.*

La loi du 8 juin 1893 attribue compétence aux officiers, quel que soit leur grade, commandant des détachements isolés. Elle ajoute : « Le testament de l'officier commandant pourra être reçu *par celui qui vient après lui dans l'ordre du service.* » Malgré l'ambiguïté de ce texte, la commission a pensé que ces derniers mots devaient être interprétés en ce sens : « *par l'officier qui vient après lui,* etc. ». Il n'a pu entrer dans l'intention du législateur qu'un sous-officier commandant en second ou par intérim soit mis en possession d'un droit qui lui sera retiré demain, si le commandement lui est conféré en titre.

L'article 983 (ancien) du Code civil accordait aux prisonniers de guerre chez l'ennemi le droit de tester militairement, et cela était équitable ; car si, à la vérité, le prisonnier de guerre peut valablement tester dans les formes usitées dans le pays, on doit reconnaître que, dans la pratique, l'exercice de ce droit rencontrera les obstacles les plus sérieux. Sans parler des circonstances qui rendront souvent fort difficile l'intervention d'un officier public, des démarches et des frais que, dans tous les cas, elle nécessitera, n'est-il pas à craindre que, parlant un idiome différent, l'officier public étranger ne soit impuissant à traduire les dernières volontés du testateur ?

Cette disposition a disparu de la loi nouvelle. Faut-il l'attribuer à une simple omission du législateur ? Tout porte à le croire ; car la loi du 8 juin 1893 a été faite dans le but de faciliter et non d'entraver les testaments militaires ; et, dans les rapports qui ont précédé le vote de la loi, rien n'indique que la suppression dont il s'agit ait été intentionnelle. Néanmoins, comme en matière testamentaire tout est de *droit strict*, la commission n'a pas pensé qu'il lui appartint de suppléer au silence de la loi.

L'instruction du 8 mars 1823 avait cru pouvoir assimiler aux clercs de notaire « les commis ou délégués de l'individu qui reçoit le testament » et les exclure, en conséquence, des fonctions de témoins. On peut contester qu'il y ait analogie complète entre un clerc salarié par le notaire qui l'emploie, et le militaire, commis ou autre, qui reçoit son traitement de l'Etat. Au surplus, les incapacités sont de droit étroit et ne sauraient, même par analogie, être étendues d'un cas à un autre. La commission n'a pas reproduit cette disposition qui, prise à la lettre, eût conduit à récuser, comme témoins, tous les militaires subordonnés à l'officier rédacteur de l'acte, et, dans le cas prévu par l'article 982, tout le personnel de l'ambulance ou de l'hôpital.

L'instruction du 8 mars 1823 prescrivait à l'officier rédacteur d'un testament « d'en donner avis, aussitôt après la mort du testateur et le dépôt du testament, aux personnes qu'il saurait y avoir intérêt ». En admettant que l'officier ait connaissance *certaine* de la mort du testateur, comment lui sera-t-il possible d'aviser les intéressés, c'est-à-dire les héritiers et légataires institués par le testament, alors qu'il n'en a pas conservé minute ? Si, d'autre part, pour satisfaire à cette prescription, il a consigné au mémorial les renseignements nécessaires, n'aura-t-il pas, dans une certaine mesure, violé le secret des dispositions testamentaires ? La commission a rejeté cette disposition en tant qu'inexécutable et peut-être même illégale.

Il est convenable que l'officier chargé de recevoir un testament soit en état d'éclairer le testateur sur les dispositions qui lui sont permises. On a cru devoir, à cet effet, compléter le titre « Des testaments » par les articles du Code relatifs à la quotité disponible. (Numéros 121 à 127.)

TITRE VII. — *Actes conservatoires.* — SECTION I. — *Des scellés.*

Aux termes de l'instruction du 8 mars 1823, l'apposition des scellés devait être requise au décès de tout militaire en activité de service. Il y avait là quelque exagération. L'apposition des scellés suppose la possession, sinon d'un appartement ou d'une chambre séparée, au moins d'un bureau, coffre ou tout autre meuble fermé, et tel n'est pas le cas pour la plupart des militaires en service. Il suffira presque toujours, pour sauvegarder les intérêts des héritiers, que le commandant de la compagnie fasse procéder, dans le plus bref délai possible, et sans désemparer, à l'inventaire des objets ou valeurs laissés par le défunt. L'autorité militaire sera d'ailleurs libre de provoquer l'apposition des scellés dans les circonstances exceptionnelles où cette opération lui paraîtra nécessaire. Tel sera, par exemple, le cas où un officier, logé à la caserne, viendrait à décéder en l'absence des héritiers ou du conjoint. Il doit être aussi bien entendu que les dispositions qui précèdent ne font nul obstacle aux droits que confère aux tiers l'article 909 du Code de procédure civile, ni aux pouvoirs des autorités civiles ou judiciaires. (Art. 911.)

Quant à la destination à donner aux effets et valeurs de la succession, on se conformera aux règles tracées par le règlement sur le service de santé.

Aux armées en campagne, les scellés ne seront en général requis par l'autorité militaire que si, pour une cause quelconque, l'inventaire ne peut être fait aussitôt et parachevé dans la même séance. Cette solution est conforme à l'article 923 du Code de procédure.

A l'égard des scellés à apposer sur les effets des officiers généraux, supérieurs, etc., la commission s'est bornée à reproduire le texte du décret et de l'instruction du 22 janvier 1890.

SECTION II. — *Procurations, autorisations, etc.*

La loi du 16 fructidor an XI avait déjà donné aux militaires en

pays ennemi ou au bivouac les moyens de faire établir, à défaut
de notaire, leur procuration authentique. La loi du 8 juin 1893 es t
allée plus avant dans cette voie : elle autorise les officiers militai‑
res qu'elle désigne à cet effet, à dresser acte des procurations,
autorisations maritales, consentements à mariage ou à engagement militaire.

Sur le territoire français, la compétence de ces officiers est limi·
tée au cas où les intéressés ne *pourront* s'adresser à un notaire.
Toutefois, il résulte des commentaires qui ont précédé le vote de
la loi, qu'il s'agit ici d'une impossibilité relative, non absolue.

« La Chambre avait admis leur compétence (officiers militaires) pour le cas où il y aurait impossibilité ou simplement difficulté
de s'adresser à un notaire. Le Sénat a cru devoir limiter cette
compétence au cas d'impossibilité. Mais les commentaires dont le
rapport de la commission accompagne cette modification sont tels
qu'il n'est pas à craindre que la loi soit considérée comme exigeant
une impossibilité absolue..... Il est bien acquis, au contraire,
grâce à ces commentaires, qu'il ne s'agit ici que d'une impossibilité relative. » (M. Darlan, rapporteur.) (1).

Le rapport susvisé de la commission sénatoriale (2) (M. Thé-
zard) visait le cas d'un marin ou militaire embarqué sur un bâtiment en communication avec le port, mais retenu à bord par
raison de service ou de santé. La commission a cru pouvoir assimiler à ce cas celui d'un militaire qui ne pourrait quitter son poste
(fort, camp, cantonnement, etc.) sans de graves inconvénients
pour le service, ou dont la maladie serait dûment constatée.

Le législateur n'a pas fixé le sens qu'il entendait donner aux
mots « détachement isolé ». Si le détachement ne comporte qu'une
compagnie ou fraction de compagnie, la solution n'est pas douteuse. Mais il peut se faire qu'une formation isolée, composée de
plusieurs-corps ou fractions de corps, n'ait pas de sous-intendant.
Tel sera souvent le cas d'une brigade opérant isolément, d'une
colonne expéditionnaire en Algérie, etc. Le texte de la loi, pris au
pied de la lettre, conduirait à investir des fonctions d'officier
public le général commandant les troupes. Cette conclusion étant

---

(1) Chambre des députés, 1893, annexe 2766.
(2) Sénat, 1893, annexe 81.

inadmissible, la commission a été amenée à considérer chacun des éléments constitutifs de la colonne, comme formant un détachement auquel il y a lieu d'appliquer la règle formulée par le 2e alinéa de l'article 1er de la loi.

La loi n'a pas prévu, comme elle l'a fait pour les testaments, les formes à suivre pour la rédaction des actes de procuration, etc., ni les mentions qu'ils doivent contenir.

Faut-il en conclure que l'officier instrumentaire n'est, à cet égard, astreint à aucune règle? La commission ne l'a pas pensé. Outre que certaines formes sont, dans tous les cas, essentielles à la validité de l'acte, comme la date, la signature de l'officier public, etc., il est vraisemblable que le législateur, se référant en cette matière au droit commun, a entendu que l'officier ou le fonctionnaire appelé à suppléer un notaire, suivit les règles imposées à celui-ci par la loi du 25 ventôse an XI, et se fît notamment assister de deux témoins.

Enfin la commission a cru devoir, pour éclairer les officiers instrumentaires, reproduire dans le projet d'instruction les dispositions les plus essentielles de la loi sur les actes dont il s'agit.

La loi du 8 juin 1893 est restée muette sur les certificats de vie, mais l'ordonnance du 24 janvier 1816 est toujours en vigueur, et les dispositions en ont été reproduites (n° 148).

Titre VIII. — Des militaires embarqués.

Le soin de recevoir les actes à bord d'un bâtiment, d'en assurer la conservation et de les transmettre à qui de droit, appartient aux officiers de marine. La compétence de ces derniers est exclusive de toute autre, et les officiers des troupes embarquées, quel que soit leur grade, ne sont chargés, dans aucun cas, des fonctions soit d'officier d'état civil, soit d'officier public. Il a donc paru à la commission qu'il n'était pas nécessaire de reproduire dans une instruction, exclusivement destinée aux personnels de la guerre, les dispositions relatives à ces actes.

Telles sont, Monsieur le Ministre, les dispositions principales du projet qu'au nom de la commission que je préside, j'ai l'honneur de soumettre à votre haute approbation.

Un de ses membres a exprimé le regret qu'un des actes les plus importants de l'état civil, l'adoption, n'y fût pas prévu. « Pour ne parler que de l'adoption rémunératoire, soumise par le législateur à des conditions moins rigoureuses que l'adoption ordinaire, n'est-il pas évident que les circonstances, dans lesquelles elle est possi-ble, se produiront beaucoup plus fréquemment aux armées que partout ailleurs ? Quand aura-t-on l'occasion de sauver la vie à quelqu'un dans un combat, si ce n'est à l'armée (1) ? »

La majorité de la commission, tout en reconnaissant le bien fondé de ces considérations, ne s'est pas crue autorisée à suppléer au silence de la loi, où nul n'est désigné pour remplir, aux armées, le cas échéant, les fonctions dévolues au juge de paix. Il est à remarquer d'ailleurs que les intéressés, s'ils veulent donner suite à leur projet, ne seront pas tenus d'attendre leur retour sur le territoire français. Aucun article du Code n'oblige les parties à comparaître en personne devant le juge de paix, et elles pourront s'y faire représenter par leurs fondés de procuration spéciale et authentique.

Le Contrôleur de 1re classe de l'Administration
de l'armée, Président,

Signé : CRÉTIN.

◆

Instruction pour l'exécution des dispositions du Code civil et de divers décrets et ordonnances applicables aux militaires de toutes armes (2).

Paris, le 23 juillet 1894.

Préliminaires.

Quelques lois, ordonnances et décrets ayant été publiés depuis l'instruction du 8 mars 1823 (notamment : loi du 8 juin 1893 relative aux actes de l'état civil et testaments aux armées ; loi du 8 juin 1893 relative aux actes de procuration, consentement, etc.; décret du 22 janvier 1890 sur l'apposition des scellés, etc.), le Ministre de la guerre a jugé nécessaire de faire rédiger une nou-

---

(1) PEZERIL, *Conditions civile et politique des militaires.*
(2) Mise à jour à la date de l'arrêté du présent volume.

velle instruction et de prescrire, ainsi qu'il suit, les formalités qui doivent être observées pour donner aux actes que les officiers remplissant aux armées les fonctions d'officier de l'état civil ou d'officier public auront à passer ou à rédiger, la régularité qui peut seule en assurer la validité.

L'article 93 (nouveau) du Code civil porte que les actes de l'état civil concernant les militaires, les marins de l'Etat et les personnés employées à la suite des armées seront établis comme il est dit aux chapitres précédents concernant les actes reçus dans les circonstances normales.

Les officiers appelés à remplir les fonctions de l'état civil devront donc se bien pénétrer des formalités exigées dans l'intérieur et qui sont exposées à la section I de chacun des titres I, II, III et IV ci-après. Ils n'y dérogeront que dans les cas prévus par la loi et pour lesquels elle a admis des exceptions. Ils deviendront dès lors, personnellement responsables de leur entière exécution, et la moindre infraction de leur part les exposerait aux peines prononcées à l'égard des officiers publics qu'ils représentent.

SOMMAIRE.

TITRE Ier.

DES ACTES DE L'ÉTAT CIVIL EN GÉNÉRAL.

SECTION Ire.

DISPOSITIONS COMMUNES.

Mentions à insérer dans les actes.

1. « Les actes de l'état civil énonceront l'année, le jour et l'heure où ils seront reçus, les prénoms, noms, âge, profession et domicile de tous ceux qui y seront dénommés. » (Code civil, art. 34.)

OBSERVATION. — Bien que la loi n'oblige pas d'insérer dans l'acte le lieu où il a été reçu, il sera utile que cette indication y figure pour faciliter, s'il y a lieu, les recherches ultérieures. L'officier de l'état civil n'omettra donc pas de le mentionner aussi exactement qu'il lui sera possible.

2. « Les officiers de l'état civil ne pourront rien insérer dans les actes qu'ils recevront, soit par note, soit par énonciation quelconque, que ce qui doit être déclaré par les comparants. » (Code civil, art. 35.)

Fondés de pouvoirs.

3. « Dans les cas où les parties intéressées ne seront point obligées de comparaître en personne, elles pourront se faire représenter par un fondé de procuration spéciale et authentique. » (Code civil, art. 36.)

OBSERVATION. — Le mariage est le seul acte de l'état civil où les parties soient obligées de comparaître en personne (1).

Conditions à remplir par les témoins.

4. « Les témoins produits aux actes de l'état civil devront être âgés de vingt et un ans au moins, parents ou autres, sans dis-

---

(1) En temps de guerre, le mariage par procuration est permis. (Voir page 175, la loi du 4 avril 1915.)

tinction de sexe; ils seront choisis par les personnes intéressées. Toutefois, le mari et la femme ne pourront être témoins ensemble dans le même acte. » (Code civil, art. 37. Loi du 7 décembre 1897.)

OBSERVATION. — Aucune autre condition n'est imposée par la loi; il n'est donc pas nécessaire que les témoins soient de nationalité française.

Lecture de l'acte.

5. « L'officier de l'état civil donnera lecture des actes aux parties comparantes, ou à leur fondé de procuration, et aux témoins.

« Il y sera fait mention de l'accomplissement de cette formalité. » (Code civil, article 38.)

OBSERVATION. — Si l'une des personnes susdésignées déclare ne pas connaître la langue française, l'officier de l'état civil, après avoir donné lecture de l'acte, comme la loi le prescrit, en fera faire, s'il est possible, la traduction orale.

Signatures.

6. « Ces actes seront signés par l'officier de l'état civil, par les comparants et les témoins; ou mention sera faite de la cause qu empêchera les comparants et les témoins de signer. » (Code civil, article 39.)

Inscription des actes sur les registres.

(Mentions marginales à opérer, s'il y a lieu.)

7. « Les actes seront inscrits sur les registres, de suite, sans aucun blanc. Les ratures et les renvois seront approuvés et signés de la même manière que le corps de l'acte. Il n'y sera rien écrit par abréviation et aucune date ne sera mise en chiffres. » (Code civil, article 42.)

OBSERVATION. — Les approbations des ratures et des renvois ne doivent jamais être inscrites à la fin de l'acte, de façon que les mêmes signatures puissent servir à cette approbation en même temps qu'à l'acte lui-même. Les approbations doivent être portées en marge des actes et chaque rature ou chaque renvoi doit être approuvé et signé spécialement.

7 bis. « Dans tous les cas où la mention d'un acte relatif à l'état civil devra avoir lieu en marge d'un acte déjà inscrit, elle sera faite d'office.

« L'officier de l'état civil qui aura dressé ou transcrit l'acte donnant lieu à mention effectuera cette mention, dans les trois jours, sur les registres qu'il détient.

« Dans le même délai, il adressera un avis au procureur de la République de l'arrondissement, et celui-ci veillera à ce que la mention soit faite, d'une façon uniforme, sur les registres existant dans les archives des communes, ou des greffes, ou dans tous autres dépôts publics. » (Code civil, art. 49. — Loi du 17 août 1897.)

Pièces annexées aux actes.

8. Par application de l'article 44 du Code civil, les procurations et autres pièces exigées, suivant le cas, pour l'établissement des actes de l'état civil seront, après avoir été paraphées par la personne qui les aura produites et par l'officier de l'état civil, annexées aux actes qu'elles concernent.

Sanction des obligations qui précèdent.

9. « Toute contravention aux articles précédents de la part des fonctionnaires y dénommés, sera poursuivie devant le tribunal de première instance et punie d'une amende qui ne pourra excéder cent francs. » (Code civil, article 50.)

Altération des registres.

10. « Tout dépositaire des registres sera civilement responsable des altérations qui y surviendront, sauf son recours, s'il y a lieu, contre les auteurs desdites altérations. » (Code civil, article 51.

Faux, inscription sur feuille volante, sanctions diverses.

11. « Toute altération, tout faux dans les actes de l'état civil, toute inscription de ces actes faite sur une feuille volante et autrement que sur les registres à ce destinés, donneront lieu aux dommages-intérêts des parties, sans préjudice des peines portées au Code pénal. » (Code civil, article 52) (1).

---

(1) *Code pénal, article* 145. — Tout fonctionnaire ou officier public qui, dans l'exercice de ses fonctions, aura commis un faux :
Soit par fausses signatures,
Soit par altération des actes, écritures ou signatures,
Soit par supposition de personnes,

SECTION II.

DISPOSITIONS CONCERNANT LES ACTES DE L'ÉTAT CIVIL AUX ARMÉES.

**Par qui sont remplies les fonctions d'officier
de l'état civil aux armées.**

12. « Les actes de l'état civil concernant les militaires, les ma‑
rins de l'Etat seront établis comme il est dit aux chapitres précé‑
dents.

« Toutefois, hors de la France et dans les circonstances pré‑
vues au présent alinéa, les actes de l'état civil pourront, en tout
temps, être également reçus par les autorités ci-après indiquées,
en présence de deux témoins : 1° dans les formations de guerre
mobilisées, par le trésorier ou l'officier qui en remplit les fonc‑
tions, quand l'organisation comporte cet emploi, et, dans le cas
contraire, par l'officier commandant; 2° dans les quartiers géné‑
raux ou états-majors, par les fonctionnaires de l'intendance ou,
à défaut, par les officiers désignés pour les suppléer; 3° pour
les personnes non militaires, employées à la suite des armées,
par le prévôt ou l'officier qui en remplit les fonctions; 4° dans
les formations ou établissements sanitaires dépendant des ar‑
mées, par les officiers d'administration gestionnaires de ces éta‑
blissements; 5° dans les hôpitaux maritimes et coloniaux, sé‑
dentaires ou ambulants, par le médecin directeur ou son sup‑
pléant; 6° dans les colonies et les pays de protectorat et lors
des expéditions d'outre-mer, par les officiers du commissariat
ou les fonctionnaires de l'intendance, ou, à leur défaut, par les
chefs d'expédition, de poste ou de détachement; 7° dans les lo‑
calités occupées par les troupes françaises, et pour les Fran‑
çais non militaires, par toutes les autorités énumérées au pré‑
sent alinéa, lorsque les dispositions prévues aux chapitres pré‑
cédents seront inapplicables.

« Les autorités énumérées à l'alinéa précédent ne seront com‑
pétentes, pour célébrer des mariages, que si les futurs conjoints
sont tous deux de nationalité française, citoyens ou sujets fran‑
çais.

« En France, les actes de l'état civil pourront également être

---

Soit par des écritures faites ou intercalées sur des registres ou d'autres
actes publics depuis leur confection ou clôture.

Sera puni des travaux forcés à perpétuité.

Code pénal, article 192. — Les officiers de l'état civil qui auront inscrit
leurs actes sur de simples feuilles volantes, seront punis d'un emprisonne‑
ment d'un mois au moins et de trois mois au plus, et d'une amende de
seize francs à deux cents francs.

reçus, en cas de mobilisation ou de siège, par les autorités énumérées aux cinq premiers numéros de l'alinéa 2 ci-dessus, mais seulement lorsque le service municipal ne sera plus assuré en aucune façon, par suite de circonstances provenant de l'état de guerre.

« La compétence de ces officiers s'étendra, s'il est nécessaire, aux personnes non militaires qui se trouveront dans les forts et places fortes assiégés.

« Les déclarations de naissance aux armées seront faites dans les dix jours qui suivront l'accouchement. Les déclarations de décès aux armées peuvent, par dérogation aux articles 37 et 77 être reçues, bien que les déclarants ne soient point âgés de 21 ans au moins et que l'officier n'ait pu se transporter auprès de la personne décédée (1). » (Code civil, article 93. — Lois des 8 juin 1893, 17 mai 1900, 1ᵉʳ juillet 1918 et 20 décembre 1922, *Bulletin officiel*, pages 774, 2179 et 2773.)

Observations. — *a) Les personnels des troupes et services auxiliaires doivent être considérés comme militaires.* — On doit considérer comme militaires les personnels de la trésorerie et des postes, des sections de télégraphie militaire, des compagnies de douaniers, de chasseurs forestiers, des sections techniques de chemins de fer et, en général, de tous les corps spéciaux dont la formation est autorisée par l'article 8 de la loi du 24 juillet 1873.

b) Prisonniers de guerre étrangers. — Les actes de l'état civil concernant les prisonniers de guerre étrangers qui n'ont pas encore rejoint leur destination, sont établis dans les conditions prévues au présent article. Le prévôt remplit vis-à-vis d'eux les fonctions d'officier de l'état civil.

c) Prisonniers de guerre français à l'étranger. — Quant aux prisonniers de guerre français à l'étranger, les actes les concernant seront établis dans les formes usitées dans le pays. Comme ils se trouvent alors éloignés de leur drapeau, l'article 47 du Code civil leur est applicable sous tous les rapports. Il porte que tout acte de l'état civil des Français et des étrangers fait en pays étranger fera foi s'il a été rédigé dans les formes usitées dans ledit pays.

d) Application de l'article 93 sur le territoire français. — L'article 93 (nouveau) est applicable sur le territoire français en cas de mobilisation et de siège. Il suffit donc que la mobilisation ait été décrétée ou l'état de siège déclaré pour que, dans les corps ou formations mobilisés, dans les places assiégées, les officiers d'état civil désignés au susdit article puissent légalement instrumenter, alors même qu'il y aurait encore possibilité de s'adresser aux officiers de l'état civil ordinaires.

e) Application hors du territoire français. — L'article 93 est applicable hors du territoire français en tout temps, c'est-à-dire même après la cessation des hostilités ou la signature de la paix, dans les corps, divisions ou formations quelconques maintenus temporairement à l'étranger.

f) Application dans les colonies ou pays de protectorat. — Dans les colonies et les pays de protectorat, les officiers militaires n'auront, en principe, à remplir les fonctions d'officier de l'état civil que dans les colonnes d'opéra-

---

(1) La disposition de cet alinéa est applicable à tous les actes de décès qui auront été dressés aux armées depuis le 2 août 1914. (Loi du 1ᵉʳ juillet 1918, *Bulletin officiel*, page 2179.)

tions, en quelque lieu qu'elles se trouvent, et dans les détachements, ambulances ou autres postes quelconques où l'autorité civile compétente ferait défaut ou serait dans l'impossibilité d'instrumenter.

g) Compétence simultanée des officiers d'état civil ordinaires. — Bien qu'aux termes de la loi, la compétence des officiers d'état civil militaires n'exclue pas celle des officiers d'état civil ordinaires, on devra s'abstenir, en principe et par mesure d'ordre, de recourir simultanément aux deux autorités. L'intervention de l'autorité civile ne sera réclamée que s'il y a impossibilité ou difficulté sérieuse de faire dresser l'acte en temps utile par l'officier d'état civil militaire.

h) Cas où l'officier d'état civil n'est pas à portée. — S'il arrive que l'événement devant donner lieu à la rédaction d'un acte de l'état civil se passe à une distance telle que les témoins soient dans l'impossibilité de se rendre auprès de l'officier compétent, ou ne puissent le faire dans les délais prescrits par la loi, l'acte sera reçu par l'officier de l'état civil le plus rapproché. Si aucun officier de l'état civil n'est à portée, procès-verbal de la déclaration des témoins sera dressé par un fonctionnaire de l'intendance et, à défaut, par l'officier le plus élevé en grade présent sur les lieux. Une expédition de l'acte ou du procès-verbal, suivant le cas, sera immédiatement envoyée à l'officier de l'état civil compétent qui transcrira cette pièce sur son registre et l'y annexera.

i) Surveillance des officiers de l'état civil. — L'officier de l'état civil est surveillé dans l'exercice de ses fonctions, et suivant le cas, par le conseil d'administration, le chef de corps ou de service, ou, s'il est lui-même chef de corps ou de service, par l'autorité dont il relève immédiatement.

Envoi d'une expédition des actes de l'état civil au Ministre de la guerre ; transcription sur les registres de l'état civil de l'ancien domicile.

13. « Dans tous les cas prévus à l'article précédent, l'officier qui aura reçu un acte en transmettra, dès que la communication sera possible et dans le plus bref délai, une expédition au Ministre de la guerre ou de la marine, qui en assurera la transcription sur les registres de l'état civil du dernier domicile : du père ou, si le père est inconnu, de la mère pour les actes de naissance ; du mari pour les actes de mariage ; du défunt pour les actes de décès. Si le lieu du dernier domicile est inconnu, la transcription sera faite à Paris » (1). (Code civil, article 94. — Loi du 8 juin 1893.)

OBSERVATIONS. — Le soin d'assurer la transcription de l'acte sur les registres de l'état civil du dernier domicile incombe, d'après la législation nouvelle, au Ministre de la guerre. L'officier de l'état civil devra donc établir une seule expédition de chaque acte et l'adresser au Ministre de la guerre.

____

(1) Voir le renvoi (1) de la page 9.

Il s'agit, d'après le texte, d'une *expédition*, c'est-à-dire d'une copie littérale de l'acte, et non d'un simple extrait.

Cette expédition sera visée pour légalisation, par le sous-intendant militaire (ou le médecin-chef, si l'acte a été établi dans une formation sanitaire). Ce visa sera précédé d'une formule indiquant le nom du signataire : « Vu par nous (nom et prénoms), sous-intendant militaire (ou médecin-chef). »

La loi n'assigne pas, pour cet envoi, de délai fixe, mais en disant « le plus bref délai possible » elle ne laisse aucun doute sur l'intention du législateur.

L'envoi sera fait sous pli recommandé. Il sera adressé directement au Ministre par l'officier de l'état civil, si celui-ci est chef de corps, de détachement ou de service ; et, dans le cas contraire, par l'intermédiaire du conseil d'administration, du commandant de corps, de la portion de corps ou de l'établissement, suivant le cas.

Les dispositions qui précèdent s'appliquent aux actes ou procès-verbaux qui auront été transcrits sur les registres dans les conditions prévues au numéro 12 *h*.

Registres de l'état civil.

14. « Dans les circonstances énumérées à l'article 93, il sera tenu un registre de l'état civil : 1° dans chaque corps de troupe ou formation de guerre mobilisée pour les actes relatifs aux individus portés sur les contrôles du corps de troupe ou sur ceux des corps qui ont participé à la constitution de la formation de guerre ; 2° dans chaque quartier général ou état-major, pour les actes relatifs à tous les individus qui y sont employés ou qui en dépendent ; 3° dans les prévôtés, pour toutes les personnes non militaires employées à la suite des armées ; 4° dans chaque formation ou établissement sanitaire dépendant des armées et dans chaque hôpital maritime ou colonial, pour les individus en traitement ou employés dans ces établissements, de même que pour les morts, appartenant à l'armée, qu'on y placerait à titre de dépôt ; 5° dans chaque unité opérant isolément aux colonies, dans les pays de protectorat, ou en cas d'expédition d'outre-mer.

» Les actes concernant les individus éloignés du corps ou des états-majors auxquels ils appartiennent ou dont ils dépendent seront inscrits sur le registre du corps ou de l'état major près duquel ils sont employés ou détachés.

» Les registres seront arrêtés au jour du passage des armées sur le pied de paix ou de la levée du siège.

» Ils seront adressés au Ministre de la guerre ou de la marine, pour être déposés aux archives de leur département ministériel. » (Code civil, article 95. — Loi du 8 juin 1893.)

OBSERVATIONS. — *a) Comment ils seront établis.* — Les registres de l'état civil seront établis suivant le modèle annexé à la présente instruction et seront fournis par l'administration centrale de la guerre. Ils feront partie des réserves d'imprimés constituées en vue de la mobilisation pour les divers corps et services. Si la prolongation de la campagne rendait nécessaire l'ouverture de nouveaux registres, on devrait s'efforcer de les établir dans les mêmes conditions de solidité. Les actes seront écrits avec le plus grand soin très lisiblement, et en observant scrupuleusement les prescriptions de l'article 42 ci-dessus reproduit du Code civil. (N° 7.)

Dès l'ouverture d'un registre d'état civil aux armées, l'officier préposé à la tenue du registre devra en informer sur-le-champ le Ministre de la guerre :

(Service intérieur, Bureau des Archives administratives), si cet officier appartient aux troupes métropolitaines ;

(Direction des Troupes coloniales), si l'officier fait partie des troupes coloniales. (Circulaire du 27 février 1902.)

b) Qui est dépositaire des registres. — L'officier de l'état civil est constitué dépositaire des registres et doit, sous sa responsabilité, veiller à leur conservation.

c) Envoi mensuel d'un extrait des registres au Ministre de la guerre. — Il en enverra tous les mois au Ministre de la guerre un extrait collationné et séparé par acte. Cet envoi, accompagné d'un bordereau, sera fait dans les conditions ci-dessus indiquées pour les actes eux-mêmes. Compte rendu sera, en même temps, adressé au Ministre par la voie hiérarchique.

S'il n'y a pas eu d'acte dressé pendant le mois, le bordereau sera envoyé avec la mention « Néant ».

d) Arrêté des registres. — Les registres seront arrêtés au jour où auront pris fin les circonstances prévues à l'article 93, et sauf à en établir de nouveaux, si ces circonstances venaient à se représenter. Ils seront également arrêtés au cas où le corps, l'état-major ou la formation, au titre duquel ils ont été ouverts, viendrait à être dissous ou amalgamé dans un autre corps, état-major ou formation. Dans tous les cas, l'envoi au Ministre de la guerre sera fait à la diligence de l'officier de l'état civil.

Par qui les registres seront cotés et paraphés.

15. « Les registres seront cotés et paraphés : 1° par le chef d'état-major, pour les unités mobilisées qui dépendent du commandement auquel il est attaché ; 2° par l'officier commandant, pour les unités qui ne dépendent d'aucun état-major ; 3° dans les places fortes ou forts, par le gouverneur de la place ou le commandant du fort ; 4° dans les hôpitaux ou formations sanitaires dépendant des armées, par le médecin-chef de l'hôpital ou de la formation sanitaire ; 5° dans les hôpitaux maritimes ou coloniaux et pour les unités opérant isolément aux colonies, dans les pays de protectorat et, en cas d'expédition d'outre-mer, par le chef d'état-major, ou par l'officier qui en remplit les fonctions. » (Code civil, article 96. — Loi du 8 juin 1893.)

Principales formations de guerre.
Officiers qui y remplissent la fonction d'officier de l'état civil.

16. Observations communes aux articles 93, 95 et 96. — Tableau indicatif des principales formations de guerre, des officiers qui y remplissent la fonction d'officier de l'état civil. etc. — Pour prévenir toute difficulté d'interprétation, en ce qui concerne la désignation de l'officier d'état civil, la tenue, la conservation des registres et les mesures qui en assurent l'authenticité, on a, dans le tableau A, qui fait suite à la présente instruction, fait connaître la solution qui se dégage des textes pour les principales formations de guerre. Les solutions à adopter dans les cas non prévus s'en déduiront aisément par analogie.

TITRE II.

ACTES DE NAISSANCE.

SECTION Ire.

DISPOSITIONS COMMUNES.

Déclarations.

17. « Les déclarations de naissance seront faites dans les trois jours de l'accouchement, à l'officier de l'état civil du lieu; l'enfant lui sera présenté. »

« En pays étranger, les déclarations aux agents diplomatiques ou aux consuls seront faites dans les dix jours de l'accouchement. Toutefois, ce délai pourra être prolongé dans certaines circonscriptions consulaires, en vertu d'un décret du Président de la République, qui fixera la mesure et les conditions de cette prolongation. » (Code civil, article 55. — Loi du 21 juin 1903.)

Observation. — La mort de l'enfant au moment de la naissance ne dispense pas de la déclaration de l'accouchement. (Cassation, 27 juillet 1872.)

18. « La naissance de l'enfant sera déclarée par le père ou, à défaut du père, par les docteurs en médecine ou en chirurgie, sages-femmes, officiers de santé ou autres personnes qui auront assisté à l'accouchement; et lorsque la mère sera accouchée hors de son domicile, par la personne chez qui elle sera accouchée.

» L'acte de naissance sera rédigé de suite, en présence de deux témoins. » (Code civil, article 56.)

Observations. — Si la mère est mariée, nul autre que le mari ne peut être déclaré père de l'enfant. Le désaveu de paternité est exclusivement du ressort des tribunaux et l'officier de l'état civil ne doit pas en connaître.

Si la mère n'est pas mariée, la déclaration de paternité ne peut être reçue que du père même, et cette déclaration doit être expressément mentionnée dans l'acte.

Si le père était marié à une autre femme, sa déclaration ne serait pas admissible, nul ne pouvant se reconnaître publiquement adultère.

L'obligation de déclaration n'est pas imposée à la mère. (Cassation, 10 septembre 1847.)

En dehors du père, cette obligation pèse sur toutes les personnes visées par l'article 56 sans ordre successif. (Cassation, 28 février 1867.)

On doit considérer comme accouchée en son propre domicile la fille majeure, domestique, qui a mis au monde chez ses maîtres : d'où il suit que la sage-femme qui l'a assistée est tenue de la déclaration prescrite par l'article 56. (Cassation, 10 mars 1865.)

Mentions à insérer dans l'acte de naissance.

19. « L'acte de naissance énoncera le jour, l'heure et le lieu de la naissance, le sexe de l'enfant et les prénoms qui lui seront donnés (1), les prénoms, noms, profession et domicile des père et mère et ceux des témoins. (Code civil, article 57) ».

Observation. — Au cas de naissance de deux jumeaux, afin de prévenir toute confusion, deux actes séparés constateront l'heure et la minute de la naissance de chacun d'eux.

On peut taire le nom de la mère. (Cassation, 1ᵉʳ juin 1844.)

Mais la désignation qui en est faite, si elle émane d'une personne autorisée, prouve, en dehors du fait de la naissance, celui de la maternité. (Cassation, 1ᵉʳ décembre 1869.)

Les médecins, à raison du secret professionnel, peuvent refuser de donner non seulement le nom de la mère, mais encore l'indication de son domicile. (Cassation, 1ᵉʳ août 1845.)

Prénoms qui peuvent être donnés.

20. « Les noms en usage dans les différents calendriers et ceux des personnages connus de l'histoire ancienne, peuvent seuls être reçus comme prénoms sur les registres de l'état civil destinés à constater la naissance des enfants ; il est interdit aux officiers

---

(1) On ne peut donner comme prénoms à un enfant que les noms en usage dans les divers calendriers et ceux des personnages connus de l'histoire ancienne.

publics d'en admettre aucun autre dans leurs actes. » (Loi du 11 germinal an XI.)

Enfants présentés sans vie.

21. « Lorsque le cadavre d'un enfant dont la naissance n'a pas été enregistrée sera présenté à l'officier de l'état civil, cet officier n'exprimera pas qu'un tel enfant est décédé, mais seulement qu'il lui a été présenté sans vie. Il recevra de plus la déclaration des témoins touchant les noms, prénoms, qualités et demeure des père et mère de l'enfant, et la désignation des an, jour et heure auxquels l'enfant est sorti du sein de sa mère.

« Cet acte sera inscrit à sa date sur les registres des décès, sans qu'il en résulte aucun préjugé sur la question de savoir si l'enfant a eu vie ou non. » (Décret du 4 juillet 1806, art. 1 et 2.)

Enfants trouvés.

22. « Toute personne qui aura trouvé un enfant nouveau-né sera tenue de le remettre à l'officier de l'état civil, ainsi que les vêtements et autres effets trouvés avec l'enfant, et de déclarer toutes les circonstances du temps et du lieu où il aura été trouvé.

« Il en sera dressé un procès-verbal détaillé, qui énoncera en outre l'âge apparent de l'enfant, son sexe, les noms qui lui seront donnés, l'autorité civile à laquelle il sera remis. Ce procès-verbal sera inscrit sur les registres. » (Code civil, article 58.)

Reconnaissance des enfants naturels et légitimation (1).

23. « L'acte de reconnaissance d'un enfant sera inscrit sur les registres à sa date, et il en sera fait mention en marge de l'acte de naissance, s'il en existe un. » (Code civil, article 62. — Loi du 8 juin 1893.)

24. « Les enfants nés hors mariage, autres que ceux nés d'un commerce adultérin, sont légitimés par le mariage subséquent de leurs père et mère, lorsque ceux-ci les ont légalement recon-

---

(1) Voir, page 107, la loi du 7 avril 1919 (légitimation posthume), et page 108, la circulaire du 18 juin 1917 relative à la légitimation des enfants naturels et adultérins.

nus avant leur mariage, ou qu'ils les reconnaissent au moment de la célébration.

Dans ce dernier cas, l'officier de l'état civil constate la reconnaissance et la légitimation dans un acte séparé.

Lorsqu'un enfant naturel n'aura été reconnu que postérieurement au mariage, cette reconnaissance n'emportera légitimation qu'en vertu d'un jugement rendu en audience publique après enquête et débat en chambre du conseil, lequel jugement devra constater que l enfant a eu depuis la célébration du mariage la possession d'état d'enfant commun.

Les enfants adultérins sont légitimés dans les cas suivants par le mariage subséquent de leurs père et mère lorsque ceux-ci les reconnaissent au moment de la célébration dans les formes déterminées au premier paragraphe du présent article : 1° les enfants nés du commerce adultérin de la mère lorsqu'ils sont désavoués par le mari ou ses héritiers; 2° les enfants nés du commerce adultérin du père ou de la mère lorsqu'ils sont réputés conçus à une époque où le père ou la mère avait un domicile distinct, en vertu de l'ordonnance rendue conformément à l'article 878 du code de procédure, et antérieurement à un désistement de l'instance, au rejet de la demande ou à une réconciliation judiciairement constatée. Toutefois la reconnaissance et la légitimation pourront être annulées si l'enfant a la possession d'état d'enfant légitime; 3° les enfants nés du commerce adultérin du mari dans tous les autres cas, s'il n'existe pas, au moment du mariage subséquent, d'enfants ou de descendants légitimes issus du mariage au cours duquel l'enfant est né ou a été conçu. Toute légitimation sera mentionnée en marge de l'acte de naissance de l'enfant légitimé. Cette mention sera faite à la diligence de l'officier de l'état civil qui a procédé au mariage, s'il a connaissance de l'existence des enfants, sinon à la diligence de tout intéressé. (Code civil, art. 331. — Loi du 7 novembre 1907.)

25. « La légitimation peut avoir lieu même en faveur des enfants décédés qui ont laissé des descendants, et, dans ce cas, elle profite à ces descendants ». (Code civil, article 332.)

26. « La reconnaissance d'un enfant naturel sera faite par un acte authentique, lorsqu'elle ne l'aura pas été dans son acte de naissance. » (Code civil, article 334.)

Observation. — Le nom de la mère, mentionné dans l'acte de naissance, n'implique pas reconnaissance de l'enfant. La reconnaissance ne peut résulter que d'un acte spécial et authentique, ou de la déclaration faite à l'officier de l'état civil, lors de la présentation de l'enfant, soit par la mère elle-même, soit par son fondé de procuration spéciale et authentique.

On peut reconnaître l'enfant par testament olographe. (Cassation, 18 mars 1862.)

27. « Cette reconnaissance ne pourra avoir lieu au profit des enfants nés d'un commerce incestueux ou adultérin. » (Code civil, article 335.)

Observation. — La reconnaissance d'un enfant naturel faite simultanément dans l'acte de célébration de son mariage par deux personnes, dont l'une était au moment de la conception dans les liens du mariage avec une autre personne, est nulle même à l'égard de l'autre. (Cassation, 25 juin 1877.)

28. « La reconnaissance du père, sans l'indication et l'aveu de la mère, n'a d'effet qu'à l'égard du père. » (Code civil, article 336.)

29. La doctrine et la jurisprudence sont d'accord pour admettre qu'un enfant naturel peut être reconnu par un mineur même non émancipé ; qu'un enfant naturel peut être reconnu : 1o s'il est encore dans le sein de sa mère 2o après sa mort, s'il a laissé des enfants légitimes.

SECTION II.

NAISSANCES AUX ARMÉES.

Délai des déclarations.

30. La loi du 17 mai 1900 (art. 1er), complète les dispositions finales de l'article 93 (loi du 8 juin 1893) du Code civil en spécifiant que les déclarations de naissance aux armées seront faites dans les *dix jours* (et non plus *trois*) qui suivront l'accouchement (1).

Déclaration tardive.

31. L'officier d'état civil ne devrait cependant pas refuser de recevoir la déclaration qui lui sera faite après ce délai. Mais il aurait à dresser un procès-verbal relatant les circonstances qui ont empêché d'observer les délais légaux, et d'après lequel les tribunaux pourront apprécier le degré de foi dû à la déclaration tardivement faite. Ce procès-verbal sera inscrit sur les registres.

Reconnaissances d'enfants naturels.

32. « Les dispositions des articles 93 et 94 seront applicables aux reconnaissances d'enfants naturels.

____

(1) Circulaire du 20 avril 1912 (*B. O.*, p. 551).

« Toutefois, la transcription de ces actes sera faite, à la diligence du Ministre de la guerre ou de la marine, sur les registres de l'état civil où l'acte de naissance de l'enfant aura été dressé ou transcrit, et, s'il n'y en a pas eu, ou si le lieu est inconnu, sur les registres indiqués en l'article 94, pour la transcription des actes de naissance. » (Code civil, article 98. — Loi du 8 juin 1893.)

OBSERVATION. — Sous l'empire de l'ancienne législation et suivant l'interprétation adoptée par l'instruction du 8 mars 1823, les officiers d'état civil militaires n'avaient qualité, pour recevoir édclaration de reconnaissance, que dans deux cas : celui où elle était faite par un individu non marié, au moment de la présentation de l'enfant, pour constater sa naissance ; et celui où deux personnes libres, en se mariant, déclaraient reconnaître les enfants qu'elles avaient eus précédemment. Désormais, les déclarations de reconnaissance pourront également être reçues par acte séparé. La transcription en marge de l'acte de naissance sera effectuée à la diligence du Ministre de la guerre.

Adoption.

32 *bis*. « La personne qui se proposera d'adopter et celle qui voudra être adoptée se présenteront devant le juge de paix du domicile de l'adoptant, pour y passer acte de leurs consentements respectifs. »

« Dans les cas prévus par l'article 93 (1), l'acte sera dressé par un fonctionnaire de l'intendance ou par un officier du commissariat. » (Code civil, article 353. — Loi du 17 mai 1900.)

TITRE III.

ACTES DE MARIAGE.

SECTION Ire.

DISPOSITIONS COMMUNES.

Age requis pour contracter mariage.

33. « L'homme avant dix-huit ans révolus, la femme avant quinze ans révolus, ne peuvent contracter mariage. » (Code civil, article 144.)

---

(1) Cet article 93 est reproduit au numéro d'ordre 12 de la présente instruction, page 11.

Dispenses d'âge.

34. « Néanmoins il est loisible au Président de la République d'accorder des dispenses pour des motifs graves. » (Code civil, article 145.)

Autres conditions requises.

35. « Il n'y a pas de mariage, lorsqu'il n'y a point de consentement. » (Code civil, article 146.)

36. « On ne peut contracter un second mariage avant la dissolution du premier. » (Code civil, article 147.)

Consentements nécessaires.

37. « Le fils et la fille qui n'ont pas atteint l'âge de vingt et un ans accomplis ne peuvent contracter mariage sans le consentement de leurs père et mère : en cas de dissentiment, le consentement du père suffit.

« Le dissentiment visé par le présent article et les articles 150, 152 et 158 ci-après, est constaté, soit dans la forme de la notification prévue par l'article 154, soit par lettre adressée à l'officier de l'état civil, et dont la signature est légalisée, par procèsverbal dressé par l'officier de l'état civil, par l'acte de célébration du mariage. » (Code civil, article 148 et la loi du 21 juin 1907.)

38 « Si l'un des deux est mort, ou s'il est dans l'impossibilité de manifester sa volonté, le consentement de l'autre suffit. » (Code civil, art. 149.)

39. « Si le père et la mère sont morts, ou s'ils sont dans l'impossibilité de manifester leur volonté, les aïeuls et aïeules les remplacent : s'il y a dissentiment entre l'aïeul et l'aïeule de la même ligne, il suffit du consentement de l'aïeul.

« S'il y a dissentiment entre les deux lignes, ce partage emportera consentement. » (Code civil, art. 150.)

40. « S'il n'y a ni père ni mère, ni aïeuls ni aïeules, ou s'ils se trouvent tous dans l'impossibilité de manifester leur volonté, les

fils et filles mineurs de vingt et un ans ne peuvent contracter mariage sans le consentement du conseil de famille. L'enfant naturel qui n'a point été reconnu et celui qui, après l'avoir été, a perdu ses père et mère ou dont les père et mère ne peuvent manifester leur volonté, ne pourront, avant l'âge de vingt et un ans révolus, se marier qu'après avoir obtenu le consentement du conseil de famille prévu par l'article 389, paragraphe 13 du Code civil. » (Code civil, art. 159.)

Forme de l'acte de consentement.

41. « L'acte authentique du consentement des père et mère ou aïeuls et aïeules, ou, à leur défaut, celui de la famille, contiendra les prénoms, noms, professions et domiciles du futur époux et de tous ceux qui auront concouru à l'acte, ainsi que leur degré de parenté. ·

« Hors le cas prévu par l'article 160 (1), cet acte de consentement pourra être donné, soit devant un notaire, soit devant l'officier de l'état civil du domicile de l'ascendant, et, à l'étranger, devant les agents diplomatiques ou consulaires français. » (Code civil, art. 73. Loi du 20 juin 1896.)

OBSERVATION. — En pratique, un seul acte est dressé pour constater le double consentement des père et mère. (Lettre de M. le Garde des sceaux du 28 décembre 1896.)

Actes respectueux.

42. « Les enfants ayant atteint l'âge de vingt et un ans révolus et jusqu'à l'âge de trente ans révolus, sont tenus de justifier du consentement de leurs père et mère ou du survivant d'eux.

« A défaut de ce consentement, l'intéressé fera notifier, dans les formes prévues en l'article 154 (2), l'union projetée à ceux ou à celui dont le consentement n'est pas obtenu.

« Quinze jours francs écoulés après cette notification, il sera passé outre à la célébration du mariage. Le présent article n'est pas applicable aux personnes qui contractent un second ou subséquent mariage. » (Code civil, article 151. — Lois du 9 août 1919.)

---

(1) Voir, à l'article 40 de la présente instruction, les dispositions de l'article 160 du Code civil.

(2) Article modifié par la loi du 9 août 1919.

43. « S'il y a dissentiment entre des parents divorcés ou séparés de corps, le consentement de celui des deux époux au profit duquel le divorce ou la séparation aura été prononcé et qui aura obtenu la garde de l'enfant suffira. » Faute de réunir ces deux conditions, celui des père et mère qui consentira au mariage pourra citer l'autre devant le tribunal de première instance siégeant en chambre du conseil ; le tribunal compétent sera celui du domicile de la personne qui a la garde de l'enfant; il statuera en audience publique et en dernier ressort. » (Code civil, art. 152. Lois des 20 juin 1896 et 21 juin 1907.)

44. « Sera assimilé à l'ascendant dans l'impossibilité de manifester sa volonté, l'ascendant subissant la peine de la relégation ou maintenu aux colonies en conformité de l'art. 6 de la loi du 30 mai 1854 sur l'exécution de la peine des travaux forcés. Toutefois, les futurs époux auront toujours le droit de solliciter et de produire à l'officier de l'état civil le consentement donné par cet ascendant. » (Code civil, art. 153. Loi du 20 juin 1896.)

45. « En cas d'absence des père et mère auxquels eût dû être faite la notification prévue à l'article 151, il sera passé outre à la célébration du mariage en représentant le jugement qui aurait été rendu pour déclarer l'absence, ou, à défaut de ce jugement, celui qui aurait ordonné l'enquête, ou, s'il n'y a point encore eu de jugement, un acte de notoriété délivré par le juge de paix du lieu où les père et mère ont eu leur dernier domicile connu. Cet acte contiendra la déclaration de quatre témoins appelés d'office par le juge de paix.

« Il n'est pas nécessaire de produire les actes de décès des pères et mères des futurs mariés lorsque les aïeuls ou aïeules, pour la branche à laquelle ils appartiennent, attestent ce décès; et, dans ce cas, il doit être fait mention de leur attestation sur l'acte de mariage.

« A défaut de cette attestation, il sera procédé à la célébration du mariage des majeurs, sur leurs déclaration et serment que le lieu du décès et celui du dernier domicile de leurs ascendants leur sont inconnus. » (Code civil, art. 155. Loi du 21 juin 1907.)

Sanction des dispositions qui précèdent.

47. « Les officiers de l'état civil qui auraient procédé à la célébration des mariages contractés par des fils ou filles n'ayant pas atteint l'âge de vingt et un ans accomplis, sans que le consentement des pères et mères, celui des aïeuls ou aïeules, et celui du conseil de famille, dans le cas où il est requis, soit énoncé dans l'acte de mariage, seront, à la diligence des parties intéressées et du procureur de la République près le tribunal de première instance de l'arrondissement où le mariage aura été célébré, condamnés à l'amende portée par l'article 192 du Code civil. » (Code civil, art. 156, modifié par la loi du 21 juin 1907)

48. « L'officier de l'état civil qui n'aura pas exigé la justification de la notification prescrite par l'article 151 sera condamné à l'amende prévue en l'article précédent. » (Code civil, art. 157, modifié par la loi du 21 juin 1907.)

Enfants naturels.

49. « L'enfant naturel légalement reconnu, qui n'a pas atteint l'âge de vingt et un ans accomplis ne peut contracter mariage sans avoir obtenu le consentement de celui de ses père et mère qui l'a reconnu ou de l'un ou de l'autre, s'il a été reconnu par tous les deux.

En cas de dissentiment, le consentement du parent qui exerce la puissance paternelle suffit.

Si l'un des deux est mort, ou s'il est dans l'impossibilité de manifester sa volonté, le consentement de l'autre suffit. Les dispositions contenues aux articles 151, 153, 154 et 155 sont applicables à l'enfant naturel après l'âge de vingt et un ans révolus. » (Code civil, article 158, modifié par la loi du 21 juin 1907.)

50. « L'enfant naturel qui n'a point été reconnu, et celui qui, après l'avoir été, a perdu ses père et mère, ou dont les père et mère ne peuvent manifester leur volonté, ne pourront, avant l'âge de vingt et un ans révolus, se marier qu'après avoir obtenu le consentement du conseil de famille prévu à l'article 389, paragraphe 13, du Code civil ». (Code civil, article 159, modifié par la loi du 21 juin 1907.)

Cas dans lesquels le mariage est prohibé. — Dispenses.

51. « En ligne directe, le mariage est prohibé entre tous les ascendants et descendants légitimes ou naturels et les alliés dans la même ligne. » (Code civil, art. 161.)

52. « En ligne collatérale, le mariage est prohibé entre le frère et la sœur légitimes ou naturels, et les alliés au même degré, lorsque le mariage qui produisait l'alliance a été dissous par le divorce. » (Code civil, art. 162.)

53. Le mariage est encore prohibé entre l'oncle et la nièce, la tante et le neveu. » (Code civil, art. 163.)

OBSERVATION. — Le mariage est prohibé entre le grand oncle et la petite nièce. Le ministère public a qualité pour faire opposition à un pareil mariage. (Cassation, 28 novembre 1877.)

54. « Néanmoins, il est loisible au Président de la République de lever, pour des causes graves, les prohibitions portées par l'article 162 aux mariages entre beaux-frères et belles-sœurs, et par l'article 163, aux mariages entre l'oncle et la nièce, la tante et le neveu. » (Code civil, article 164, modifié par la loi du 16 avril 1832.)

Prohibitions résultant de la loi sur le divorce.

55. « Les époux divorcés ne pourront plus se réunir si l'un ou l'autre a, postérieurement au divorce, contracté un nouveau mariage, suivi d'un second divorce. Au cas de réunion des époux, une nouvelle célébration du mariage sera nécessaire.

« Les époux ne pourront adopter un régime matrimonial autre que celui qui réglait originairement leur union.

« Après la réunion des époux, il ne sera reçu de leur part aucune nouvelle demande de divorce, pour quelque cause que ce soit, autre que celle d'une condamnation à une peine afflictive et infamante prononcée contre l'un d'eux depuis leur réunion. » (Code civil, article 295, modifié par la loi du 27 juillet 1884.)

56. Supprimé. L'article 298 du Code civil qui était visé a été

abrogé par la loi du 15 décembre 1904. (Voir circulaire du 20 avril 1912, *B. O.*, p. p., p. 551.)

Publications.

57. « Avant la célébration du mariage, l'officier de l'état civil fera une publication par voie d'affiche apposée à la porte de la maison commune. Cette publication énoncera les prénoms, noms, professions, domiciles et résidence des futurs époux, leur qualité de majeur ou de mineur, ainsi que le lieu où le mariage devra être célébré. Elle sera transcrite sur un seul registre coté et paraphé comme il est dit à l'article 41 du Code civil et déposé à la fin de chaque année au greffe du tribunal de l'arrondissement. » (Code civil, art. 63. Loi du 9 août 1919.)

Durée des affiches.

58. « L'affiche prévue en l'article précédent restera apposée à la porte de la maison commune pendant dix jours. Si l'affichage est interrompu avant l'expiration de ce délai, il en sera fait mention en marge de la transcription prévue à l'article précédent. Le mariage ne pourra être célébré avant le dixième jour, depuis et non compris celui de la publication. » (Code civil, art. 64. Loi du 9 août 1919.)

Cas dans lequel une nouvelle publication doit être faite.

59. « Si le mariage n'a pas été célébré dans l'année, à compter de l'expiration du délai de la publication, il ne pourra plus être célébré qu'après une nouvelle publication faite dans la forme ci-dessus. » (Code civil, art. 65. Loi du 21 juin 1907.)

Lieux où les publications doivent être faites.

60. « La publication ordonnée par l'article 63 sera faite à la municipalité du lieu où chacune des parties contractantes aura son domicile ou sa résidence. » (Code civil, art. 166. Loi du 21 juin 1907.)

61. « Si le domicile actuel ou la résidence actuelle n'ont pas été d'une durée continue de six mois, la publication sera faite

en outre, au lieu du dernier domicile, et, à défaut du domicile, au lieu de la dernière résidence; si cette résidence n'a pas une durée continue de six mois, la publication sera faite également au lieu de la naissance. » (Code civil, art. 167. Loi du 21 juin 1907.)

62. « Si les futurs époux ou l'un d'eux sont mineurs, la publication sera encore faite à la municipalité du domicile des ascendants sous la puissance desquels ils se trouvent. » (Code civil, art. 168, modifié par la loi du 9 août 1919.)

OBSERVATION. — La publication prescrite par l'article 168 n'est pas requise pour les majeurs, c'est-à-dire pour le fils et pour la fille âgés de vingt et un ans.

Dispenses.

63. « Le procureur de la République, dans l'arrondissement duquel sera célébré le mariage, peut dispenser, pour des causes graves, de la publication et de tout délai. » (Code civil, art. 169. Loi du 21 juin 1907.)

Sanction des dispositions qui précèdent.

64. « Si le mariage n'a point été précédé de la publication requise, ou s'il n'a pas été obtenu des dispenses permises par la loi, ou si les intervalles prescrits dans les publications et célébrations n'ont point été observés, le procureur de la République fera prononcer, contre l'officier public, une amende qui ne pourra excéder trois cents francs, et contre les parties contractantes, ou ceux sous la puissance desquels elles ont agi, une amende proportionnée à leur fortune. » (Code civil, art. 192. Loi du 21 juin 1907.)

Mariage à l'étranger.

65. « Le mariage contracté en pays étranger, entre Français et entre Français et Étranger, sera valable s'il a été célébré dans les formes usitées dans le pays, pourvu qu'il ait été précédé de la publication prescrite par l'article 63, au titre des actes de l'état civil, et que le Français n'ait point contrevenu aux dispositions contenues au chapitre précédent.

« Il en sera de même du mariage contracté en pays étranger

entre un Français et une étrangère, s'il a été célébré par les agents diplomatiques, ou par les consuls de France, conformément aux lois françaises. (Code civil, art. 170. Loi du 21 juin 1907.)

Formalités à remplir.

66. « Dans les trois mois après le retour du Français sur le territoire de la République, l'acte de célébration du mariage contracté en pays étranger dans les conditions prévues par le paragraphe 1ᵉʳ de l'article précédent, sera transcrit sur le registre public des mariages du lieu de son domicile. Il sera fait mention de cette transcription en marge des actes des naissance des époux. » (Code civil, art. 171.)

Par qui les oppositions au mariage peuvent être formées.

67. « Le droit de former opposition à la célébration du mariage appartient à la personne engagée par mariage avec l'une des deux parties contractantes. » (Code civil, art. 172.)

68. « Le père, la mère, et, à défaut de père et mère, les aïeuls et aïeules, peuvent former opposition au mariage de leurs enfants et descendants, même majeurs. Après main levée judiciaire de l'opposition formée par un ascendant, aucune nouvelle opposition d'un ascendant n'est recevable et ne peut retarder la célébration. » (Code civil, art. 173. Loi du 9 août 1919.)

69. « A défaut d'aucun ascendant, le frère ou la sœur, l'oncle ou la tante, le cousin ou la cousine germains, majeurs, ne peuvent former aucune opposition que dans les deux cas suivants :

1° « Lorsque le consentement du conseil de famille, requis par l'article 160, n'a pas été obtenu ;

2° « Lorsque l'opposition est fondée sur l'état de démence du futur époux : cette opposition, dont le tribunal pourra prononcer mainlevée pure et simple, ne sera jamais reçue qu'à la charge, par l'opposant, de provoquer l'interdiction et d'y faire statuer dans le délai qui sera fixé par le jugement. » (Code civil, art. 174.)

70. « Dans les deux cas prévus par le précédent article, le tuteur ou curateur ne pourra, pendant la durée de la tutelle ou curatelle, former opposition qu'autant qu'il y aura été autorisé

par un conseil de famille qu'il pourra convoquer. » (Code civil, art. 175.)

Formes de l'acte d'opposition.

71. « Tout acte d'opposition énoncera la qualité qui donne à l'opposant le droit de la former ; il contiendra élection de domicile dans le lieu où le mariage devra être célébré ; il devra également, à moins qu'il ne soit fait à la requête d'un ascendant, contenir les motifs de l'opposition : le tout à peine de nullité, et de l'interdiction de l'officier ministériel qui aura signé l'acte contenant opposition. » (Code civil, art. 176.)

72. « Les actes d'opposition au mariage seront signés, sur l'original et sur la copie, par les opposants ou par leurs fondés de procuration spéciale et authentique ; ils seront signifiés, avec la copie de la procuration, à la personne ou au domicile des parties, et à l'officier de l'état civil, qui mettra son visa sur l'original. » (Code civil, art. 67.)

Mention qui doit être faite au registre des publications.

73. « L'officier de l'état civil fera, sans délai, une mention sommaire des oppositions sur le registre des publications ; il fera aussi mention, en marge de l'inscription desdites oppositions, des jugements ou des actes de mainlevée dont expédition lui aura été remise. » (Code civil, art. 67.)

Peine encourue par l'officier de l'état civil en cas d'infraction.

74. « En cas d'opposition, l'officier de l'état civil ne pourra célébrer le mariage avant qu'on lui en ait remis la mainlevée, sous peine de trois cents francs d'amende et de tous dommages-intérêts. » (Code civil, art. 68.)

Pièces à produire en cas de non-opposition.

75. « Si la publication a été faite dans plusieurs communes, l'officier d'état civil de chaque commune transmettra sans délai à celui d'entre eux qui doit célébrer le mariage un certificat,

constatant qu'il n'existe point d'opposition. » (Code civil, art. 69 et loi du 9 août 1919.)

OBSERVATION. — Ce certificat, à établir sur papier timbré, devra être légalisé.

Conditions que doit remplir l'acte de naissance et moyen de suppléer au défaut de cet acte.

« 76. L'officier de l'état civil se fera remettre l'acte de naissance de chacun des futurs époux.

« Cet acte ne devra pas avoir été délivré depuis plus de trois mois, s'il a été délivré en France, et depuis plus de six mois, s'il a été délivré dans une colonie ou dans un consulat.

« Celui des époux qui serait dans l'impossibilité de se le procurer pourra le suppléer en rapportant un acte de notoriété délivré par le juge de paix du lieu de sa naissance ou par celui de son domicile. » (Code civil, art. 70. Loi du 17 août 1897.)

OBSERVATION. — L'acte de naissance doit porter en toutes lettres la date de sa délivrance. (Code civil, art. 45, modifié par la loi du 9 août 1919. — Loi du 17 août 1897.)

Acte de notoriété.

77. « L'acte de notoriété contiendra la déclaration faite par sept témoins, de l'un ou de l'autre sexe, parents ou non parents, des prénoms, nom, profession et domicile du futur époux et de ceux de ses père et mère, s'ils sont connus ; le lieu, et, autant que possible, l'époque de sa naissance et les causes qui empêchent d'en rapporter l'acte. Les témoins signeront l'acte de notoriété avec le juge de paix ; et, s'il en est qui ne puissent ou ne sachent signer, il en sera fait mention. » (Code civil, art. 71.)

Confirmation ou rejet par le tribunal de première instance.

78. « L'acte de notoriété sera présenté au tribunal de première instance du lieu où doit se célébrer le mariage. Le tribunal, après avoir entendu le procureur de la République, donnera ou refusera son homologation, selon qu'il trouvera suffisantes ou insuffisantes les déclarations des témoins et les causes qui empêchent de rapporter l'acte de naissance. » (Code civil, art. 72.)

Lieu où le mariage doit être célébré.

79. « Le mariage sera célébré dans la commune où l'un des deux époux aura son domicile ou sa résidence établie par un mois au moins d'habitation continue à la date de la publication prévue par la loi. » (Code civil, art. 74. Loi du 21 juin 1907.)

OBSERVATION. — Il résulte d'un avis du Conseil d'Etat en date du 4ᵉ jour complémentaire an XIII (21 septembre 1805), que l'article 74 est de tous points applicable aux militaires; que, par conséquent, dans les circonstances normales du temps de paix, ces derniers ne peuvent contracter mariage que devant les officiers de l'état civil des communes où ils ont résidé, sans interruption pendant un mois, ou devant l'officier de l'état civil de la commune où leurs futures épouses ont acquis le domicile fixé par l'article 74, et après avoir rempli les formalités prescrites par les articles 166, 167 et 168 ci-dessus.

Mode de célébration.

80. « Le jour désigné par les parties, après le délai de publication, l'officier de l'état civil, dans la maison commune, en présence de deux témoins, parents ou non parents, fera lecture aux parties des pièces ci-dessus mentionnées, relatives à leur état et aux formalités du mariage, et des articles 212, 213 et 254 du Code civil : *Du mariage*, sur *les droits* et *les devoirs respectifs des époux.*

« L'officier de l'état civil interpellera les futurs époux, ainsi que les personnes qui autorisent le mariage, si elles sont présentes, d'avoir à déclarer s'il a été fait un contrat de mariage, et, dans le cas de l'affirmative, la date de ce contrat, ainsi que les nom et lieu de résidence du notaire qui l'aura reçu.

« Il recevra de chaque partie, l'une après l'autre, la déclaration qu'elles veulent se prendre pour mari et femme; il prononcera, au nom de la loi, qu'elles sont unies par le mariage et il en dressera acte sur-le-champ. » (Code civil, art. 75, modifié par la loi du 9 août 1919.)

Forme de l'acte.

81. « On énoncera dans l'acte de mariage :

« 1º Les prénoms, noms, professions, âges, lieux de naissance, domiciles et résidences des époux;

« 2° S'ils sont majeurs ou mineurs et, au cas où ils sont majeurs, s'ils ont ou non plus de trente ans révolus;

« 3° Les prénoms, noms, professions et domiciles des pères et mères ;

« 4° Le consentement des pères et mères, aïeuls et aïeules, et celui du conseil de famille, dans les cas où ils sont requis;

« 5° Les prénoms et noms des précédents conjoints de chacun des époux avec les dates des décès ou divorces ayant entraîné la dissolution de leurs mariages;

« 6° La mention qu'il n'existe aucune opposition pouvant empêcher le mariage;

« 7° La déclaration des contractants de se prendre pour époux, et le prononcé de leur union par l'officier d'état civil;

« 8° Les prénoms, noms, âges, professions et domiciles des témoins, et leur qualité de majeurs;

« 9° La déclaration, faite sur l'interpellation prescrite par l'article précédent, qu'il a été ou qu'il n'a pas été fait de contrat de mariage, et, autant que possible, la date du contrat, s'il existe, ainsi que les nom et lieu de résidence du notaire qui l'aura reçu ; le tout à peine, contre l'officier de l'état civil, de l'amende fixée par l'article 50.

« Dans le cas où la déclaration aurait été omise ou serait erronée, la rectification de l'acte, en ce qui touche l'omission ou l'erreur, pourra être demandée par le procureur de la République, sans préjudice du droit des parties intéressées, conformément à l'article 99. »

« Il sera fait mention de la célébration du mariage en marge de l'acte de naissance des époux. » (Code civil, art. 76 modifié par les lois des 10 juillet 1850, 17 août 1897 et 9 août 1919.)

OBSERVATION. — En exécution de la loi du 10 juillet 1850, les notaires doivent délivrer aux parties un certificat sur papier libre des contrats de mariage qu'ils dressent. Ce certificat indique qu'il doit être remis à l'officier de l'état civil avant la célébration du mariage.

Dissolution du mariage.

82. « Le mariage se dissout :

« 1° Par la mort de l'un des époux ;

« 2° Par le divorce légalement prononcé ;

« 3° Par la condamnation devenue définitive de l'un des époux à une peine emportant *mort civile* (1). » (Code civil, art. 227.)

Second mariage.

83. « La femme ne peut contracter un nouveau mariage qu'après trois cents jours révolus depuis la dissolution du mariage précédent (2). » (Code civil, art. 228, modifié par la loi du 9 août 1919.)

SECTION II.

MARIAGE DES MILITAIRES (3).

Autorisations nécessaires (4).

84. Les officiers de tout genre, en activité de service, ne pourront, à l'avenir, se marier qu'après en avoir obtenu la permission par écrit du Ministre de la guerre. Ceux d'entre eux qui auront contracté mariage sans cette permission encourront la destitution et la perte de leurs droits, tant pour eux que pour leurs veuves et leurs enfants, à toute pension (5) ou récompense militaire. » (Art. 1er du décret du 16 juin 1808.)

« Les sous-officiers et soldats en activité de service ne pourront de même se marier qu'après en avoir obtenu la permission du

---

(1) La mort civile est abolie. (Loi du 31 mai 1854.)

— (2) « L'officier de l'état civil sera aussi puni de seize francs à trois cents francs d'amende lorsqu'il aura reçu, avant le temps prescrit par l'article 228 du Code civil, l'acte de mariage d'une femme ayant déjà été mariée. » (Code pénal, art. 194.)

(3) On n'a reproduit dans la présente instruction que les dispositions dont la connaissance est indispensable à l'officier de l'état civil. Les conditions auxquelles est subordonnée l'autorisation de mariage sont indiquées : pour les officiers, par la circulaire du 1er octobre 1900; pour les sous-officiers rengagés et commissionnés, par la circulaire du 7 novembre 1900.

(4) Voir page 186, le décret du 7 mars 1919 suspendant l'application des décrets des 16 juin et 28 août 1808.

(5) Voir l'article 14 de la loi du 31 mars 1919, *Bulletin officiel*, page 2677, qui fait exception à cette règle en faveur des femmes qui ont épousé un mutilé. Le défaut d'autorisation militaire, en ce qui concerne le mariage contracté par les militaires ou marins en activité de service, n'entraîne pas pour leurs ayants droit perte de droit à pension.

conseil d'administration de leur corps. (Art. 2 du décret du 16 juin 1808.)

« Tout officier de l'état civil qui, sciemment, aura célébré le mariage d'un officier, sous-officier ou soldat en activité de service, sans s'être fait remettre lesdites permissions, ou qui aura négligé de les joindre à l'acte de célébration du mariage, sera destitué de ses fonctions. » (Art. 3 du décret du 16 juin 1808.)

OBSERVATIONS. — Ce décret a encore force de loi. L'officier qui a contracté mariage sans autorisation peut être traduit devant un conseil de guerre, si le Ministre estime qu'il y a lieu de prononcer la destitution. (Avis du conseil d'Etat ; — 29 avril 1836.)

Quant à la déchéance du droit à la pension pour la veuve, elle a été consacrée par la loi du 11 avril 1831, art. 19, vol. 66¹ (1).

Mesures d'exécution.

85. 1º *Officiers et assimilés.* — Le Ministre de la guerre a décidé (1) que les gouverneurs militaires et les commandants de corps d'armée accorderont directement et par délégation les autorisations de mariage aux officiers et assimilés placés sous leurs ordres jusqu'au grade de colonel inclusivement. Dans le cas seulement où une demande d'autorisation de mariage paraîtrait devoir être écartée, pour quelque cause que ce soit, elle serait transmise au Ministre accompagnée d'un exposé de la situation.

Les demandes formées par les officiers généraux et assimilés sont adressées au Ministre de la guerre.

Les permissions de mariage qui auront été obtenues ne seront valables que pendant six mois à partir de leur date, sauf au titulaire à en demander le renouvellement, s'il y a lieu, par la voie hiérarchique.

Les formalités à remplir par les officiers qui désirent contracter mariage sont applicables aux fonctionnaires de l'intendance militaire, aux médecins et pharmaciens militaires, aux vétérinaires, aux adjoints (2) du génie, aux gardes (2) d'artillerie, aux officiers d'administration des divers services, aux archivistes (2) d'état-major et, en général, à tous les personnels qui jouissent de l'état des officiers tel qu'il est défini par la loi du 19 mai 1834.

Les officiers des réserves ont le droit de contracter mariage sans autorisation; ils doivent en informer leurs chefs de corps ou de service. (Même rédaction, art. 100, de l'instruction du 2 février 1909.)

Il en est de même pour les officiers en retraite employés dans les services de l'armée.

86. 2° *Sous-officiers et soldats.* — Dans les corps de troupe, les autorisations de mariage sont délivrées aux sous-officiers, caporaux et soldats par le conseil d'administration (celui qui est présidé par le chef de corps, si le corps est fractionné).

---

(1) Voir, page 187, la circulaire du 26 avril 1924 relative aux autorisations de mariage des officiers et des élèves officiers.

(2) Titres changés en celui d' « officiers d'administration ».

Dans la gendarmerie, l'approbation du chef de légion est en outre nécessaire.

Pour les militaires des compagnies et sections formant corps, ainsi que pour les personnels sans troupe (sous-officiers de la justice militaire, gardiens de batterie, adjudants d'administration du génie, ouvriers d'état), l'autorisation émane du commandant de corps d'armée.

Ces règles sont applicables aux sous-officiers rengagés ou commissionnés. Dans le cas toutefois où le conseil d'administration croit devoir refuser l'autorisation, il en est référé au commandant de corps d'armée, qui statue.

Les militaires de la disponibilité et des réserves peuvent se marier sans autorisation. Toutefois, cette faculté est suspendue par le fait de la mobilisation.

Désormais, les autorisations de mariage à accorder aux sous-officiers, caporaux et soldats des sections de commis et ouvriers militaires d'administration et des sections d'infirmiers militaires, leur seront exclusivement accordées par les directeurs des services de l'intendance et de santé sous l'autorité desquels ces sections sont placées, et sur la proposition de leurs chefs hiérarchiques (1).

Les mêmes autorisations seront accordées aux adjudants d'administration du génie par les généraux commandant le génie des régions (1).

Devoirs de l'officier de l'état civil.

87. Les officiers de l'état civil devront veiller avec le plus grand soin à l'entière exécution de ces dispositions et ne jamais passer outre à la célébration d'un mariage sans s'être fait représenter la permission prescrite, laquelle sera jointe à l'acte de célébration. Mention en sera faite dans l'acte.

SECTION III.

MARIAGES AUX ARMÉES.

Publications.

88. « Lorsqu'un mariage sera célébré dans l'une des circonstances prévues à l'article 93, les publications seront faites au lieu du dernier domicile du futur époux ; elles seront mises, en outre, vingt-cinq jours avant la célébration du mariage, à l'ordre du jour du corps pour les individus qui tiennent à un corps, et à celui de l'armée ou du corps d'armée pour les officiers sans troupe et pour les employés qui en font partie. » (Code civil, art. 97. — Loi du 8 juin 1893.)

OBSERVATIONS. — a) *Publications.* — On remarquera que cet article ne dis-

____

(1) Circulaire du 12 juillet 1910 (*B. O.*, p. 1234).

pense d'aucune des formalités prescrites par les articles 166, 167 et 168 du Code civil.

Les publications devront donc être faites : 1º à la municipalité du dernier domicile de chacune des parties (ce dernier domicile, à défaut de tout autre, sera censé être le lieu de leur naissance) ; 2º à la municipalité du domicile de ceux sous la puissance desquels elles se trouvent.

Elles seront mises, en outre, à l'ordre du jour du corps, pour les militaires des corps de troupe et, pour les officiers sans troupe et employés militaires, à l'ordre du jour de l'état-major (armée, corps d'armée, division, place ou autre commandement) dont ils relèvent, et pour lequel un registre des actes de l'état-civil aura été ouvert en conformité de l'article 95 (nouveau) du Code civil.

Le mariage ne pourra être célébré que vingt-cinq jours après cette mise à l'ordre du jour.

Il sera tenu, par l'officier de l'état civil, un registre des publications, qu sera coté et paraphé comme les registres de l'état civil et recevra la même destination. L'officier de l'état civil y fera une mention sommaire des oppositions ainsi qu'il est prescrit à l'article 67 du Code civil.

b) Lieu de célébration. — En autorisant les mariages aux armées, le législateur a implicitement supprimé, pour ces mariages, la condition du domicile imposée par l'article 74 du Code civil. Le mariage pourra donc être célébré par l'officier de l'état civil du groupe ou de la formation à laquelle appartient le futur conjoint, sans qu'il y ait à se préoccuper du temps depuis lequel il fait partie de ce groupe ou de cette formation.

La disposition de l'article 75 du Code civil prescrivant de célébrer le mariage dans la *maison commune* est inapplicable aux armées. Néanmoins, comme la publicité est un élément essentiel de la validité du mariage, les portes du local où il sera célébré devront être laissées ouvertes et mention en sera faite dans l'acte.

c) Oppositions au mariage. — Dans les circonstances prévues à l'article 93 (nouveau) du Code civil, la signification, par ministère d'huissier, à l'officier de l'état civil, des oppositions formées au mariage, sera presque toujours impossible. Il faut donc admettre que, dans ce cas, l'officier de l'état civil militaire aura qualité pour recevoir les déclarations qui lui seront directement faites, soit verbalement, soit par écrit, et en dresser acte. Notification en sera faite par lui aux intéressés, afin qu'ils aient à se pourvoir devant qui de droit.

d) L'article 176 du Code civil dispose que l'acte d'opposition doit contenir élection de domicile dans le lieu où le mariage doit être célébré. Si le mariage doit être célébré aux armées, l'élection de domicile sera faite au lieu du dernier domicile du conjoint sur le nom duquel l'opposition est formulée.

e) Acte de notoriété. — De même, l'acte de notoriété dont il est question à l'article 72 du Code civil sera présenté, si le mariage doit être célébré aux armées, au tribunal du dernier domicile du futur époux.

f) Cas où la future est étrangère. — Si le mariage doit être contracté avec une femme étrangère, les conditions à remplir par la future épouse seront déterminées par son statut personnel. L'officier d'état civil devra exiger, pour passer outre à la célébration du mariage, un certificat des autorités du lieu de la naissance ou de son dernier domicile constatant qu'elle est apte, d'après les lois de son pays, à contracter mariage. (Circulaire du Garde des sceaux, 4 mars 1831.)

Les pièces produites en langue étrangère doivent être accompagnées d'une traduction certifiée par un traducteur juré. (Décret du 2 thermidor an II)

TITRE IV.

ACTES DE DÉCÈS.

SECTION I.

DISPOSITIONS COMMUNES.

Inhumation.

89. « Aucune inhumation ne sera faite sans une autorisation, sur papier libre et sans frais, de l'officier de l'état civil, qui ne pourra la délivrer qu'après s'être transporté auprès de la personne décédée pour s'assurer du décès, et que vingt-quatre heures après le décès, hors les cas prévus par les règlements de police. » (Code civil, art. 77.)

Observation. — Lorsque la salubrité publique est en jeu, un maire peut ordonner qu'un cadavre qui a été trouvé sur le territoire de la commune soit inhumé sans observer les délais. (Cassation, 19 juin 1816.)

Déclaration du décès.

90. « L'acte de décès sera dressé par l'officier de l'état civil sur la déclaration de deux témoins. Ces témoins seront, s'il est possible, les deux plus proches parents ou voisins, ou, lorsqu'une personne sera décédée hors de son domicile, la personne chez laquelle elle sera décédée et un parent ou autre. » (Code civil, art. 78. — Loi du 9 août 1919.)

Observations. — *Application au décès des militaires. Décès au corps.* — En conséquence de ces dispositions, aussitôt qu'un militaire sera décédé à la caserne ou dehors, quel que soit le genre de sa mort, la déclaration en sera faite de suite à l'officier de l'état civil du lieu pour qu'il puisse opérer conformément à la loi. L'officier, quel que soit son grade, qui commande la compagnie sera tenu, après avoir fait faire cette déclaration, de veiller à ce que deux officiers ou sous-officiers, ou au moins un officier ou sous-officier et un soldat, se tiennent à portée de servir de témoins à l'acte de décès.

Après que les formalités légales auront été remplies et à moins de dispositions contraires prises par la famille, le corps sera transporté, à titre de dépôt, à l'hôpital militaire ou à l'hospice du lieu. (Article 294 du règlement du 25 novembre 1839 sur le service de santé à l'intérieur, volume 80.)

Avis du décès au Ministre (1).

91. Le Ministre doit être informé sans retard du décès de tout militaire en activité de service. Lorsque le militaire est décédé à l'hôpital ou que le corps y a été transporté, ce soin incombe, ainsi qu'il est spécifié ci-après, à l'officier d'administration gestionnaire.

Dans le cas contraire, le conseil d'administration ou le chef de détachement se fera délivrer par l'officier de l'état civil un extrait de l'acte de décès qu'il adressera au Ministre.

Acte de décès.

92. « L'acte de décès contiendra les prénoms, nom, âge, profession et domicile de la personne décédée ; les prénoms et nom de l'autre époux, si la personne décédée était mariée ou veuve ; les prénoms, noms, âges, professions et domiciles des déclarants, et, s'ils sont parents, leur degré de parenté.

« Le même acte contiendra de plus, autant qu'on pourra le savoir, les prénoms, nom, profession et domicile des père et mère du décédé, et le lieu de sa naissance. » (Code civil, art. 79.)

OBSERVATION. — Bien que la loi soit muette à ce sujet, on admet, dans la pratique, que l'acte de décès doit : 1º faire connaître le jour et l'heure du décès ; 2º mentionner que l'officier de l'état civil s'est assuré de la réalité du décès. (Circulaire du Garde des sceaux, 28 avril 1836.)

Décès dans les hôpitaux.

93. « Lorsqu'un décès se sera produit ailleurs que dans la commune où le défunt était domicilié, l'officier de l'état civil qui aura dressé l'acte de décès enverra, dans le plus bref délai, à l'officier de l'état civil du dernier domicile du défunt, une expédition de cet acte, laquelle sera immédiatement transcrite sur les registres. » (Code civil, art. 80. — Loi du 8 juin 1893.)

« En cas de décès dans les hôpitaux ou les formations sanitaires, les hôpitaux maritimes, coloniaux, civils ou autres établissements publics, soit en France, soit dans les colonies ou les pays de protectorat, les directeurs, administrateurs ou maîtres de ces hôpitaux ou établissements devront en donner avis, dans les vingt-quatre heures, à l'officier de l'état civil ou à celui qui en remplit les fonctions.

« Celui-ci s'y transportera pour s'assurer du décès et en dres-

---

(1) Voir la circulaire du 25 mai 1893 (volume 38).

sera l'acte, conformément à l'article précédent, sur les déclarations qui lui auront été faites et sur les renseignements qu'il aura pris.

« Il sera tenu, dans lesdits hôpitaux, formations sanitaires et établissements, un registre sur lequel seront inscrits ces déclarations et renseignements.

OBSERVATIONS. — a) *Hôpitaux militaires*. — Dans les hôpitaux militaires, la déclaration du décès est faite à l'officier de l'état civil par l'officier d'administration gestionnaire. Cette déclaration indique le numéro matricule du décédé, la date de l'entrée à l'hôpital et celle du décès. Si le décédé est mort des suites de blessures reçues sur le champ de bataille ou dans un service commandé, il en est fait mention spéciale sur la déclaration.

b) *Registre des décès*. — Le registre dont la tenue est prescrite par l'article 80 du Code civil reproduit, pour chaque décès, toutes les indications contenues dans la déclaration. Il reçoit, en outre, de la part du médecin traitant, une annotation signée désignant la maladie ou la blessure qui a occasionné la mort.

Les décès des militaires transportés à l'hôpital à titre de dépôt, ainsi qu'il a été dit ci-dessus, sont inscrits audit registre.

c) *Extraits à envoyer*. — Immédiatement après l'inscription au registre des décès, l'officier d'administration gestionnaire établit deux extraits, lesquels, après avoir été certifiés par le médecin-chef, sont adressés sans aucun retard :

Le premier, au maire du dernier domicile du décédé ; si le militaire décédé est né hors de France ou s'il a sa famille à l'étranger, cet extrait est envoyé au Ministre de la guerre, qui le transmet au Ministre des affaires étrangères ;

Le second, au Directeur du service de santé, qui l'adresse au Ministre de la guerre.

L'annotation du médecin traitant relative à la maladie qui a occasionné la mort n'est reproduite que sur l'extrait destiné au Ministre de la guerre.

Ces extraits, qui sont délivrés à titre de simple renseignement, n'ont auprès des tribunaux ou autorités civiles aucune valeur légale.

d) *Hospices civils*. — Les dispositions qui précèdent sont applicables aux hospices civils mixtes ou militarisés, ainsi qu'aux hospices civils proprement dits, établissements d'eaux minérales, asiles d'aliénés, ou tous autres établissements spéciaux désignés pour recevoir des militaires. La commission administrative, ou le directeur suivant le cas, en assure l'exécution.

Militaires isolés.

94. Lorsqu'un militaire vient à décéder hors de son corps et qu'il ne se trouve à proximité ni hôpital militaire, ni hospice où le cadavre puisse être transporté, l'officier de l'état civil qui dresse l'acte de décès est tenu d'en faire parvenir un extrait dans le plus bref délai au commandant de recrutement, qui assure la transmission au corps dont le militaire faisait partie. Cette pièce est adressée au Ministre, après enregistrement de la mutation.

Mort violente.

95. « Lorsqu'il y aura des signes ou indices de mort violente, ou d'autres circonstances qui donneront lieu de le soupçonner, on ne pourra faire l'inhumation qu'après qu'un officier de police, assisté d'un docteur en médecine ou en chirurgie, aura dressé procès-verbal de l'état du cadavre et des circonstances y relatives, ainsi que des renseignements qu'il aura pu recueillir sur les prénoms, nom, âge, profession, lieu de naissance et domicile de la personne décédée. » (Code civil, art. 81.)

OBSERVATION. — En cas de décès au corps, le cadavre ne peut être enlevé et transporté à l'hôpital militaire ou à l'hospice civil que lorsque l'officier de police judiciaire a rempli les formalités légales. (Article 294 du règlement sur le service de santé à l'intérieur.)

96. « L'officier de police sera tenu de transmettre de suite à l'officier de l'état civil du lieu où la personne sera décédée tous les renseignements énoncés dans son procès-verbal, d'après lesquels l'acte de décès sera rédigé.

« L'officier de l'état civil en enverra une expédition à celui du domicile de la personne décédée, s'il est connu ; cette expédition sera inscrite sur les registres. » (Code civil, art. 82.)

Décès dans les prisons.

97. « En cas de décès dans les prisons ou maisons de réclusion et de détention, il en sera donné avis sur-le-champ, par les concierges ou gardiens, à l'officier de l'état civil, qui s'y transportera, comme il est dit en l'article 80, et rédigera l'acte de décès. » (Code civil, art. 84.)

OBSERVATIONS. — Si le décès a eu lieu dans un établissement militaire, le commandant militaire ou l'agent principal, suivant le cas, adressera au corps un avis de décès que celui-ci fera parvenir au Ministre, après avoir enregistré la mutation.

Si le décès a eu lieu dans un établissement civil et qu'il n'existe pas à proximité d'hôpital militaire ou d'hospice où le corps puisse être transporté à titre de dépôt, l'officier d'état civil procédera comme il est dit au paragraphe 91 ci-dessus.

Exécution à mort en vertu de jugement.

98. Le commissaire près d'un tribunal militaire qui aura requis l'exécution à mort en vertu d'un jugement sera tenu d'envoyer, dans les vingt-quatre heures de l'exécution, le procès-verbal qu'il en aura dressé au conseil d'administration du corps auquel appartenait le condamné. Le conseil d'adminis-

tration, après avoir relaté le décès sur les registres matricules et autres documents, sans faire mention du genre de mort, enverra le procès-verbal au Ministre de la guerre.

Le commissaire militaire enverra aussi, dans les vingt-quatre heures de l'exécution du jugement portant peine de mort, à l'officier de l'état civil du lieu où le condamné aura été exécuté, tous les renseignements énoncés à l'article 79, d'après lesquels l'acte de décès sera rédigé.

L'acte de décès ne doit pas mentionner la mort violente.

99. Dans tous les cas de mort violente ou dans les prisons et maisons de réclusion, ou d'exécution à mort, il ne sera fait sur les registres aucune mention de ces circonstances, et les actes de décès seront simplement rédigés dans les formes prescrites par l'article 79. (Code civil, art. 85.)

Observation. — La mort violente comprend le duel et le suicide. Il ne doit donc en être fait aucune mention dans les actes de décès ; ils énonceront seulement qu'un tel est mort tel jour, à telle heure et en tel endroit.

Décès dans une explosion, un incendie, un éboulement, etc. : impossibilité de retrouver les corps.

100. Lorsque des militaires auront péri dans les flots, dans une explosion, un incendie, un éboulement, etc., et qu'il y aura impossibilité de retrouver les corps, l'autorité militaire du lieu fera constater cette circonstance par le maire ou tout autre officier public, qui en dressera procès-verbal et le transmettra au procureur de la République, à la diligence duquel, et sur l'autorisation du tribunal, cet acte sera annexé au registre de l'état civil et tiendra lieu d'acte de décès. (Décret du 3 janvier 1813.)

Recommandations générales.

101. Les conseils d'administration du corps, ou, suivant le cas, les chefs de corps, de détachement ou de service, veilleront à ce que les formalités exigées par la loi, pour constater le décès des militaires, soient strictement exécutées ; ils ne négligeront rien pour qu'il ne se commette aucune erreur de nature à faire naître des doutes sur l'identité des individus et ils auront soin de relater toujours sur leurs registres matricules la date et le lieu de la mort des militaires.

SECTION II.

DÉCÈS AUX ARMÉES (1).

Dispositions générales.

102. La loi n'exige plus pour la constatation des décès aux armées que deux témoins au lieu de trois. On se conformera, dans la rédaction de l'acte, à toutes les autres dispositions prescrites par l'article 79 du Code civil. Le genre de mort n'y sera relaté que si la mort a été occasionnée, soit par des blessures reçues devant l'ennemi ou en service commandé, soit par les fatigues du service, soit par des maladies contagieuses ou épidémiques contractées aux armées.

Les procès-verbaux qui seront dressés dans les circonstances prévues par le paragraphe 100 ci-dessus, soit par les officiers de l'état civil, soit par tous autres officiers publics, seront transcrits sur les registres de l'état civil. Une expédition en sera adressée au Ministre qui en poursuivra l'homologation devant les tribunaux.

Décès sur le champ de bataille.

103. A la suite de chaque action, l'officier de l'état civil devra être informé par les chefs de corps, de détachement et de service, des noms des militaires manquants; il fera appeler, ensuite, pour chaque individu, en ayant recours s'il y a lieu à l'autorité supérieure, les deux témoins voulus par la loi et qui attesteront les causes de l'absence.

L'officier de l'état civil n'établira l'acte de décès que si les déclarations des témoins sont concordantes, nettement affirmatives, formulées sans restrictions ni réserves. Il mentionnera, s'il y a lieu, l'impossibilité où il s'est trouvé de vérifier le décès comme le lui prescrit l'article 77 du Code civil.

Si l'acte de décès ne peut être établi, soit qu'il n'ait pas été possible de réunir le nombre de témoins voulu par la loi, soit que les témoins ou l'un d'eux n'aient pas la capacité légale, l'officier de l'état civil dressera un procès-verbal relatant la ou les déclarations qu'il aura reçues. (*Mod. n° 9.*)

Ce procès-verbal sera inscrit sur le registre des actes de l'état civil et une expédition en sera adressée au Ministre dans les conditions indiquées par l'article 94 (nouveau) du Code civil pour les actes proprement dits.

Dans le cas enfin où aucun témoin ne se présenterait pour affirmer le décès, l'officier de l'état civil établira un acte de disparition (*mod. n° 8*) relatant les circonstances de la disparition, les témoignages recueillis à cet égard et, s'il y a lieu, les présomptions de décès qui en résultent.

Les actes de disparition ne seront pas transcrits au registre des actes de l'état civil; ils seront adressés au Ministre, en original, au fur et à mesure de leur établissement.

Ces actes constituent pour la famille un commencement de preuve, et les tribunaux fixent ensuite le degré de valeur qu'on doit y donner.

---

(1) Voir pages 216 et 207 la loi du 2 juillet 1915 et l'instruction du 1er mai 1918.

La loi ne fixe pas, pour les déclarations de décès, de délai de rigueur. Le décès peut être constaté à quelque époque que ce soit, lorsque se présente le nombre de témoins voulus par la loi. (Solution donnée par le Garde des sceaux le 6 septembre 1813.)

Devoirs de l'officier d'administration chargé de procéder à l'inhumation des corps.

104. L'inhumation des militaires morts sur le champ de bataille a lieu dans les conditions prescrites par les règlements militaires et par les ordres spéciaux du commandement, s'il y a lieu.

L'officier d'administration de la formation sanitaire qui est chargé d'y procéder dressera, en présence de deux témoins, un procès-verbal relatant pour chaque cadavre le numéro matricule, les noms et prénoms et autres renseignements inscrits sur la plaque d'identité, et, s'il y a lieu, les autres indices tels que les marques du vêtement, etc., de nature à établir l'identité du défunt.

Ce procès-verbal sera transcrit sur le registre de l'état civil, et une expédition en sera adressée au Ministre ainsi qu'il a été prescrit pour les actes ordinaires.

Décès dans les ambulances ou hôpitaux.

105. Les officiers d'administration gestionnaires des ambulances ou autres formations sanitaires sont chargés, conformément à l'article 93 (nouveau) du Code civil, de dresser les actes de décès des militaires et autres personnes en traitement ou employées dans lesdits établissements, ainsi que des morts appartenant à l'armée qu'on y placerait à titre de dépôt.

On se conformera, pour l'expédition à adresser au Ministre, aux prescriptions générales de l'article 94 (nouveau) du Code civil. Un avis de décès sera en même temps adressé au corps auquel appartenait le décédé.

Déclaration à recevoir des militaires rentrant de captivité.

106. A la fin de la campagne, les militaires rentrant de captivité doivent être invités, soit par les fonctionnaires de l'intendance, soit par les conseils d'administration, suivant leur position, à faire la déclaration des décès ou des disparitions dont ils auraient été les témoins.

Toutefois, en ce qui concerne les décès, il n'y aura lieu de s'occuper que de ceux qui ne seraient pas constatés légalement par des officiers de l'état civil, ainsi que de ceux dont les actes n'auraient pas été rédigés à l'étranger selon les formes usitées dans le pays.

Il sera dressé procès-verbal des déclarations de décès pour chacun des militaires dont on parviendra à connaître la mort. (*Mod. n° 9.*)

Les disparitions et présomptions de décès donneront lieu à des actes de disparition. (*Mod. n° 8.*)

Un registre spécial sera ouvert pour recevoir ces procès-verbaux et ces actes qui seront dressés, savoir :

Pour les officiers et les hommes de troupe, par le trésorier du corps ;

Pour les officiers sans troupe, les assimilés et les employés militaires, par le sous-intendant.

Des copies conformes, dûment certifiées et légalisées, seront adressées au Ministre au fur et à mesure de l'établissement des actes, pour être déposées aux archives de la guerre.

TITRE V.

TUTELLE TEMPORAIRE.

107. Dans le cas où un militaire, hors du territoire français, laisserait en mourant, un ou plusieurs enfants, sans que leur mère fût présente, le conseil d'administration ou le chef de service, suivant le cas, nommera de suite, parmi les officiers dudit corps ou service, un tuteur temporaire, dont les fonctions se borneront à régler provisoirement les intérêts du mineur. Cet officier se hâtera de prévenir la famille du décès du père de l'enfant, afin que, conformément aux lois, il puisse lui être nommé un tuteur dans le plus court délai. Aussitôt la nomination de ce dernier, les fonctions du tuteur temporaire seront terminées de droit, après cependant qu'il aura rendu les comptes que pourrait nécessiter sa gestion.

Cette sorte de tutelle, déférée en dehors des conditions prévues par le Code civil, ne saurait entraîner les mêmes droits ni les mêmes charges que la tutelle proprement dite (par exemple hypothèque légale sur les biens du tuteur). Il s'agit, dans l'espèce, d'une simple gestion d'affaires régie par les articles 1372 et suivants du Code civil.

TITRE VI.

DES TESTAMENTS.

Dispositions générales.

108. « Toute personne pourra disposer par testament, soit sous le titre d'institution d'héritier, soit sous le titre de legs, soit sous toute autre dénomination propre à manifester sa volonté. » (Code civil, art. 967.)

Interdiction des dispositions mutuelles.

109. « Un testament ne pourra être fait dans le même acte par deux ou plusieurs personnes, soit au profit d'un tiers soit à titre de disposition réciproque et mutuelle. » (Code civil, art. 968.)

Testament olographe.

110. « Le testament olographe ne sera point valable s'il n'est écrit en entier, daté et signé de la main du testateur ; il n'est assujetti à aucune autre forme. » (Code civil, art. 970.)

Observations. — La lettre missive écrite en entier, signée et datée par le testateur, vaut comme testament, s'il n'est pas douteux qu'il a voulu disposer de ses biens par cet acte même. (Cassation, 10 février 1879.)

La disposition additionnelle écrite par un tiers à la suite du testament et après sa confection n'entraîne pas sa nullité. (Cassation, 14 avril 1874.)

Testaments publics militaires ; par qui ils sont reçus.

111. « Les testaments des militaires, des marins de l'État et des personnes employées à la suite des armées pourront être reçus dans les cas et conditions prévus à l'article 93, soit par un officier supérieur ou médecin militaire d'un grade correspondant en présence de deux témoins, soit par deux fonctionnaires de l'intendance ou officiers du commissariat, soit par un de ces fonctionnaires ou officiers en présence de deux témoins, soit enfin, dans un détachement isolé, par l'officier commandant ce détachement assisté de deux témoins, s'il n'existe pas dans le détachement d'officier supérieur, de fonctionnaire de l'intendance ou d'officier du commissariat.

« Le testament de l'officier commandant un détachement isolé pourra être reçu par celui qui vient après lui dans l'ordre du service. »

« La faculté de tester dans les conditions prévues au présent article s'étendra aux prisonniers chez l'ennemi. » (Code civil, art. 981. — Loi du 8 juin 1893, modifiée par celle du 17 mai 1900.)

« Les testaments mentionnés à l'article précédent pourront encore, si le testateur est malade ou blessé, être reçus, dans les hôpitaux ou les formations sanitaires militaires, telles que les définissent les règlements de l'armée, par le médecin chef, quel que soit son grade, assisté de l'officier d'administration gestionnaire.

« A défaut de cet officier d'administration, la présence de deux témoins sera nécessaire. » (Code civil, art. 982. — Loi du 8 juin 1893, modifiée par la loi du 17 mai 1900.)

OBSERVATIONS. — *a) Compétence du médecin chef.* — La compétence du médecin chef, s'il n'est pas officier supérieur, assisté de l'officier d'administration gestionnaire est, au contraire, relative. Ces officiers ne peuvent recevoir que les testaments des blessés et des malades soignés à l'ambulance ou autre formation sanitaire dont ils relèvent. Ils sont incompétents à l'égard de toutes autres personnes, même de celles qui sont employées dans l'établissement.

Pour éviter toute difficulté d'interprétation, on a énuméré dans le tableau C annexé à la présente instruction, les groupements de malades ou blessés qui doivent être compris sous la désignation d'hôpitaux ou formations sanitaires militaires.

b) Compétence simultanée des officiers civils. — La compétence des officiers militaires n'exclut pas celle des officiers civils (notaires sur le territoire fran-. çais; à l'étranger, agents diplomatiques ou officiers publics étrangers).

c) Compétence des commandants de détachements. — La loi nouvelle attribue compétence à l'officier commandant un détachement isolé (quel que soit son grade), s'il n'existe pas dans le détachement d'officier supérieur ou de fonctionnaire de l'intendance.

Le testament de l'officier commandant pourra être reçu par celui (l'officier) qui vient après lui dans l'ordre du service.

d) Prisonniers de guerre. — La législation ancienne donnait aux prisonniers de guerre à l'étranger le droit de tester militairement. Cette disposition n'ayant pas été reproduite dans la loi du 8 juin 1893, on doit admettre que les prisonniers de guerre ne pourront à l'avenir tester que dans la forme olographe, ou par acte authentique. devant les agents diplomatiques français, ou enfin, suivant les formes usitées dans le pays et devant les officiers publics compétents.

Double original. — Envoi au Ministre de la guerre (1).

112. « Dans tous les cas, il sera fait un double original des testaments mentionnés aux deux articles précédents.

« Si cette formalité n'a pu être remplie à raison de l'état de santé du testateur, il sera dressé une expédition du testament pour tenir lieu du second original ; cette expédition sera signée par les témoins et par les officiers instrumentaires. Il y sera fait mention des causes qui ont empêché de dresser le second original.

« Dès que la communication sera possible, et dans le plus bref délai, les deux originaux ou l'original et l'expédition du testament seront adressés séparément et par courriers différents, sous plis clos et cachetés, au Ministre de la guerre ou de la marine, pour être déposés chez le notaire indiqué par les testateurs ou, à défaut d'indication, chez le président de la chambre des notaires de l'arrondissement du dernier domicile. » (Code civil, art. 983. — Loi du 8 juin 1893.)

OBSERVATIONS. — *a)* L'enveloppe de chaque original, ou, suivant le cas, de l'original et de l'expédition, portera pour suscription les nom, prénoms, qualités et fonctions du testateur, et, autant que possible, l'indication du notaire chez qui doit être déposé le testament et du lieu du dernier domicile du testateur.

b) Avant la mort du testateur et l'ordonnance rendue par le président du tribunal de 1re instance du lieu du dernier domicile du décédé, il ne pourra être donné communication de ses dispositions testamentaires, même aux parties intéressées.

c) Les testaments que les officiers, les fonctionnaires de l'intendance, etc., sont autorisés à recevoir doivent être enregistrés sur un mémorial, sans entrer dans aucun détail, en énonçant seulement que tel jour a été reçu le testament d'un tel.

---

(1) Voir page 267, l'instruction du 1er mai 1918.

Ces registres d'ordre seront tenus par les officiers de l'état civil. A cet effet, l'officier qui aura reçu un testament devra en faire la déclaration verbale ou écrite à l'officier d'état civil du groupe auquel appartient le testateur, déclaration qui sera enregistrée sans délai.

Les registres seront envoyés au Ministre lorsque auront pris fin les opérations militaires.

d) Les testaments olographes pourront être remis à tout officier ayant qualité pour recevoir les testaments en la forme d'acte public. Ils seront transmis dans les conditions prescrites pour ces derniers.

Délai de validité.

113. « Le testament fait dans la forme ci-dessus établie (1) sera nul six mois après que le testateur sera venu dans un lieu où il aura la liberté d'employer les formes ordinaires, à moins que, avant l'expiration de ce délai, il n'ait été de nouveau placé dans une des situations spéciales prévues à l'article 93. Le testament sera alors valable pendant la durée de cette situation spéciale et pendant un nouveau délai de six mois après son expiration. » (Code civil, art. 984. — Loi du 8 juin 1893.)

Lecture au testateur de l'article 984.

114. Il sera donné lecture au testateur, en présence des témoins des dispositions de l'art. 984, 987 ou 994 suivant les cas, et mention de cette lecture sera faite dans le testament. » (Code civil, art. 996. — Loi du 8 juin 1893.)

OBSERVATION. — Dans les cas prévus par la présente instruction, l'officier instrumentaire donnera lecture de l'article 984 et en fera mention dans l'acte. On appelle l'attention sur cette formalité nouvelle dont l'inobservation entraînerait, suivant la règle générale, la nullité du testament. (Art. 1001 du Code civil.)

Signatures.

115. « Les testaments compris dans les articles ci-dessus de la présente section seront signés par le testateur, par ceux qui les auront reçus et par les témoins. » (Code civil, art. 997. — Loi du 8 juin 1893.)

« Si le testateur déclare qu'il ne peut ou ne sait signer, il sera fait mention de sa déclaration, ainsi que de la cause qui l'empêche de signer.

---

(1) C'est-à-dire dans la forme d'acte public. Mais il n'en serait pas de même pour le testament olographe.

« Dans le cas où la présence de deux témoins est requise, le testament sera signé au moins par l'un d'eux, et il sera fait mention de la cause pour laquelle l'autre n'aura pas signé. » (Code civil, art. 998. — Loi du 8 juin 1893.)

Lecture du testament.

116. Bien que la disposition prescrivant à l'officier instrumentaire de « *donner lecture au testateur de son testament en présence des témoins* » n'ait pas été reproduite dans la section du Code où il est traité des testaments militaires, l'officier public militaire n'omettra pas de remplir cette formalité qui assure l'exacte observation des volontés du testateur.

Conditions que doivent remplir les témoins.

117. « Les témoins appelés pour être présents aux testaments devront être majeurs, Français, sans distinction de sexe. Toutefois, le mari et la femme ne pourront être témoins ensemble dans le même testament. » (Code civil, art. 890. — Loi du 9 décembre 1897.)

« Ne pourront être pris pour témoins du testament par acte public, ni les légataires, à quelque titre qu'ils soient, ni leurs parents ou alliés jusqu'au quatrième degré inclusivement. »..... (Code civil, art. 975.)

Testaments faits à l'étranger.

118. « Un Français qui se trouvera en pays étranger pourra faire ses dispositions testamentaires par acte sous signature privée, ainsi qu'il est prescrit en l'article 970, ou par acte authentique, avec les formes usitées dans le lieu où cet acte sera passé. » (Code civil, art. 999.)

119. « Les testaments faits en pays étrangers ne pourront être exécutés sur les biens situés en France, qu'après avoir été enregistrés au bureau du domicile du testateur, s'il en a conservé un, sinon au bureau de son dernier domicile connu en France, et, dans le cas où le testament contiendrait des dispositions d'immeubles qui y seraient situés, il devra être en outre enregistré au bureau de la situation de ces immeubles, sans qu'il puisse être exigé un double droit. » (Code civil, art. 1000.)

Causes qui entraînent la nullité du testament.

120. « Les formalités auxquelles les divers testaments sont assujettis par les dispositions de la présente section et de la précédente, doivent être observées à peine de nullité. » (Code civil, art. 1001.)

OBSERVATION. — Les sections susvisées comprennent les articles 967 à 980, 981 à 1001.

Extrait des diverses dispositions du Code civil relatives aux libéralités permises par acte testamentaire.

Enfants naturels.

121. « Les enfants naturels, légalement reconnus, ne pourront rien recevoir par donations entre vifs au delà de ce qui leur est accordé au titre des successions.

« Cette incapacité ne pourra être invoquée que par les descendants du donateur, par ses ascendants, par ses frères et sœurs et les descendants légitimes de ses frères et sœurs.

« Le père ou la mère qui les ont reconnus pourront leur léguer tout ou partie de la quotité disponible, sans toutefois qu'en aucun cas, lorsqu'il se trouve en concours avec des descendants légitimes, un enfant naturel puisse recevoir plus qu'une part d'enfant légitime le moins prenant.

« Les enfants adultérins ou incestueux ne pourront rien recevoir par donation entre vifs, ou par testament, au delà de ce qui leur est accordé par les articles 762, 763 et 764. » (Code civil, art. 908. Loi du 25 mars 1896) (1).

----

(1) « La loi n'accorde de droits aux enfants naturels sur les biens de leur père ou mère décédés que lorsqu'ils ont été légalement reconnus. Les enfants naturels légalement reconnus sont appelés en qualité d'héritiers à la succession de leur père ou de leur mère décédés. » (Code civil, art. 756. Loi du 25 mars 1896.)

Le droit héréditaire de l'enfant naturel dans la succession de ses père ou mère est fixé ainsi qu'il suit :

« Si le père ou la mère a laissé des descendants légitimes, ce droit est de la moitié de la portion héréditaire qu'il aurait eue s'il eût été légitime. (Code civil, art. 758. Loi du 25 mars 1896.)

« Le droit est des trois quarts lorsque les père ou mère ne laissent pas de descendants, mais bien des ascendants ou des frères ou sœurs ou des des-

Médecins et ministres du culte qui ont traité ou assisté le testateur.

122. « Les docteurs en médecine ou en chirurgie, les officiers de santé et les pharmaciens qui auront traité une personne pendant la maladie dont elle meurt, ne pourront profiter des dispositions entre vifs ou testamentaires qu'elle aurait faites en leur faveur pendant le cours de cette maladie.

« Sont exceptées :

« 1º Les dispositions rémunératoires faites à titre particulier, eu égard aux facultés du disposant et aux services rendus ;

« 2º Les dispositions universelles, dans le cas de parenté jusqu'au quatrième degré inclusivement, pourvu toutefois que le décédé n'ait pas d'héritiers en ligne directe, à moins que celui au profit de qui la disposition a été faite ne soit lui-même du nombre de ces héritiers.

« Les mêmes règles sont observées à l'égard du ministre du culte. » (Code civil, art. 909.)

Quotité disponible. — Cas où il existe des descendants directs.

123. « Les libéralités soit par acte entre vifs, soit par testament, ne pourront excéder la moitié des biens du disposant, s'il ne laisse à son décès qu'un enfant légitime ; le tiers s'il laisse deux enfants ; le quart s'il en laisse trois ou un plus grand nombre.

« L'enfant naturel légalement reconnu a droit à une réserve. Cette réserve est une quotité de celle qu'il aurait eue s'il eût été légitime, calculée en observant la proportion qui existe entre la portion attribuée à l'enfant naturel au cas de succession *ab intestat* et celle qu'il aurait eue dans le même cas s'il eût été légitime.

---

cendants légitimes de frères ou sœurs. (Code civil, art. 759. Loi du 25 mars 1896.)

« L'enfant naturel a droit à la totalité des biens lorsque ses père ou mère ne laissent ni descendants, ni ascendants, ni frères ou sœurs, ni descendants légitimes de frères ou sœurs. (Code civil, art. 760. Loi du 25 mars 1896.)

« En cas de prédécès des enfants naturels, leurs enfants et descendants peuvent réclamer les droits fixés par les articles précédents. (Code civil, art. 761. Loi du 25 mars 1896.)

« Les dispositions des articles 756, 758, 759 et 760 ne sont pas applicables aux enfants adultérins ou incestueux. La loi ne leur accorde que des aliments. » (Code civil, art. 762. Loi du 25 mars 1896.)

« Sont compris dans le présent article, sous le nom d'enfants, les descendants en quelque degré que ce soit. Néanmoins, ils ne sont comptés que pour l'enfant qu'ils représentent dans la succession du disposant. » (Code civil, art. 913. Loi du 25 mars 1896.)

Réserve des ascendants.

124. « Les libéralités par actes entre vifs ou par testament ne pourront excéder la moitié des biens, si, à défaut d'enfant, le défunt laisse un ou plusieurs ascendants dans chacune des lignes paternelle et maternelle; et les trois quarts, s'il ne laisse d'ascendants que dans une ligne.

« Les biens ainsi réservés au profit des ascendants seront par eux recueillis dans l'ordre où la loi les appelle à succéder; ils auront seuls droit à cette réserve dans tous les cas où un partage en concurrence avec des collatéraux ne leur donnerait pas la quotité de biens à laquelle elle est fixée. (Code civil, art. 914. Loi du 25 mars 1896.)

« Lorsque, à défaut d'enfants légitimes, le défunt laisse à la fois un ou plusieurs enfants naturels et des descendants dans les deux lignes ou dans une seule, les libéralités par actes entre vifs et par testament ne pourront excéder la moitié des biens du disposant s'il n'y a qu'un enfant naturel, le tiers s'il y en a deux, le quart s'il y en a trois ou un plus grand nombre. Les biens ainsi réservés seront recueillis par les ascendants jusqu'à concurrence d'un huitième de la succession et le surplus par les enfants naturels. » (Code civil, art. 915. Loi du 25 mars 1896.)

Cas où le testateur peut disposer de la totalité de ses biens.

125. « A défaut d'ascendants et de descendants, les libéralités par actes entre vifs ou testamentaires pourront épuiser la totalité des biens. » (Code civil, art. 916.)

Quotité disponible entre époux.

126. « L'époux pourra, soit par contrat de mariage, soit pendant le mariage, pour le cas où il ne laisserait point d'enfants ni descendants, disposer en faveur de l'autre époux, en propriété, de tout ce dont il pourrait disposer en faveur d'un étranger.

« Et, pour le cas où l'époux donateur laisserait des enfants ou descendants, il pourra donner à l'autre époux ou un quart en propriété et un autre quart en usufruit, ou la moitié de tous ses biens en usufruit seulement. » (Code civil, art. 1094. — Loi du 14 février 1900.)

« L'homme ou la femme qui, ayant des enfants d'un autre lit, contractera un second ou subséquent mariage ne pourra donner à son nouvel époux qu'une part d'enfant légitime le moins prenant, et sans que, dans aucun cas, ces donations puissent excéder le quart des biens. » (Code civil, art. 1098.)

« Les époux ne pourront se donner indirectement au delà de ce qui leur est permis par les dispositions ci-dessus.

« Toute donation ou déguisée ou faite à personnes interposées, sera nulle. » (Code civil, art. 1099.)

« Seront réputées faites à personnes interposées les donations de l'un des époux aux enfants ou à l'un des enfants de l'autre époux, issus d'un autre mariage, et celles faites par le donateur aux parents dont l'autre époux sera héritier présomptif au jour de la donation, encore que ce dernier n'ait point survécu à son parent donataire. » (Code civil, art. 1100.)

Les substitutions sont prohibées.

127. « Les substitutions sont prohibées.

« Toute disposition par laquelle le donataire, l'héritier institué ou le légataire sera chargé de conserver et de rendre à un tiers sera nulle, même à l'égard du donataire, de l'héritier institué ou du légataire... » (Code civil, art. 896.)

OBSERVATION. — Il résulte toutefois des articles 1048 et 1049 du Code civil que la substitution est autorisée lorsque le disposant est le père ou la mere, le frère ou la sœur du grevé de restitution et que la charge de rendre est établie dans l'intérêt de tous les fils ou filles nés ou à naître du grevé.

Capacité de disposer.

« Le mineur parvenu à l'âge de seize ans ne pourra disposer que par testament, et jusqu'à concurrence seulement de la moitié, des biens dont la loi permet au majeur de disposer.

« Toutefois, s'il est appelé sous les drapeaux pour une campagne de guerre, il pourra, pendant la durée des hostilités, disposer de la même quotité que s'il était majeur, en faveur de l'un quelconque de ses parents ou de plusieurs d'entre eux jusqu'au sixième degré inclusivement ou encore en faveur de son conjoint survivant.

« A défaut de parent au sixième degré inclusivement, le mineur pourra disposer comme le ferait un majeur. » (Article 904 du Code civil modifié par la circulaire du 28 octobre 1916, *Bulletin officiel*, page 1101.)

TITRE VII.

ACTES CONSERVATOIRES.

SECTION I.

SUCCESSIONS. — SCELLÉS.

Décès à l'intérieur.

128. En cas de décès à l'hôpital, l'officier d'administration gestionnaire est constitué dépositaire des effets et valeurs laissés par le décédé et procède à la liquidation de la succession, conformément aux dispositions prévues par le règlement sur le service de santé à l'intérieur.

Lorsque le militaire décède au corps, il appartient au capitaine commandant la compagnie de faire procéder à l'inventaire des effets et objets laissés par le défunt. Ces effets sont remis contre reçu, avec une copie de l'inventaire, à l'hôpital militaire ou à l'hospice du lieu. S'il n'y a dans la localité ni hôpital militaire, ni hospice, le soin de liquider la succession incombe au conseil d'administration, qui se conforme aux règles ci-dessus tracées.

En dehors des cas prévus par le décret ci-après du 22 janvier 1890, l'autorité militaire ne requiert l'apposition des scellés que si l'importance de la succession le comporte et si, le militaire décédé logeant à la caserne, l'autorité militaire juge cette mesure indispensable pour sauvegarder la responsabilité des autres occupants, — le tout sans préjudice du droit des tiers et des autorités civiles et judiciaires, dans les cas prévus par les articles 909, 910 et 911 du Code de procédure civile.

Officiers généraux, supérieurs et assimilés. — Décret du 22 janvier 1890. — Apposition des scellés (1).

129. « Aussitôt après le décès d'un maréchal de France, d'un officier général ou assimilé, d'un officier supérieur ou assi-

____

(1) Voir page 253, l'instruction du 22 janvier 1890 relative à l'application du décret du 22 janvier 1890.

milé (1), d'un chef de corps ou de service de l'armée de terre, en activité de service ou en retraite, l'autorité militaire peut requérir le juge de paix du lieu du décès d'apposer, en présence du maire de la commune ou de son adjoint, les scellés sur les meubles contenant des papiers, cartes, plans ou mémoires militaires, susceptibles d'intéresser le département de la guerre, trouvés au domicile du défunt. (Art. 1er du décret du 22 janvier 1890).

« La réquisition est adressée directement au juge de paix compétent d'après les règles ci-après :

« Par le général commandant la région ou la subdivision de région pour tout officier et assimilé compris dans les catégories énumérées à l'article 1er résidant dans l'étendue de la région;

« Par le Ministre de la guerre, dans tous les autres cas (maréchaux de France, officiers généraux chargés de missions spéciales, officiers généraux membres du conseil supérieur de la guerre, officiers généraux commandant les régions et gouverneurs militaires, les présidents des comités d'armes, les fonctionnaires du contrôle de l'administration de l'armée, intendants généraux, médecin inspecteur général, médecins et pharmaciers inspecteurs). » (Art. 2 du décret du 22 janvier 1890.)

« L'apposition des scellés peut également être faite au décès de tout officier ou fonctionnaire militaire de l'armée de terre, quel que soit son grade, qui aura rempli une mission spéciale et qui sera supposé détenteur de pièces ou documents quelconques intéressant le département de la guerre. » (Art. 3 du décret du 22 janvier 1890.)

OBSERVATIONS. — Ce magistrat appose alors les scellés sur les papiers, cartes, plans et mémoires militaires laissés par le décédé et prévient soit le Ministre de la guerre, soit le général commandant la région ou la subdivision de région, suivant le cas, de la date et de l'heure de la levée des scellés, afin qu'un officier soit désigné d'office pour assister à la levée de ces scellés avec le juge de paix et les représentants de la famille.

Le juge de paix ne pourra se dispenser de procéder à l'apposition des scellés lorsqu'il en sera requis par l'autorité militaire.

Dans le cas où l'apposition des scellés aura été faite, ainsi qu'il est dit ci-dessus, uniquement dans l'intérêt de l'Etat, les frais d'apposition et de levée seront supportés par le budget du ministère de la guerre (Justice militaire).

---

(1) Texte rectifié suivant les indications de a note ministérielle du 30 avril 1874 (*Bulletin officiel*, page 433).

Levée des scellés.

130. « Tous les documents militaires reconnus de nature à intéresser le département de la guerre seront remis à l'officier chargé d'assister à la levée des scellés et envoyés, selon le cas, soit au Ministre de la guerre, soit au général commandant la région ou la subdivision de région.

« Les documents qui ne seront pas la propriété particulière du décédé pourront être conservés, s'il y a lieu, pour être versés aux archives du ministère de la guerre ou remis au successeur de l'officier défunt. » (Art. 4 du décret du 22 janvier 1890.)

OBSERVATIONS. — Dès la réception de l'avis du juge de paix faisant connaître la date et l'heure de la levée des scellés, le Ministre de la guerre ou le général commandant la région ou la subdivision de région, suivant le cas, désigne un officier pour assister à la levée des scellés.

Cet officier procède avec soin à l'examen et au tri des documents militaires ; il est guidé dans le choix de ces documents par le catalogue annexé à l'instruction du 13 février 1848. (Voir page 247.)

Les objets ou documents reconnus appartenir au département de la guerre ou qui seraient de nature à l'intéresser sont inventoriés séparément avec indication de ceux qui seraient la propriété particulière du décédé ; tous sont pris en charge par l'officier délégué, qui en donnera reçu.

Le général commandant la région ou la subdivision de région, après examen des documents en question, les adresse au Ministre de la guerre avec ampliation de l'inventaire et du reçu de l'officier délégué, s'ils sont de nature à être conservés aux archives du département de la guerre ; on remet au successeur du défunt les documents intéressant son service.

Les documents qui auront été reconnus être la propriété privée du décédé seront renvoyés à sa famille.

Si le Ministre de la guerre le juge opportun, il a le droit de demander la distraction des pièces dont le défunt était propriétaire, afin de les conserver, mais à charge de les faire estimer de concert avec les héritiers ou ayants droit et d'en acquitter la valeur sur les fonds du budget de la guerre.

Décès aux armées.

131. Le décès de tout militaire, quel que soit son grade, doit être suivi, dans le plus bref délai, de l'inventaire des papiers, objets et valeurs laissés par le défunt. Si le décès a eu lieu à l'ambulance ou dans toute autre formation sanitaire, ce soin incombe à l'officier d'administration gestionnaire, qui se conforme, pour la destination à donner aux effets de la succession, aux articles 26 et 120 du règlement sur le service de santé en campagne. (Volume 82.)

Si le décès a eu lieu au corps, l'inventaire est fait, à la diligence du commandant de l'unité (compagnie, bataillon, etc.) dont le défunt relevait immédiatement, par un officier ou, à défaut, un sous-officier assisté de deux témoins.

Les bijoux et valeurs, les effets susceptibles d'être conservés, le produit de la vente des autres objets, sont remis contre reçu à l'officier d'administration de l'ambulance, qui en assure, comme il a été dit ci-dessus, la remise à qui de droit.

Indépendamment des cas prévus par le décret du 22 janvier 1890, l'apposition des scellés peut être requise par l'autorité militaire toutes les fois que, en raison des circonstances ou de l'importance de la succession, l'inventaire ne peut être fait immédiatement et sans désemparer.

Les fonctionnaires de l'intendance remplissent aux armées les fonctions attribuées, en la matière, aux juges de paix.

SECTION II.

PROCURATIONS, AUTORISATIONS MARITALES, CONSENTEMENTS A MARIAGE OU A ENGAGEMENTS MILITAIRES.

§ 1er. — *Dispositions générales.*

Désignation des officiers instrumentaires.

132. « En temps de guerre ou pendant une expédition, les actes de procuration, les actes de consentement à mariage ou à engagement militaire et les déclarations d'autorisation maritale consentis ou passés par les militaires, les marins de l'Etat ou les personnes employées à la suite des armées ou embarquées à bord des bâtiments de l'Etat, pourront être dressés par les fonctionnaires de l'intendance ou les officiers du commissariat.

« A défaut de fonctionnaires de l'intendance ou d'officiers de commissariat, les mêmes actes pourront être dressés : 1° dans les détachements isolés, par l'officier commandant, pour toutes les personnes soumises à son commandement; 2° dans les formations ou établissements sanitaires dépendant des armées, par les officiers d'administration gestionnaires, pour les personnes soignées ou employées dans ces formations ou établissements. »…. (Article 1er de la loi du 8 juin 1893.) (Voir page 5.)

OBSERVATIONS. — *a)* La compétence des fonctionnaires de l'intendance et des officiers du commissariat est générale; celle du commandant de détachement et de l'officier d'administration gestionnaire est au contraire relative. Elle ne s'étend, pour le premier, qu'aux personnes soumises à son commandement, et, pour le second, aux malades et blessés soignés dans l'établissement, *et, en outre, aux personnes qui y sont employées* (1).

b) Lorsque, dans une formation isolée ou une colonne expéditionnaire, composée de plusieurs corps ou fractions de corps, il n'y a ni fonctionnaire de

____

(1) Il en est autrement en matière testamentaire. (N° 111 b.)

l'intendance ni officier du commissariat, les procurations, etc., sont reçues par le commandant de l'unité (*compagnie, bataillon, régiment, etc.*) dont relève immédiatement l'intéressé.

Compétence limitée sur le territoire français.

133. « Hors de France, la compétence des fonctionnaires et officiers ci-dessus désignés sera absolue.

« En France, elle sera limitée au cas où les intéressés ne pourront s'adresser à un notaire. Mention de cette impossibilité sera consignée dans l'acte. » (Article 3 de la loi du 8 juin 1893.)

OBSERVATION. — Il s'agit ici d'une impossibilité relative, non absolue. Si un militaire ne pouvait quitter son poste, sans de graves inconvénients pour le service, on devrait le considérer comme étant dans l'impossibilité de s'adresser à un notaire. Il en serait de même au cas de maladie dûment constatée.

Forme des actes. — Légalisation. — Timbre et enregistrement.

134. « Les actes reçus dans les conditions indiquées en la présente loi seront rédigés en brevet.

« Ils seront légalisés par un fonctionnaire de l'intendance ou par un officier du commissariat s'ils ont été dressés dans un corps de troupe, et par le médecin-chef s'ils ont été dressés dans un hôpital ou une formation sanitaire militaire.

« Ils ne pourront être valablement utilisés qu'à la condition d'être timbrés et après avoir été enregistrés. » (Article 4 de la loi du 8 juin 1893.)

OBSERVATIONS. — *a)* L'acte sera reçu en présence de deux témoins, avec indication de la cause qui a empêché les parties de réclamer le ministère d'un notaire. Il énoncera le lieu, l'année et le jour où l'acte sera passé, les noms, prénoms, qualités et demeures des intéressés et des témoins. Il sera signé par les parties, par les témoins et par l'officier instrumentaire. Mention y sera faite de la déclaration de ceux qui ne savent ou ne peuvent signer.

b) L'acte sera reçu en *brevet*, c'est-à-dire que l'officier instrumentaire ne sera pas tenu d'en conserver minute; il se bornera à l'enregistrer sommairement sur le mémorial dont il a été question ci-dessus. (Nº 112 *c*.)

c) Il résulte des commentaires qui ont accompagné le vote de la loi, que les intéressés auront le choix entre les divers modes de timbrage en vigueur. L'acte pourra donc être rédigé sur papier libre, sauf à être ultérieurement timbré à l'extraordinaire ou par l'apposition d'un timbre mobile.

§ 2. — *Extrait des dispositions du Code civil relatives aux procurations.*

Définition de la procuration.

135. « Le mandat ou procuration est un acte par lequel une personne donne à une autre le pouvoir de faire quelque chose pour le mandant et en son nom.

« Le contrat ne se forme que par l'acceptation du mandataire. » (Code civil, article 1984.)

Forme.

136. « Le mandat peut être donné ou par acte public ou par écrit sous seing privé, même par lettre..... » (Code civil, art. 1985.)

OBSERVATIONS. — Il est des cas où la procuration doit être nécessairement dressée en la forme authentique. *Exemples :* article 36 du Code civil (n° 3 de l'instruction); article 66 (*oppositions au mariage,* n° 71 de l'instruction); article 412 (*membres du conseil de famille convoqués par le juge de paix*).

Le mandat est encore soumis à la forme authentique toutes les fois que l'acte en vue duquel il est délivré est lui-même soumis à cette forme (*contrat de mariage, donation, constitution d'hypothèque, émancipation, etc.*).

Gratuité du mandat.

137. « Le mandat est gratuit s'il n'y a convention contraire. » (Code civil, art. 1986.)

138. « Il est ou spécial et pour une affaire ou certaines affaires seulement, ou général et pour toutes les affaires du mandant. » (Code civil, art. 1987.)

Mandat général.

139. « Le mandat conçu en termes généraux n'embrasse que les actes d'administration.

« S'il s'agit d'aliéner ou d'hypothéquer, ou de quelque autre acte de propriété, le mandat doit être exprès. » (Code civil, art. 1988.)

OBSERVATION. — La vente des récoltes et objets sujets à dépérissement est un acte d'administration et non un acte d'aliénation.

Qui peut être mandataire.

140. « Les femmes et les mineurs émancipés peuvent être choisis pour mandataires, mais le mandant n'a d'action contre le mandataire mineur que d'après les règles générales relatives aux obligations des mineurs ; et contre la femme mariée et qui a accepté le mandat sans l'autorisation de son mari, que d'après les règles établies au titre du « contrat de mariage. » (Code civil, art. 1990.)

Révocation du mandat.

141. « Le mandant peut révoquer sa procuration quand bon lui semble, et contraindre, s'il y a lieu, le mandataire à lui remettre soit l'écrit sous seing privé qui la contient, soit l'original de la procuration si elle a été délivrée en brevet, soit l'expédition s'il en a été gardé minute. » (Code civil, art. 2004.)

« La constitution d'un nouveau mandataire pour la même affaire vaut révocation du premier, à compter du jour où elle a été notifiée à celui-ci. » (Code civil, art. 2006.)

§ 3. — *Extrait des dispositions du Code civil relatives à l'autorisation maritale.*

Cas dans lesquels l'autorisation est nécessaire.

142. « La femme ne peut ester en jugement sans l'autorisation de son mari, quand même elle serait marchande publique, ou non commune ou séparée de biens. » (Code civil, art. 215.)

« L'autorisation du mari n'est pas nécessaire lorsque la femme est poursuivie en matière criminelle ou de police. » (Code civil, art. 216.)

« La femme, même non commune ou séparée de biens, ne peut donner, aliéner, hypothéquer, acquérir à titre gratuit ou onéreux, sans le concours du mari dans l'acte, ou son consentement par écrit. » (Code civil, art. 217.)

« La femme, si elle est marchande publique, peut, sans l'autorisation de son mari, s'obliger pour ce qui concerne son négoce, et, audit cas, elle oblige aussi son mari s'il y a communauté entre eux.

« Elle n'est pas réputée marchande publique si elle ne fait que détailler les marchandises du commerce de son mari, mais seulement quand elle fait un commerce séparé. » (Code civil, art. 220.)

« Si le mari est mineur, l'autorisation du juge est nécessaire à la femme soit pour ester en jugement, soit pour contracter. » (Code civil, art. 224.)

« La femme peut tester sans l'autorisation de son mari. » (Code civil, art. 226.)

Cas où la femme est séparée de biens.

143. « Lorsque les époux ont stipulé par leur contrat de mariage qu'ils seraient séparés de biens, la femme conserve l'entière administration de ses biens meubles et immeubles et la jouissance libre de ses revenus. » (Code civil, art. 1536.)

Cas où la femme est mariée sous le régime dotal.

144. « La femme a l'administration et la jouissance de ses biens paraphernaux.

« Mais elle ne peut les aliéner ni paraitre en jugement à raison desdits biens sans l'autorisation du mari ou, à son refus, sans la permission de la justice. » (Code civil, art. 1576.)

L'autorisation ne peut être générale.

145. « Toute autorisation générale, même stipulée par contrat de mariage, n'est valable que quant à l'administration des biens de la femme. » (Code civil, art. 223.)

OBSERVATIONS — a) On remarquera que, si la femme s'est, par contrat de mariage, réservé l'administration de tout ou partie de ses biens, elle n'a pas besoin, pour faire acte d'administration, de l'autorisation de son mari.

Si cette administration a été conférée au mari et que celui-ci veuille, par exemple, passer un bail, vendre les fruits d'une récolte, etc., l'acte qui habilitera sa femme à agir en son lieu et place devra être, non une autorisation, mais une procuration.

b) L'autorisation n'est spéciale et, partant, légale que si elle vise une opération déterminée : vente de tel immeuble, emprunt de telle somme ou jusqu'à concurrence de telle somme, etc.

c) Il résulte de l'article 4 du Code de commerce que le mari peut valablement autoriser sa femme à faire le commerce, malgré le caractère général de cette autorisation.

§ 4. — *Extrait des dispositions du Code civil relatives aux consentements à mariage.*

146. *Consentements à mariage.* — Ces dispositions sont contenues dans les articles ci-après, déjà reproduits, du Code civil :

Article   73 (n° 41 de l'instruction).
Article 148 (n° 37   id.   ).
Article 149 (n° 38   id.   ).
Article 150 (n° 39   id.   ).
Article 158 (n° 49   id.   ).
Article 159 (n° 50   id.   ).
Article 160 (n° 40   id.   ).

§ 5. — *Extrait de la loi du 21 mars 1905. — Dispositions relatives aux engagements volontaires.* (Volume 68¹.)

Engagements volontaires.

147. « L'engagé volontaire doit..... 6° S'il a moins de vingt ans, être pourvu du consentement de ses père, mère ou tuteur : ce dernier doit être autorisé par une délibération du conseil de famille. En cas de divorce ou de séparation de corps, le consentement de celui des époux auquel la garde de l'enfant aura été confiée sera nécessaire et suffisant. Le consentement du directeur de l'assistance publique dans le département de la Seine, et du préfet dans les autres départements, est nécessaire et suffisant pour les enfants moralement abandonnés. » (Loi du 21 mars 1905, art. 50.)

OBSERVATION. — Le consentement de la mère n'est exigé que si le père est décédé ou dans l'impuissance de manifester sa volonté.

SECTION III.

CERTIFICATS DE VIE.

148. Conformément à l'article 2 de l'ordonnance du 24 janvier 1816, les certificats de vie sont délivrés aux militaires des corps de troupe par les conseils d'administration ou les officiers qui en remplissent les fonctions, et aux officiers et employés sans troupe par les fonctionnaires de l'intendance. Ils sont signés par l'autorité qui délivre le certificat et par le requérant, dont les nom, prénoms, grade ou qualité et date de naissance sont clairement énoncés dans l'acte (1).

---

(1) Pour l'application de ces dispositions, il convient d'observer que l'autorité qui délivre le certificat doit être distincte du requérant, qui ne saurait affirmer valablement sa propre existence.

En conséquence, quand le requérant est fonctionnaire de l'intendance,

Les certificats de vie nécessaires aux officiers en congé de trois ans, membres de la Légion d'honneur, leur sont délivrés par le sous-intendant de la circonscription dans laquelle ils résident, sur présentation de leur titre de congé.

Pour accélérer la procédure, les officiers membres de la Légion d'honneur, qui obtiendraient un congé de trois ans, devront se présenter, au commencement de leur congé, au sous-intendant de leur circonscription, qui visera leur titre de congé et prendra les notes et indications nécessaires pour l'établissement ultérieur des certificats de vie.

Les officiers en congé de trois ans qui changeraient de résidence devront accomplir les mêmes formalités auprès du sous-intendant militaire de la circonscription dans laquelle se trouve leur nouveau domicile (1).

TITRE VIII.

DISPOSITIONS RELATIVES AUX MILITAIRES EMBARQUÉS.

149. Les officiers et les fonctionnaires de la marine sont exclusivement compétents pour dresser à bord les actes de l'état civil, et assurer leur destination (art. 59, 86, 87, 88, 89 et 90 (nouveaux) du Code civil), ainsi que pour recevoir les testaments (art. 988 à 993), procurations, autorisations maritales, etc. (Art. 2 de la loi du 8 juin 1893.) Ces dispositions sont applicables alors même que les militaires voyageraient en corps ou en détachements.

Les officiers des corps embarqués n'auront donc à intervenir dans aucun cas soit comme officiers de l'état civil, soit comme officiers publics.

---

le certificat de vie le concernant doit être délivré par les soins d'un autre fonctionnaire de l'intendance. (Circulaire du 2 novembre 1917, *Bulletin officiel*, page 3196.)

(1) Circulaire du 7 octobre 1912 (*Bulletin officiel*, page 1663).

A.

Désignation des officiers de l'état civil dans les diverses formations de guerre.

FORMATIONS DIVERSES.	ÉLÉMENTS CONSTITUTIFS des formations.	OFFICIERS OU FONCTIONNAIRES chargés de la tenue des registres d'état civil.	AUTORITÉS QUALIFIÉES pour coter et parapher les registres.
Quartiers généraux.......... (Errat. *B. O.* P. P. 1er sem. 1912, p. 271)........	Grand quartier général d'un groupe d'armées.	Sous-intendant du grand quartier général.	Major général.
	Quartier général d'armée : 1er groupe du quartier général ; 2e groupe du quartier général.	Sous-intendant du quartier général.	Chef d'état-major général.
	Quartier général de corps d'armée.	Sous-intendant du quartier général.	Chef d'état-major.
	Quartier général d'une division d'infanterie.	Sous-intendant de la division.	Chef d'état-major.
	Quartier général d'une division de cavalerie.	Sous-intendant de la division.	Chef d'état-major.
	Personnel non militaire d'un quartier général	Prévôt ou commandant de la force publique.	Major général, chef d'état-major général ou chef d'état-major.
Etats-majors	d'une brigade de cavalerie.	Sous-intendant du quartier général du corps d'armée ou sous-intendant de la division de cavalerie.	Chef d'état-major du corps d'armée ou de la division de cavalerie.
	d'une brigade d'infanterie.	Sous-intendant de la division.	Chef d'état-major de la division.
Gouvernement de place forte ou commandant de fort isolé.	Etat-major et services divers.	Sous-intendant chef de service ou l'officier désigné pour le suppléer.	Le gouverneur de la place ou le commandant du fort, suivant le cas.
Corps de troupe.	Régiments d'infanterie ou de cavalerie.	Trésorier ou officier chargé des détails.	Le commandant du corps.
	Groupe de bataillons ou d'escadrons s'administrant isolément.	Officier commandant chaque bataillon ou escadron.	
	Bataillons formant corps.	Officier commandant.	
	Groupe de batteries.	Officier commandant le groupe.	
	Échelon de parc d'artillerie.	Officier commandant l'échelon.	

FORMATIONS DIVERSES.	ÉLÉMENTS CONSTITUTIFS des formations.	OFFICIERS OU FONCTIONNAIRES chargés de la tenue des registres d'état civil.	AUTORITÉS QUALIFIÉES pour coter et parapher les registres.
Corps de troupe. (*Suite.*)........	Unité détachée d'infanterie, de cavalerie ou d'artillerie commandée par un officier (1).	Officier commandant.	Le commandant du corps.
	Dépôts de toutes armes.	Officier commandant le dépôt.	
	Unité du génie commandée par un officier (1), quelle qu'en soit la dénomination (compagnie, parc, équipage de ponts, détachement, etc.).	Officier commandant.	
Formations diverses........	Compagnie de douaniers.	Officier commandant.	Chef d'état-major de l'armée ou du corps d'armée, ou gouverneur de la place, suivant le cas.
	Compagnie de chasseurs forestiers.	Officier commandant.	
	Section de chemin de fer de campagne.	Officier commandant.	
	Section de télégraphie de 2ᵉ ligne.	Officier commandant.	
Formations diverses du service des étapes (gares de ravitaillement ou gares d'origine d'étapes, gîtes principaux ou gîtes d'étapes, têtes d'étapes, stations et ports, magasins, ports de ravitaillement, détachements de prisonniers).	Pour tous les personnels qui ne relèvent pas d'un corps, détachement ou formation, pourvu d'un officier de l'état civil, ces fonctions sont remplies par le sous-intendant militaire ou, à défaut, par le commandement d'étapes dans la circonscription duquel ils se trouvent.	»	Chef d'état-major de la direction des étapes et des services.
Formations diverses du service de l'intendance.	Boulangerie de campagne et son convoi.	Sous-intendant de la boulangerie d'armée.	Chef d'état-major général.

NOTA. — Les registres des portions détachées sont cotés et paraphés avant le départ; si cette formalité a été omise, ils le seront par le chef d'état-major, le gouverneur de la place ou le commandant du fort, suivant le cas.

(1) Pour les détachements non commandés par un officier, l'état civil est tenu par l'officier ou le fonctionnaire qui en est chargé dans le groupe collectif dont fait partie le détachement ou dans l'unité où il est mis en subsistance.

FORMATIONS DIVERSES.	ÉLÉMENTS CONSTITUTIFS des formations.	OFFICIERS OU FONCTIONNAIRES chargés de la tenue des registres d'état civil.	AUTORITÉS QUALIFIÉES pour coter et parapher les registres.
Formations diverses du service de l'intendance. (*Suite.*)........	Une ou deux sections de boulangerie de campagne et leur convoi.	Sous-intendant chef de service.	Chef d'état-major.
	Convoi administratif d'armée, parc de bétail d'armée.	Sous-intendant du convoi administratif et du parc de bétail d'armée.	Chef d'état-major général.
	Convoi administratif de corps d'armée, parc de bétail de corps d'armée (*Errat. B. O.*, P. P., 1er sem. 1912, p. 271.)	Sous-intendant des parcs et convois.	Chef d'état-major.
	Convoi administratif divisionnaire ou de formation pouvant être éventuellement constituée.	Sous-intendant chef de service.	Chef d'état-major
	Service des subsistances.	Sous-intendant chef de service.	Chef d'état-major.
	Réserves de commis et ouvriers militaires d'administration d'armée ou de corps d'armée.	Sous-intendant du quartier général.	Chef d'état-major général ou chef d'état-major.
Formations sanitaires.	Ambulances, groupes de brancardiers, hôpitaux d'évacuation, hôpitaux auxiliaires, infirmeries de gares, etc.	Officier d'administration.	Médecin chef.

Nota. — Dans les hôpitaux auxiliaires gérés par des personnels civils (société d'assistance, etc.), les fonctions d'officier de l'état civil sont remplies par le sous-intendant militaire ou, à défaut, par le commandant d'étapes dans le ressort duquel fonctionne l'hôpital.

C.

Groupements de malades qui doivent être compris sous la désignation d'hôpitaux ou formations sanitaires militaires et dont les médecins-chefs ont, en matière de testaments, la compétence définie par l'article 982 du Code civil.

1° Poste de secours.
2° Ambulance.
3° Groupes de brancardiers.
4° Hôpital ou section d'hôpital d'évacuation.
5° Trains sanitaires d'évacuation.
6° Convois d'évacuation de malades ou blessés.
7° Infirmeries de gares, de gîte d'étapes ou de port de la zone des armées, dirigées par le service de santé militaire.

NOTA. — Les dispositions de l'article 982 du Code civil ne sont pas applicables aux groupements de malades ou blessés autres que ceux compris dans le présent tableau.

MODÈLES

1. — REGISTRE

destiné à l'inscription des actes de l'état civil rédigés aux armées.

Désignation
du corps ou de la }
   formation.

Nota. — Dans le cas où, par suite des événements de la guerre, un registre de l'état civil viendrait à être perdu, la perte en sera constatée de suite par un procès-verbal en bonne forme, dont une copie sera adressée au Ministre de la guerre. Le procès-verbal qui aura été rédigé sera transcrit en tête du second registre, qui devra être établi aussitôt après la perte du premier.

CODE CIVIL.

TITRE V. — Du mariage.

(L'officier de l'état civil doit en donner lecture au moment de la célébration du mariage.)

CHAPITRE VI.

1° Des droits et des devoirs respectifs des époux.

Art. 212. Les époux se doivent mutuellement fidélité, secours, assistance.

Art. 213. Le mari doit protection à sa femme, la femme obéissance à son mari.

Art. 214. La femme est obligée d'habiter avec le mari et de le suivre partout où il juge à propos de résider. Le mari est obligé de la recevoir et de lui fournir tout ce qui est nécessaire pour les besoins de la vie, selon ses facultés et son état.

Art. 215. La femme ne peut ester en jugement sans l'autorisation de son mari, quand même elle serait marchande publique, ou non commune, ou séparée de biens.

Art. 216. L'autorisation du mari n'est pas nécessaire lorsque la femme est poursuivie en matière criminelle ou de police.

Art. 217. La femme, même non commune ou séparée de biens, ne peut donner, aliéner, hypothéquer, acquérir à titre gratuit ou onéreux, sans le concours du mari dans l'acte, ou son consentement par écrit.

Art. 218. Si le mari refuse d'autoriser sa femme à ester en jugement juge peut donner l'autorisation.

Art. 219. Si le mari refuse d'autoriser sa femme à passer un acte, la femme peut faire citer son mari directement devant le tribunal de première instance de l'arrondissement du domicile commun, qui peut donner ou refuser son autorisation, après que le mari aura été entendu ou dûment appelé en la chambre du conseil.

Art. 220. La femme, si elle est marchande publique, peut, sans l'autorisation de son mari, s'obliger pour ce qui concerne son négoce, et, audit cas. elle oblige aussi son mari, s'il y a communauté entre eux.

Elle n'est pas réputée marchande publique si elle ne fait que détailler les marchandises du commerce de son mari, mais seulement quand elle fait un commerce séparé.

Art. 221. Lorsque le mari est frappé d'une condamnation emportant peine afflictive ou infamante, encore qu'elle n'ait été prononcée que par contumace, la femme, même majeure, ne peut, pendant la durée de la peine, ester en jugement, ni contracter, qu'après s'être fait autoriser par le juge, qui peut, en ce cas, donner l'autorisation sans que le mari ait été entendu ou appelé.

Art. 222. Si le mari est interdit ou absent. le juge peut, en connaissance de cause, autoriser la femme soit pour ester en jugement, soit pour contracter.

Art. 223. Toute autorisation générale, même stipulée par contrat de mariage, n'est valable que quant à l'administration des biens de la femme.

Art. 224. Si le mari est mineur, l'autorisation du juge est nécessaire à la femme, soit pour ester en jugement, soit pour contracter.

Art. 225. La nullité fondée sur le défaut d'autorisation ne peut être opposée que par la femme, par le mari ou par leurs héritiers.

Art. 226 La femme peut tester sans l'autorisation de son mari.

2° Acte de naissance d'un enfant légitime (1).

L'an mil neuf cent................ (*compléter le millésime en toutes lettres*) le....... (*quantième en toutes lettres et mois*), à..... (*indiquer l'heure et la minute en toutes lettres*) du matin (*ou soir*), étant à..... (*indiquer le lieu*). Acte de naissance de..... (*prénoms et nom*), du sexe masculin (*ou féminin*), né..... (*ou née*) le..... (*date complète en toutes lettres*), à ..... (*indiquer l'heure et la minute en toutes lettres*), du matin (*ou soir*), à..... (*indiquer le lieu de la naissance*), fils (*ou fille*) de..... (*prénoms, nom, âge, grade et corps ou profession du père*) et de..... (*prénoms, nom, âge et profession de la mère*), mariés, domiciliés à..... (*indiquer le dernier domicile de la mère, en précisant, s'il s'agit d'une ville, la rue et le numéro*). Dressé par moi..... (*prénoms, nom, grade et corps de l'officier instrumentaire*) officier de l'état civil, sur la présentation de l'enfant et la déclaration faite par le père (*si le père n'est pas présent, mettre :* déclaration faite, le père absent, par...... (*prénoms, nom, âge, grade, domicile du*

---

(1) Formule de la ville de Paris. (*Bulletin des actes administratifs de la Seine*, 20 décembre 1880.)

médecin ou de la sage-femme ou, à défaut, d'un individu ayant connais-
sance de l'accouchement). En présence de..... *(prénoms, nom, âge, grade*
et corps ou profession, domicile du premier témoin), et de..... *(prénoms,*
nom, âge, grade et corps ou profession, domicile du second témoin), témoins qui ont signé avec moi après lecture.
   (Si quelqu'un ne sait signer, en faire mention.)

3° Acte de naissance d'un enfant naturel (1).

   L'an mil neuf cent.............. *(compléter le millésime en toutes*
lettres), le..... *(quantième en toutes lettres et mois),* à..... *(indiquer*
l'heure et la minute en toutes lettres) du matin *(ou* soir), étant à.....
(indiquer le lieu). Acte de naissance de..... *(prénoms au nombre de deux*
au moins si l'enfant n'est pas reconnu, nom du père si ce dernier reconnaît
l'enfant, ou nom de la mère si elle est seule dénommée) du sexe masculin
(ou féminin), né..... *(ou* née) le...... *(date complète en toutes lettres)*
à..... *(indiquer l'heure et la minute en toutes lettres)* du matin *(ou* soir),
à..... *(indiquer le lieu de la naissance),* fils *(ou* fille) de..... *(prénoms,*
nom, âge, profession ou grade et corps, dernier domicile du père si celui-ci
est comparant ou s'il a donné procuration pour reconnaître l'enfant) qui a
déclaré le..... *(ou* la) reconnaître *(sinon, on met :* fils *ou* fille de père
inconnu), et de..... *(prénoms, nom, âge, profession et dernier domicile*
de la mère, si elle est connue, sinon on met : mère inconnue). Dressé par
moi..... *(prénoms, nom, grade et corps de l'officier instrumentaire)* officier de l'état civil, sur la présentation de l'enfant et la déclaration faite par
le père *(si le père n'est pas présent, mettre :* déclaration faite par *(prénoms,*
nom, âge, grade, domicile du médecin ou de la sage-femme, ou, à défaut,
d'un individu ayant connaissance de l'accouchement; indiquer, s'il y a
lieu, qu'il agit en vertu d'une procuration du père). En présence de.....
(prénoms, nom, âge, grade et corps ou profession, domicile du premier
témoin) et de..... *(prénoms, nom, âge, grade et corps ou profession, do-*
micile du second témoin), témoins qui ont signé avec moi après lecture.
   (Si quelqu'un ne sait signer, en faire mention.)

4° Acte de présentation d'un enfant sans vie (1).

   L'an mil neuf cent .... *(compléter le millésime en toutes*
lettres), le..... *(quantième en toutes lettres et mois),* à..... *(indiquer*
l'heure et la minute en toutes lettres) du matin *(ou* soir), étant à.....
(indiquer le lieu). Acte de présentation d'un enfant sans vie du sexe masculin *(ou* féminin), fils *(ou* fille) de..... *(prénoms, nom, âge, grade et*
corps ou profession, domicile du père, ou, s'il n'est pas dénommé, on
met : père inconnu) et de..... *(prénoms, nom, âge, profession, domicile*
de la mère, ou mère inconnue) *(s'il y a lieu, ajouter :* mariés), ledit enfant
sorti du sein de sa mère, le..... *(date complète en toutes lettres),* à
(indiquer l'heure et la minute en toutes lettres) du matin *(ou* soir), à.....

---

(1) Comme au n° 2.

(*indiquer le lieu de la naissance*), dressé par moi..... (*prénoms, nom, grade et corps de l'officier instrumentaire*), officier de l'état civil, sur la présentation de l'enfant, et de la déclaration de..... (*prénoms, nom, âge, grade et corps, profession, domicile, parenté, s'il y a lieu, avec l'enfant, du premier témoin*) et de.... (*prénoms, nom, âge, grade et corps, profession, domicile, parenté, s'il y a lieu, avec l'enfant, du second témoin*), témoins qui ont signé avec moi après lecture.

(*Si quelqu'un ne sait signer, en faire mention.*)

5° Acte de reconnaissance d'un enfant naturel (1).

L'an mil neuf cent................ (*compléter le millésime en toutes lettres*), le..... (*quantième en toutes lettres et mois*), à..... (*indiquer l'heure et la minute en toutes lettres*) du matin (*ou* soir), étant à..... (*indiquer le lieu*). Acte de reconnaissance de..... (*prénoms, nom*), du sexe masculin (*ou* féminin), né..... (*ou* née), le..... (*date en toutes lettres*), inscrit (*ou* inscrite) sur le registre de l'état civil de..... (*indiquer le corps ou la commune*), le..... (*date en toutes lettres de la réception de l'acte de naissance*) comme fils (*ou* fille) de..... (reporter les indications de l'acte de naissance), (*ou* acte de reconnaissance de l'enfant dont est actuellement enceinte), (*ou* doit être actuellement accouchée) (*prénoms, nom, âge, profession, domicile de la mère*), dressé par moi.... (*prénoms, nom, grade et corps de l'officier instrumentaire*), officier de l'état civil, sur la déclaration de.....(*prénoms, nom, âge, grade et corps ou profession, domicile du père ou de la mère, ou de chacun d'eux s'ils comparaissent ensemble*), qui reconnait (*ou* reconnaissent) le susdit..... (*prénoms, nom de l'enfant*) pour son (*ou* leur) enfant. En présence de..... (*prénoms et nom, âge, grade et corps ou profession, domicile du premier témoin*) et de.... (*prénoms, nom, âge, grade et corps ou profession, domicile du second témoin*), qui ont signé avec le déclarant (*ou* les déclarants) et moi, après lecture.

(*Si quelqu'un ne sait signer, en faire mention.*)

6° Acte de mariage (1).

L'an mil neuf cent................ (*compléter le millésime en toutes lettres*), le..... (*quantième en toutes lettres et mois*), à..... (*indiquer l'heure et la minute en toutes lettres*) du matin (*ou* soir), étant à..... (*indiquer le lieu*). Acte de mariage de (*prénoms et noms, grade et corps ou profession du futur*), né à..... (*lieu de naissance*), le..... (*date en toutes lettres de la naissance*), domicilié à..... (*lieu de domicile*), fils majeur (*ou* mineur) de..... (*prénoms, nom, âge, profession, domicile des père et mère*) présents et consentants au mariage (*ou* consentants au mariage, aux termes d'un acte reçu par M⁰..... (*nom*), notaire à..... (*résidence du notaire*), le..... (*date de l'acte en toutes lettres*), ou : tous deux décédés, ainsi que l'attestent..... (*prénoms, nom*), grand-père paternel *ou* maternel, et..... (*prénoms, nom*), grand'mère maternelle *ou* paternelle du futur époux, présents et consentants au mariage *ou* consentants au mariage, aux termes d'un acte (*comme ci-dessus*) (*ou* le futur époux et les témoins du présent acte, lesquels affirment connaitre le futur époux, déclarent avec

---

(1) Comme au n° 2.

serment, que tous ses ascendan¹s sont décédés (*ou* absents) et qu'ils ignorent le lieu de leur décès (*ou* leur dernier domicile) (*ou, s'il est enfant légitime, mineur et orphelin*), ledit futur époux mineur dûment autorisé par délibération, en date du..... (*en toutes lettres*) de son conseil de famille réuni sous la présidence du juge de paix de..... (*indiquer le lieu*), (*ou, s'il est enfant naturel, mineur et orphelin*), ledit futur époux autorisé par..... (*prénoms, nom, profession, domicile*) tuteur spécialement désigné en vue du mariage, par délibération en date du.... (*en toutes lettres*) du conseil de famille réuni sous la présidence du juge de paix d..... (*indiquer le lieu*) d'une part, et..... (*prénoms, nom, profession de la future*) (*mêmes indications et variantes que ci-dessus*), d'autre part, dressé par moi..... (*prénoms, nom, grade et corps de l'officier instrumentaire*), officier de l'état civil, qui ai procédé publiquement à la célébration du mariage, dans la forme suivante, après avoir donné aux parties lecture : 1° de leurs actes de naissance ; 2° des actes de décès de...... (*indiquer les noms des ascendants dont le consentement est requis*); (3° *s'il a été adressé des actes respectueux*) des actes respecteux adressés par l'époux (*ou* l'épouse) à ses père et mère (*ou* grand-père, etc.) les....... (*dates des actes respectueux en toutes lettres*) : 4° des actes de publications faites à l'ordre du jour de.... (*indiquer le corps ou l'armée, ou le corps d'armée*), le..... (*date en toutes lettres*), ainsi qu'aux mairies de..... [*indiquer les mairies où ont été faites les publications*) les..... (*dates en toutes lettres*) sans opposition ; 5° de la permission de mariage exigée par l'article.... (*indiquer le n° de l'article, suivant le grade du militaire*) du décret du 16 juin 1808, toutes les pièces susmentionnées dûment paraphées ; 6° du chapitre VI du livre Iᵉʳ du Code civil (titre du mariage), sur les droits et devoirs respectifs des époux ; après avoir interpellé les futurs époux, les père et mère de l'époux (*etc.*), lesquels ont déclaré qu'il n'a pas été fait de contrat de mariage *ou* qu'il a été fait le..... (*date en toutes lettres*), un contrat de mariage devant Mᵉ..... (*nom*), notaire à..... (*résidence*), qui en a délivré certificat à moi produit. (*Si les futurs reconnaissent un enfant naturel*) : Les futurs ayant déclaré reconnaitre pour leur fils (*ou* fille), en vue de la légitimation devant résulter de leur mariage (*prénoms, nom, date et lieu de la naissance et de l'enregistrement de cette dernière, filiation indiquée dans cet acte*). J'ai demandé aux futurs époux s'ils veulent se prendre pour mari et pour femme, et chacun d'eux ayant répondu affirmativement et séparément, à haute voix, j'ai prononcé, au nom de la loi, que..... (*prénoms et nom du futur*) et..... (*prénoms et nom de la future*), sont unis par le mariage. En présence de..... (*prénoms, nom, âge, grade et corps ou profession, domicile, parenté ou non parenté avec l'époux, du témoin de ce dernier*) et de..... (*mêmes indications pour le témoin de l'épouse*), témoins qui ont signé avec les époux, les père et mère de l'époux, les père et mère de l'épouse (etc.) et moi, après lecture.

(*Si quelqu'un ne sait signer, en faire mention.*)

7° Acte de décès.

L'an mil neuf cent................ (*compléter le millésime en toutes lettres*), le..... (*quantième en toutes lettres et mois*), à..... (*indiquer l'heure et la minute en toutes lettres*) du matin (*ou* soir), étant à..... (*indiquer le lieu*). Acte de décès de..... (*prénoms, nom, grade, corps et immatriculation, ou profession, âge, lieu de naissance*), domicilié en dernier lieu à..... (*indiquer l'endroit, en spécifiant, s'il s'agit d'une ville, la* rue et le numéro), décédé à..... (*indiquer le lieu du décès*), le..... (*date complète en toutes lettres*) du matin (*ou* soir) (*si le militaire est décédé sur le champ de bataille ou des suites de blessures ou maladies contractées au service, on en fera mention*), fils (*ou* fille) de..... (*indiquer, si on les connaît exactement, les prénoms, nom, profession, domicile ou date du décès des père et mère, sinon ajouter :* père et mère dont les noms ne sont pas connus), célibataire (*ou* époux, *ou* épouse, *ou* veuf, *ou* veuve de....*) (*prénoms, nom, domicile ou date du décès, si l'on possède exactement ces renseignements*), conformément à l'article 77 du Code civil, nous nous sommes transporté auprès de la personne décédée et assuré de la réalité du décès (*si cette constatation n'a pu être faite, indiquer les motifs qui l'ont empêchée*). Dressé par moi..... (*prénoms, nom, grade et corps de l'officier instrumentaire*), officier de l'état civil, sur la déclaration de..... (*prénoms, nom. âge, grade et corps ou profession, domicile, parenté, s'il y a lieu, avec le défunt, du premier témoin*) et de..... (*prénoms, nom, âge, grade et corps ou profession, domicile, parenté, s'il y a lieu, avec le défunt, du second témoin*), témoins qui ont signé avec moi, après lecture. (*Si quelqu'un ne sait signer, en faire mention.*)

8° Acte de disparition.

(Désignation du corps ou de la formation.)

Nous, soussigné..... (*qualité du signataire de l'acte*), certifions que le nommé..... (*nom et prénoms*), fils de..... (*nom et prénoms des père et mère*) et de....., né le..... (*date et lieu de la naissance*), à......, département d..... (*grade*), inscrit sous le n°..... du registre matricule, a disparu le..... (*date et lieu de la disparition*), et que, depuis cette époque, toutes les recherches auxquelles il a été procédé pour découvrir son sort, sont demeurées infructueuses.

Circonstances de la disparition :

(*Donner tous les détails possibles ; mentionner s'il y a présomption de décès et les témoignages, etc.*)

Fait à..... le..... 19...

(*Suivent les signatures.*)

Vu par nous (*nom et prénoms*),
Sous-intendant militaire (ou médecin-chef).

(*Signature.*)

9° Procès-verbal de déclaration de décès.

Aujourd'hui (*date, mois et an en toutes lettres*), à..... (*indiquer le lieu*), devant nous (*nom, prénoms, grade et corps de l'officier ou du fonctionnaire rédacteur du procès-verbal*), sont comparus les sieurs (noms, prénoms, grades et corps des témoins), lesquels nous ont déclaré que le sieur, nom, prénoms, grade, corps et numéro matricule du décédé), fils de (pré-

noms du père) et de (*prénoms et nom de la mère*), né le..... (*date, mois et an en toutes lettres*), à..... (*indiquer le lieu*), département de..... (*nom du département*), est décédé à..... (*indiquer le lieu*), le..... (*date, mois et an en toutes lettres*), par suite de..... (*maladie, accident ou blessure*).

De tout quoi nous avons dressé le présent procès-verbal, qui a été signé par nous et les témoins, après lecture faite.

10° Procès-verbal de constatation du décès des militaires morts dans un accident et dont les corps n'ont pu être retrouvés (1).

L'an mil neuf cent..., le..... (*date*), nous..... (*nom, prénoms et qualité*), remplissant les fonctions d'officier de l'état civil (*corps, état-major ou formation*),

Vu la requête à nous adressée par M..... (*désigner l'autorité militaire*) et d'où il appert que (*indiquer la nature de l'accident*) a causé le décès de plusieurs militaires,

Nous sommes rendu sur le lieu de l'accident, où les déclarations suivantes nous ont été faites par. . . . .
. . . .

Les militaires dont les noms suivent ont disparu et tous les efforts faits pour retrouver leurs corps sont restés infructueux.

De tout quoi, etc.....

11° Procès-verbal de constatation du décès des militaires dont les corps sont retrouvés sur le champ de bataille (1).

L'an (*millésime en toutes lettres*), le (*quantième en toutes lettres et mois*), nous soussigné (*prénoms, nom, grade et fonctions*),

Avons, sur le champ de bataille d
et en présence de
constaté le décès des militaires ci-dessous désignés, d'après (spécifier exactement les pièces ou objet ayant servi à l'identification).

NOMS et PRÉNOMS.	DÉSIGNATION du corps.			GENRE DE MORT.	OBSERVATIONS. — Faire connaître si les marques des vêtements et les indications du livret individuel sont ou non conformes à la plaque d'identité.

De tout quoi, etc.....

(1) Le procès-verbal enregistré sur le registre de l'état civil sera établi collectivement et les expéditions à adresser au Ministre seront distinctes par individu.

12° Extrait des actes de l'état civil
à adresser mensuellement au Ministre de la guerre.

Nous soussigné (*prénoms, nom et grade de l'officier*), remplissant les fonctions d'officier de l'état civil, certifions qu'il résulte du registre destiné à l'inscription des actes de l'état civil pour le..... (*désignation du corps, de l'état-major ou de la formation*) :

(1° *Pour les actes de naissance*) que le nommé (*prénoms et nom du père ou de la personne qui a présenté l'enfant, désignation du corps, du bataillon ou de la compagnie à laquelle il appartient, numéro matricule*), nous a déclaré que le..... (*date de la naissance de l'enfant*), son épouse (*prénoms et nom de la mère*), est accouchée à..... (*indiquer le lieu et l'heure*) de..... (*d'un garçon ou d'une fille*) à qui ils ont donné les prénoms de.....

(2° *Pour les actes de mariage*) que les nommés (*prénoms, nom, âge et lieu de naissance du futur, le corps auquel il appartient, le bataillon et la compagnie ainsi que le numéro matricule*) et (*nom, prénoms, âge et lieu de naissance de la future*), ont contracté mariage le..... (*date*), à..... (*lieu*).

(3° *Actes de décès*) que le nommé (*prénoms, nom et grade du décédé; désignation du corps, du bataillon et de la compagnie*), né à..... (*lieu de naissance*), immatriculé sous le numéro (*indiquer le numéro*), est décédé à..... (*indiquer le lieu*) par suite de..... (*déterminer le genre de mort lorsqu'il y a lieu*), le..... (*date du décès*).

(Signature.)

Vu par nous (*nom et prénoms*),
Sous-intendant militaire (ou médecin-chef)
(*Signature.*)

13° Testament authentique dressé aux armées.

L'an mil neuf cent..... (*compléter le millésime en toutes lettres*), le..... (*quantième en toutes lettres et mois*), à..... (*indiquer l'heure et la minute en toutes lettres*) du matin (*ou* soir), étant à..... (*indiquer le lieu*), devant (*prénoms, nom, grade et corps de l'officier instrumentaire*), et en présence de..... (*prénoms, nom, grade et corps ou profession, domicile de chacun des deux témoins*), tous deux témoins requis, lesquels ont déclaré être majeurs, Français jouissant de leurs droits civils, et n'être ni parents ni alliés du testateur, ni des légataires ci-après nommés, ni parents ni alliés entre eux, *ou* devant (*prénoms, nom, grade de chacun des deux commissaires ou intendants*), ou devant (*prénoms, nom, grade*), médecin en chef de..... (*indiquer l'hôpital, etc..*), assisté de (*prénoms, nom, grade de l'officier d'administration gestionnaire*), a comparu (*prénoms, nom, grade et corps ou profession, domicile du testateur*), lequel, ayant paru à l'officier instrumentaire (*ou* aux officiers instrumentaires), ainsi qu'aux personnes sus-nommées, sain d'esprit, quoique malade de corps (ou blessé, *ou* sain d'esprit et de corps), a déclaré (*insérer ici les clauses du testament*).

L'officier instrumentaire a ensuite donné lecture au testateur de l'article 984 du Code civil, ainsi que du présent testament, et le testateur a déclaré le bien entendre et y persévérer comme renfermant ses dernières volontés (*si le testateur signe, ajouter :* il l'a en conséquence revêtu de sa signature), le tout en présence de MM. (*énumérer le ou les officiers instrumentaires et*

les témoins s'il y en a), lesquels ont signé (*ou, si le testateu   ne peut signer :* lesquels ont signé. Quant au testateur, il a déclaré à l'officier instrumentaire, en présence de MM...... (*nom du second officier et des
témoins*) ne savoir signer ou ne pouvoir signer, en raison de (*énoncer
clairement les causes de l'empêchement*) (*ou, si l'un des témoins ne peut
signer :* M. (*nom du témoin qui signe*) a signé avec MM. (*nom des officiers
instrumentaires*). Quant à M. (*nom du témoin qui ne signe pas*), il a déclaré ne savoir signer, ou ne pouvoir signer en raison de...... (*énoncer
clairement les causes de l'empêchement*).

Fait en double original (*ou en un seul original, en raison de l'état de
santé du testataire, qui (indiquer les causes qui ont empêché d'établir le
deuxième original*).

(Signatures.)

14° Acte de procuration, de consentement ou d'autorisation.

L'an mil neuf cent.... .... (*compléter le millésime en toutes
lettres*), le..... (*quantième en toutes lettres et mois*), étant à..... (*indiquer le lieu*), devant (*prénoms, nom, grade de l'officier instrumentaire*),
agissant en conformité de la loi du huit juin mil huit cent quatre-vingt-
treize (*ajouter, si l'on est en France :* et par suite de l'impossibilité pour le
comparant de s'adresser à un notaire, en raison de (*indiquer les causes de
cette impossibilité*), a comparu (*prénoms, nom, grade et corps ou profession, dernier domicile du comparant*), lequel, en présence de..... et de.....
(*indiquer les noms, prénoms et professions des témoins*), nous a déclaré

Dont acte, et le comparant a signé avec nous après lecture, ainsi que les
témoins sus-désignés.

(Signatures.)

---

*Circulaire faisant entrer dans la collection des imprimés à em-
porter en campagne par les corps de troupe, la formule de
l'expédition d'un procès-verbal de déclaration de décès.*

Service Intérieur ; Bureau des Archives administratives.

Paris, le 13 mai 1901.

Les corps de troupe sont autorisés à ajouter aux registres et
formules d'état civil qu'ils doivent emporter en cas de mobilisation les formules ci-après, imprimées sur la même feuille de
papier, d'*expédition* de procès-verbal de déclaration de décès
et d'*extrait mensuel* de ce procès-verbal.

L'extrait mensuel adhèrera à l'expédition au moyen d'un poin-
tillé qui en facilitera la disjonction.

Format :

Hauteur...... 0",26
Largeur...... 0",13

Instruction ministérielle
du 23 juillet 1894.

—

MODÈLE N° 12.

EXTRAIT MENSUEL DE PROCÈS-VERBAL
DE DÉCLARATION DE DÉCÈS.

———

Nous soussigné (1)   , remplissant les
fonctions d'officier de l'état civil, certifions qu'il résulte du
registre destiné à l'inscription des procès-verbaux de déclaration de décès pour le (2)
que le nommé (3)   , né à (4)
immatriculé sous le n° (5)   , est décédé à (6)   ,
par suite de (7)   , le (8)

(Signature.)

Vu par nous (9),

(Signature.)

NOTA. — Écrire le nom du décédé en gros caractères.

(1) Prénoms, nom et grade de l'officier.
(2) Désignation du corps de l'état-major ou de la formation.
(3) Prénoms, nom et grade du décédé; désignation du corps, du bataillon
et de la compagnie.
(4) Lieu de naissance.
(5) Indiquer le numéro.
(6) Indiquer le lieu.
(7) Déterminer le genre de mort s'il y a lieu.
(8) Date du décès.
(9) Nom et prénoms du sous-intendant militaire.

Format :

Hauteur...... 0",26
Largeur...... 0",20

Instruction ministérielle
du 23 juillet 1894.

—

MODÈLE N° 9.

EXPÉDITION D'UN PROCÈS-VERBAL
DE DÉCLARATION DE DÉCÈS.

———

Aujourd'hui (1)   , à (2)
devant nous (3)   , sont comparus les
sieurs (4)   , lesquels nous ont déclaré
que le sieur (5)   , fils de (6)
et de (7)   , né le (8)   ,
à (9)   , département d (10)   ,
est décédé à (11)   , le 12)   ,
par suite de (13)
De tout quoi nous avons dressé le présent procès-verbal,
qui a été signé par nous et les témoins, après lecture faite.

Pour expédition conforme :
L'Officier de l'état civil,

Vu par nous (14)

(Signature.)

NOTA. — Écrire le nom en gros caractères.

(1) Date, mois et an en toutes lettres.
(2) Indiquer le lieu.
(3) Nom, prénoms, grade et corps de l'officier ou du fonctionnaire rédacteur du procès-verbal.
(4) Nom, prénoms, grade et corps des témoins.
(5) Nom, prénoms, grade, corps et numéro matricule du décédé.
(6) Prénoms du père.
(7) Prénoms et noms de la mère.
(8) Date, mois et an en toutes lettres.
(9) Indiquer le lieu.
(10) Nom du département.
(11) Indiquer le lieu.
(12) Date, mois et an en toutes lettres.
(13) Maladie, accident ou blessure.
(14) Nom et prénoms du sous-intendant militaire.

Loi déterminant les conditions dans lesquelles pourront être légitimés les enfants dont les parents se sont trouvés, par la mobilisation du père et le décès de ce dernier, dans l'impossibilité de contracter mariage.

Paris, le **7** avril 1917.

Art. 1ᵉʳ. Tout enfant, dont le père mobilisé est décédé depuis le 4 août 1914 des suites de blessures reçues ou de maladies contractées ou aggravées pendant son séjour sous les drapeaux, pourra être déclaré légitimé dans les termes de l'article 331 du Code civil, par le tribunal de première instance du lieu de l'ouverture de la succession, en vertu d'un jugement rendu en audience publique, après débats en la chambre du conseil, à la condition qu'il résulte de la correspondance, ou de tout document certain, une évidente volonté de se marier et de légitimer l'enfant, commune aux deux parents. La légitimation pourra également être prononcée si tous les parents défendeurs adhèrent à la demande.

L'instance sera poursuivie, par voie de citation, contre le ministère public, à la requête de la mère et, à son défaut, du tuteur ou du subrogé-tuteur, ou de l'un des ascendants du père ou de la mère.

Les parents du père, en ligne directe, qui n'ont pas pris l'initiative de l'instance, et, à défaut de parents en ligne directe, les collatéraux privilégiés devront être mis en cause.

Le demandeur devra prouver :

1° Que l'enfant a été légalement reconnu par la mère ou déclaré judiciairement être né d'elle;

2° Que les deux parents se sont trouvés, au jour du décès du père, réunir les conditions de capacité exigées par les articles : 144, 145, 147, 148, 150, 158, 159, 161, 162, 163, 164, 228 et 296 du Code civil pour contracter mariage.

Si le jugement ou l'arrêt devenu définitif accueille la demande, son dispositif sera transcrit immédiatement sur les registres de l'état civil de l'année courante de la commune où est né l'enfant et mention en sera faite en marge de son acte de naissance.

Il ne sera opposable aux tiers qu'après sa transcription.

L'enfant, auquel il profitera, jouira des droits d'un enfant légitime, tant au regard de son père qu'au regard de sa mère, avec effet rétroactif à la veille du décès du père et, s'il y a lieu, de la mère.

Il ne sera plus reçu aucune instance en exécution de la présente loi deux ans après la promulgation des décrets prévus par les articles 1er et 2 de la loi du 4 juillet 1915.

Les actes nécessités par ces instances seront visés pour timbre et enregistrés gratis, lorsqu'il y aura lieu à la formalité de l'enregistrement.

Art. 3. La présente loi est applicable à l'Algérie et aux colonies.

Notification d'une circulaire pour l'application de la loi du 7 avril 1917 relative à la légitimation des enfants naturels et adultérins.

Paris, le 18 juin 1917.

La loi du 7 avril 1917 relative à la légitimation posthume par jugement des enfants dont le père, mobilisé, est décédé avant d'avoir pu contracter mariage, à la suite de blessures reçues ou de maladies contractées ou aggravées pendant son séjour sous les drapeaux, constitue une nouvelle étape dans l'évolution législative qui s'est accomplie en vue de faciliter la légitimation des enfants nés hors mariage.

L'article 331 du Code civil, dans sa rédaction originaire, réservait en effet le bénéfice de la légitimation aux seuls enfants naturels simples, à l'exclusion formelle de tous ceux qui étaient nés d'un commerce incestueux ou adultérins. En outre, la légitimation se trouvait nécessairement subordonnée à la double condition : 1° d'un mariage contracté entre les auteurs de l'enfant; 2° d'une reconnaissance de cet enfant, antérieure ou plus tard concomitante à la célébration du mariage.

La loi du 7 novembre 1907, dérogeant à la prohibition de légitimer tout enfant adultérin, a admis que, dans deux cas, cette légitimation pourrait s'opérer par une reconnaissance concomitante à la célébration du mariage, savoir :

1° Lorsque l'enfant est né plus de trois cents jours après l'ordonnance du président prévue par l'article 878 du Code de procédure civile;

2° Lorsqu'il a été désavoué par le mari.

La loi du 30 décembre 1915 est allée plus loin encore dans la voie des modifications à la règle posée par le Code civil. D'une part, en effet, en ce qui concerne les enfants naturels simples, tout en maintenant en principe que la légitimation de ces enfants s'opère par une reconnaissance antérieure ou concomitante au mariage, ladite loi admet qu'une reconnaissance faite après célébration du mariage pourra dorénavant être susceptible d'emporter légitimation à la condition qu'un jugement constate que, depuis la célébration de ce mariage, l'enfant a eu la possession d'état d'enfant commun.

D'autre part, en ce qui concerne la législation des enfants adultérins, aux deux cas déjà prévus par la loi du 7 novembre 1907, la loi du 30 décembre 1915 en ajoute un troisième : les enfants nés du commerce adultérin du mari peuvent être légitimés lorsqu'il n'existe pas, au moment du mariage subséquent, d'enfants ou de descendants légitimes issus du mariage au cours duquel l'enfant adultérin est né ou a été conçu.

En outre, les dispositions transitoires contenues dans l'article 6, paragraphe 2 de la loi du 30 décembre 1915 décident que les père et mère des enfants adultérins compris dans l'un des trois cas visés par ladite loi peuvent, s'ils ont déjà contracté mariage avant sa promulgation, formuler dans un délai de deux ans une reconnaissance spéciale qui emportera légitimation. On se trouve donc ici encore en présence de légitimation intervenant après mariage, mais il convient de remarquer que si celles-ci ne nécessitent pas un jugement comme celles qui intéressent les enfants naturels simples, par contre, elles ne peuvent trouver cause d'application qu'à titre transitoire et temporaire.

La loi du 7 avril 1917 consacre enfin une innovation encore plus grave, puisqu'elle a pour objet de permettre la légitimation par jugement, même en dehors de tout mariage, et alors précisément que le mariage est devenu impossible à raison du décès du père de l'enfant.

Cette disposition, qui présente d'ailleurs un caractère exceptionnel, se justifie par le désir d'assurer dans la mesure du possible l'accomplissement des vœux des mobilisés morts pour la défense du pays, avant d'avoir pu, comme ils en avaient exprimé le désir, légitimer par mariage l'enfant qu'ils avaient engendré.

Les dispositions modificatives ou additionnelles qui ont été ainsi successivement apportées à notre législation, en vue de faciliter la légitimation des enfants naturels ou adultérins, ont, il faut le reconnaître, rendu plus complexes les questions d'application susceptibles de se présenter dans la pratique, par suite notamment des différenciations qui existent désormais entre les divers modes de légitimation, les uns opérant de plein droit, alors que d'autres nécessitent une intervention de justice, ou que certains ne peuvent même être utilisés qu'à titre transitoire et dans un délai déterminé.

Le formulaire général des actes de l'état civil (*Bulletins officiels* du ministère de la justice et du ministère de l'intérieur de janvier 1913), ainsi que mes circulaires des 11 janvier et 18 mars 1916 (*Bulletin officiel* du ministère de la justice, année 1916), fournissent au sujet de la reconnaissance et de la légitimation des enfants adultérins, des instructions qui restent en vigueur. Il convient donc encore actuellement de s'y référer, en insistant au surplus sur certaines dispositions qui ne paraissent pas avoir été très fidèlement observées, et en y ajoutant des indications concernant plus spécialement l'application de la loi du 7 avril 1917.

I. — ENFANTS NATURELS SIMPLES.

a) *Reconnaissance*. — Les formules afférentes aux reconnaissances, soit postérieures, soit antérieures à la naissance de l'enfant, soit même intervenant sans qu'aucun acte ait été dressé à la suite de cette naissance, sont indiquées au chapitre IV du formulaire général de l'état civil.

Les mentions de reconnaissance résultant, soit d'une déclaration faite devant l'officier de l'état civil, soit d'un acte reçu par un notaire, soit d'un jugement, ou encore du consentement du parent naturel au mariage de son enfant, figurent au chapitre IX du formulaire précité.

b) *Légitimation*. — En ce qui concerne la légitimation des enfants naturels simples, il y a lieu de distinguer quatre hypothèses différentes :

1° *Légitimation résultant de la célébration d'un mariage survenant après reconnaissance*. — Lorsque des futurs époux reconnaissent un enfant naturel avant le jour de la célébration de leur mariage, il importe, si l'acte de naissance de l'enfant a été dressé dans une commune distincte, que l'officier de l'état civil qui a reçu ladite reconnaissance en avise immédiatement la mairie de la commune sur les registres de laquelle la mention de reconnaissance doit être apposée. Si l'on attendait, en effet, la célébration d'un mariage éventuel qui peut être différée ou même ne jamais se réaliser, il serait à craindre que l'envoi de l'avis de reconnaissance aux fins de mention fût définitivement omis.

La célébration du mariage survenant après la reconnaissance emporte de plein droit légitimation et, par suite, il n'y a pas lieu de rédiger un acte spécial pour établir cette légitimation.

Mais il appartient à l'officier de l'état civil d'effectuer d'office une mention de légitimation en marge de l'acte de naissance. selon la formule indiquée au chapitre 9, paragraphe B, du formulaire précité.

2° Légitimation résultant d'une reconnaissance faite par les parents de l'enfant au moment même de la célébration de leur mariage. — Aux termes de la loi du 30 décembre 1915, cette reconnaissance doit toujours être contenue dans un acte séparé. que l'enfant soit naturel, simple ou adultérin. La formule de cet acte séparé est indiquée dans ma circulaire précitée du 11 jan vier 1916 (*Bulletin officiel* M. J., janvier 1916, et *Journal officiel* du 13 janvier 1916).

La mention de légitimation en marge de l'acte de naissance peut ici encore, comme dans le cas précédent, être faite selon la formule indiquée au chapitre IX, paragraphe B, du formulaire général.

3° Légitimation après mariage. Loi du 30 décembre 1915 (art. 331, § 2, du Code civil). — La reconnaissance d'un enfant naturel simple intervenant après mariage ne peut emporter légitimation qu'en vertu d'un jugement constatant que l'enfant a eu depuis la célébration du mariage, la possession d'état d'enfant commun. Il s'agira donc ici de transcrire une décision de justice Cette transcription sera opérée dans les conditions prescrites par la réquisition faite à l'officier de l'état civil; mais il semble que la réquisition peut se limiter au seul dispositif de la décision définitive.

Une mention de légitimation sera en outre apposée en marge de l'acte de naissance, selon la formule prescrite en pareil cas par la circulaire du 11 janvier 1916.

4° Légitimation d'un enfant dont les parents n'ont pu se marier par suite du décès du père survenu depuis le 4 août 1914, à la suite de blessures reçues ou de maladies contractées ou aggra vées pendant son séjour sous les drapeaux (loi du 7 avril 1917). — Cette légitimation ne peut résulter que d'un jugement rendu en audience publique après débats en chambre du conseil.

Il appartiendra aux juridictions compétentes de statuer sur les controverses qui pourront surgir au sujet de l'interprétation de certaines dispositions de cette loi ou de ses conditions d'application, et ma chancellerie ne saurait intervenir dans ce domaine autrement que pour fournir des indications d'ordre général.

Dans le cas de légitimation envisagé par la loi du 7 avril 1917, c'est encore une décision judiciaire qu'il échet de transcrire. Mais ici, la loi elle-même prend soin de préciser que la transcription sera limitée au seul dispositif du jugement ou de l'arrêt définitif.

La même tendance paraît d'ailleurs, d'une façon générale, se manifester, à juste titre, dans les divers cas où il s'agit de transcrire des décisions relatives à l'état des personnes. Or, cette façon de procéder met en relief l'intérêt primordial qui existe à ce que, dans toutes les décisions de cette nature, les indications d'état civil contenues dans les dispositifs soient suffisamment explicites pour se suffire à elles-mêmes. Pour faciliter, à cet égard, la tâche des magistrats, il est nécessaire de recommander tout spécialement aux avoués de mentionner dans le dispositif de leurs conclusions tous renseignements utiles sur l'état civil des intéressés, et notamment les prénoms et noms des parties en cause, ainsi que les lieux et dates des actes en marge desquels la transcription devra être mentionnée.

L'officier de l'état civil requis d'opérer la transcription devra satisfaire à cette réquisition immédiatement.

Cette dernière expression doit être interprétée comme étant synonyme de la locution employée par l'article 857 du Code de procédure civile, qui dispose que « les jugements de rectification seront inscrits sur les registres par l'officier de l'état civil aussitôt qu'ils lui auront été remis ». Le maire n'aura donc pas ici, pour accomplir cette formalité, un délai de trois jours ou un délai de cinq jours comme dans d'autres hypothèses. L'urgence est, d'ailleurs, en pareil cas, d'autant plus grande que, seule, la transcription rend le jugement opposable aux tiers, c'est-à-dire à ceux qui n'ont pas été parties dans l'instance ou qui ne sont pas les ayants cause de ces dernières.

Indépendamment de la transcription du jugement, il y a lieu d'apposer une mention de légitimation en marge de l'acte de naissance de l'enfant. Cette mention pourra être rédigée conformément à la formule indiquée par ma circulaire du 11 janvier 1916 pour le cas où il s'agit de légitimation par jugement d'un enfant naturel reconnu après mariage (art. 331, paragraphe 2).

II. — Enfants adultérins.

En ce qui concerne la filiation des enfants adultérins, il est essentiel de ne pas perdre de vue qu'aux termes de l'article 335 du Code civil, la reconnaissance pure et simple de ces enfants demeure interdite. Bien que cette règle ait été spécifiée de la façon la plus formelle par mes circulaires des 11 janvier et 18 mars 1916, elle semble encore être ignorée par un grand nombre d'officiers de l'état civil. Il importe d'appeler tout particulièrement leur attention sur ce point.

La célébration du mariage des père et mère d'un enfant adultérin, survenant après la reconnaissance qu'ils auraient précédemment formulée au mépris des dispositions de l'article 335 du Code civil, n'aurait pas, en effet, pour conséquence de légitimer cet enfant. Le premier des modes de légitimation ci-dessus analysés à l'égard des enfants naturels simples n'est donc pas applicable aux enfants adultérins.

Pour ces derniers, on ne peut envisager que l'un des trois modes de légitimation qui vont être ci-après énumérés, et encore faut-il, pour que ceux-ci soient opérants, que les intéressés se trouvent par ailleurs dans l'un des trois cas où la légitimation des enfants adultérins est autorisée aux termes de l'article 1er de la loi du 30 décembre 1915.

1° *Légitimation par reconnaissance concomitante au mariage.* — Cette reconnaissance, bien que concomitante au mariage, doit, pour satisfaire au vœu de la loi du 30 décembre 1915, être toujours formulée dans un acte séparé. Cet acte sera dressé sur le registre des naissances lorsque la commune possède plusieurs registres. Il pourra être libellé selon la formule indiquée dans la circulaire du 11 janvier 1916 qui s'applique aussi bien à un enfant adultérin qu'à un enfant naturel simple.

La mention de légitimation pourra être faite selon la formule qui figure au paragraphe B du chapitre IX du formulaire général.

2° *Légitimation après mariage par application des dispositions transitoires de la loi du 30 décembre 1915.* — La disposition qui autorise les enfants naturels simples à obtenir, le cas échéant, la légitimation par jugement après mariage de leurs auteurs, n'est pas applicable aux enfants adultérins.

Mais ceux de ces derniers dont les père et mère ont contracté mariage antérieurement à la promulgation de la loi du 30 décembre 1915 peuvent, à titre transitoire, être légitimés par une reconnaissance spéciale intervenant dans un délai de deux ans a partir de la promulgation de la loi en question.

On remarquera que si, à titre d'ailleurs exceptionnel, cette reconnaissance d'enfant adultérin n'est pas concomitante au mariage, elle est néanmoins encore liée à la légitimation, puisqu'elle la provoque. Ainsi donc s'il peut y avoir, dans les cas autorisés par la loi, des enfants adultérins légitimes, il ne peut jamais exister d'enfants adultérins légalement reconnus purement et simplement.

La question se posera de savoir si le délai de deux ans ainsi fixé par les dispositions transitoires de la loi du 30 décembre 1915 devra être, ou non, considéré comme prorogé par application des dispositions moratoires. Il appartiendra, le cas échéant, aux juridictions compétentes de statuer souverainement sur cette question comme sur toutes celles qui concernent l'interprétation des textes législatifs. Mais il importe d'éviter que, par suite de divergences d'appréciation de la part des officiers de l'état civil, certains d'entre eux se refusent à recevoir des déclarations aux fins-de légitimation après le 31 décembre 1917, alors que d'autres, s'y estimant autorisés par les décrets moratoires, accepteraient lesdites déclarations.

Les officiers de l'état civil n'ayant pas à se faire juges de cette question, d'ailleurs délicate, il paraît indiqué, en ce qui les concerne, sans préjuger des décisions qui pourront être rendues par les juridictions compétentes, de recevoir la déclaration en question à toutes fins utiles, et pour valoir ce que de droit, même après l'expiration des deux années imparties par l'article 6, paragraphe 2, de la loi du 30 décembre 1915.

Il ne semble pas y avoir d'inconvénient à ce que l'acte contenant déclaration de reconnaissance aux fins de légitimation d'un enfant adultérin après mariage de ses auteurs, par application des dispositions transitoires, indique les circonstances qui autorisent cette légitimation par une référence à l'un des trois cas prévus par l'article 331, paragraphe 3, du Code civil. Cette façon de procéder n'entraînera pas de divulgations préjudiciables aux intéressés, car, dans la pratique, il n'est délivré aucune expédition des actes de reconnaissance, mais seulement des expéditions des actes de naissance et de mariage lorsque l'on veut prouver une légitimation.

Par contre, dans la mention marginale, qui fait corps avec l'acte de naissance, rien ne doit rappeler le caractère adultérin de la filiation.

La mention marginale pourra, dans l'hypothèse ici envisagée, être rédigée conformément à la formule suivante :

« Légitimé (e) par déclaration des époux Jules Benoît et Louise Durand, faite (en cette mairie, en la mairie de...), le trente juin mil neuf cent dix-sept.

« Le .....mil neuf cent dix-sept.

Le Maire (le Greffier).
(Signature.)

3° *Légitimation hors mariage par application de la loi du 7 avril 1917.* — Sur ce point, il suffira de se référer aux indications déjà fournies en ce qui concerne les enfants naturels simples.

Nous ajouterons seulement que, d'une façon générale, qu'il s'agisse d'enfants naturels simples ou d'enfants adultérins, pour l'application de la loi du 7 avril 1917, la correspondance ou les documents certains susceptibles d'établir de la part des auteurs d'un enfant né hors mariage une évidente volonté de se marier et de légitimer cet enfant, présentent une importance capitale.

Lorsque des pièces de cette nature sont trouvées sur le corps d'un militaire décédé, il échet, en conséquence, de prendre toutes mesures utiles pour assurer leur conservation et pour permettre éventuellement aux divers intéressés de s'en prévaloir respectivement.

A cet effet, mon Département s'est mis d'accord avec le ministère de la guerre pour préconiser les mesures suivantes :

a) S'il s'agit d'un acte de dernière volonté, d'une sorte de testament, il ne paraît pas douteux qu'il convienne de faire parvenir ce document au président du tribunal du lieu de l'ouverture de la succession, en vue d'en faire ordonner le dépôt aux minutes d'un notaire;

b) Si les documents trouvés sur le militaire portent des indications révélant sans aucune équivoque la volonté d'en maintenir ou d'en transmettre la propriété exclusive à une personne déterminée comme la mention : « papiers appartenant à X... » ou « pour remettre à Z... en cas de mort », il convient de les faire parvenir directement à l'intéressé, la volonté du défunt à cet égard devant être avant tout respectée.

c) Si, au contraire, il s'agit d'une lettre, soit ouverte, soit même mise sous une enveloppe fermée et portant une adresse, il n'est pas certain que le défunt ait eu jusqu'au dernier moment la volonté irrévocable de faire parvenir cette lettre au destinataire, car, tant qu'il conservait ladite lettre en sa possession, il pouvait encore se raviser. Dans ces hypothèses, il semble qu'il y ait lieu, en s'inspirant des dispositions des articles 919 et 943, paragraphe 9, du Code de procédure civile, de faire parvenir la lettre au président du tribunal qui en fera l'ouverture en présence ou en tout cas, après appel des intéressés, et qui en ordonnera, s'il échet, le dépôt entre les mains d'une personne désignée d'accord par lesdits intéressés ou, à défaut, d'office par ce magistrat.

En ce qui touche les frais afférents aux procédures visées dans les cas qui précèdent, il apparaît qu'il pourra être fait application des dispositions de ma circulaire du 12 décembre 1916 qui prévoit l'enregistrement en débet et le visa pour timbre des ordonnances de dépôt et des procès-verbaux relatifs aux testaments olographes trouvés sur des militaires ou recueillis par l'autorité militaire. Pour jouir de cette faveur, il est toutefois nécessaire que ces ordonnances et procès-verbaux aient été l'objet d'une réquisition du ministère public. Il importera donc, à cet égard, que ce dernier soit toujours avisé en temps opportun des procédures sur le point d'être diligentées, afin qu'il puisse, s'il y a lieu, prendre toutes réquisitions utiles.

Je vous prie de vouloir bien communiquer les présentes instructions aux présidents et aux chefs des parquets de votre ressort en les invitant à en donner connaissance aux membres des tribunaux et aux avoués, ainsi qu'aux maires de leur arrondissement.

II. — Nationalité.

1° Dispositions générales.

Loi sur la nationalité (modifiée par les lois des 22 juillet 1893 et 5 mars 1895.)

Paris, le 26 juin 1889.

Le Sénat et la Chambre des députés ont adopté,
Le Président de la République promulgue la loi dont la teneur suit : ·

Art. 1er. Les articles 7, 8, 9, 10, 12, 13, 17, 18, 19, 20 et 21 du Code civil sont modifiés ainsi qu'il suit :

« Art. 7. L'exercice des droits civils est indépendant de l'exercice des droits politiques, lesquels s'acquièrent et se conservent conformément aux lois constitutionnelles et électorales.

« Art. 8. Tout Français jouira des droits civils.

« Sont Français :

« 1° Tout individu né d'un Français en France ou à l'étranger,

« L'enfant naturel dont la filiation est établie pendant la minorité, par reconnaissance ou par jugement, suit la nationalité de celui des parents à l'égard duquel la preuve a d'abord été faite. Si elle résulte pour le père ou la mère du même acte ou du même jugement, l'enfant suivra la nationalité du père ;

« 2° Tout individu né en France de parents inconnus ou dont la nationalité est inconnue ;

Nouvelle rédaction du 3° (Loi du 22 juillet 1893).

« Est Français . . . .

« 3° Tout individu né en France de parents étrangers dont l'un y est lui-même né, sauf la faculté pour lui, si c'est la mère qui est née en France, de décliner, dans l'année qui suivra sa majorité la qualité de Français, en se conformant aux dispositions du paragraphe 4 ci-après.

— 118 —

« L'enfant naturel pourra, aux mêmes conditions que l'enfant légitime, décliner la qualité de Français quand le parent qui est né en France n'est pas celui dont il devrait, aux termes du paragraphe 1er, deuxième alinéa, suivre la nationalité.

« Les individus auxquels l'article 8, paragraphe 3 modifié, réserve la faculté de réclamer la qualité d'étranger et qui auront atteint leur majorité à l'époque de la promulgation de la présente loi, pourront réclamer cette qualité, en remplissant les conditions prescrites, dans le délai d'un an à partir de cette promulgation.

« 4° Tout individu né en France d'un étranger et qui, à l'époque de sa majorité, est domicilié en France, à moins que, dans l'année qui suit sa majorité, telle qu'elle est réglée par la loi française, il n'ait décliné la qualité de Français et prouvé qu'il a conservé la nationalité de ses parents par une attestation en due forme de son gouvernement, laquelle demeurera annexée à la déclaration, et qui n'ait en outre produit, s'il y a lieu, un certificat constatant qu'il a répondu à l'appel sous les drapeaux, conformément à la loi militaire de son pays, sauf les exceptions prévues aux traités (1) ;

« 5° Les étrangers naturalisés.

« Peuvent être naturalisés :

« 1° Les étrangers qui ont obtenu l'autorisation de fixer leur domicile en France, conformément à l'article 13 ci-dessous, après trois ans de domicile en France, à dater de l'enregistrement de leur demande au ministère de la justice ;

« 2° Les étrangers qui peuvent justifier d'une résidence non interrompue pendant dix années.

« Est assimilé à la résidence en France le séjour en pays étranger pour l'exercice d'une fonction conférée par le gouvernement français ;

« 3° Les étrangers admis à fixer leur domicile en France, après un an, s'ils ont rendu des services importants à la France, s'ils y ont apporté des talents distingués, ou s'ils y ont introduit soit une industrie, soit des inventions utiles, ou s'ils ont créé soit des établissements industriels ou autres, soit des exploitations agrico-

____

(1) Voir page 158, la loi du 3 juillet 1917 concernant la faculté d'option des fils d'étrangers nés en France.

les, ou s'ils ont été attachés, à un titre quelconque, au service militaire dans les colonies et les protectorats français ;

« 4° L'étranger qui a épousé une Française, aussi après une année de domicile autorisé.

« Il est statué par décret sur la demande de naturalisation, après une enquête sur la moralité de l'étranger.

« Art. 9. Nouvelle rédaction (Loi du 22 juillet 1893).

« Tout individu né en France d'un étranger et qui n'y est pas domicilié à l'époque de sa majorité pourra, jusqu'à l'âge de vingt-deux ans accomplis, faire sa soumission de fixer en France son domicile, et, s'il l'y établit dans l'année à compter de l'acte de soumission, réclamer la qualité de Français par une déclaration qui sera, à peine de nullité, enregistrée au ministère de la justice.

« L'enregistrement sera refusé s'il résulte des pièces produites que le déclarant n'est pas dans les conditions requises par la loi, sauf à lui à se pourvoir devant les tribunaux civils, dans la forme prescrite par les articles 855 et suivants du Code de procédure civile.

« La notification motivée du refus devra être faite au réclamant dans le délai de deux mois à partir de sa déclaration.

« L'enregistrement pourra en outre être refusé, pour cause d'indignité, au déclarant qui réunirait toutes les conditions légales ; mais, dans ce cas, il devra être statué, le déclarant dûment avisé, par décret rendu sur l'avis conforme du Conseil d'Etat, dans le délai de trois mois à partir de la déclaration ou, s'il y a eu contestation, du jour où le jugement qui a admis la réclamation est devenu définitif.

« Le déclarant aura la faculté de produire devant le Conseil d'Etat des pièces et des mémoires.

« A défaut des notifications ci-dessus visées dans les délais susindiqués, et à leur expiration, le Ministre de la justice remettra au déclarant, sur sa demande, une copie de sa déclaration, revêtue de la mention de l'enregistrement.

« La déclaration produira ses effets du jour où elle aura été faite, sauf l'annulation qui pourra résulter du refus d'enregistrement.

« Les règles relatives à l'enregistrement prescrites par les paragraphes 2 et 3 du présent article sont applicables aux déclarations faites en vue de décliner la nationalité française, conformément à l'article 8, paragraphes 3 et 4, et aux articles 12 et 18.

« Les déclarations faites soit pour réclamer, soit pour décliner la qualité de Français, doivent, après enregistrement, être insérées au *Bulletin des lois*. Néanmoins, l'omission de cette formalité ne pourra pas préjudicier aux droits des déclarants.

« Si l'individu qui réclame la qualité de Français est âgé de moins de vingt et un ans accomplis, la déclaration sera faite en son nom par son père; en cas de décès, par sa mère; en cas de décès du père et de la mère ou de leur exclusion de la tutelle, ou dans les cas prévus par les articles 141, 142 et 143 du Code civil, par le tuteur autorisé par délibération du conseil de famille.

« Il devient également Français si, ayant été porté sur le tableau de recensement, il prend part aux opérations du recrutement sans opposer son extranéité.

« Art. 10. Tout individu né en France ou à l'étranger de parents dont l'un a perdu la qualité de Français pourra réclamer cette qualité à tout âge, aux conditions fixées par l'article 9, à moins que, domicilié en France et appelé sous les drapeaux, lors de sa majorité, il n'ait revendiqué la qualité d'étranger.

.... (1).

« Art. 12. L'étrangère qui aura épousé un Français suivra la condition de son mari.

« La femme mariée à un étranger qui se fait naturaliser Français et les enfants majeurs de l'étranger naturalisé pourront, s'ils le demandent, obtenir la qualité de Français, sans condition de stage, soit par le décret qui confère cette qualité au mari ou au père ou à la mère, soit comme conséquence de la déclaration qu'ils feront dans les termes et sous les conditions de l'article 9.

« Deviennent Français les enfants mineurs d'un père ou d'une mère survivant qui se font naturaliser Français, à moins que, dans

---

(1) Code civil, art. 11. L'étranger jouira en France des mêmes droits civils que ceux qui sont ou seront accordés aux Français par les traités de la nation à laquelle cet étranger appartiendra.

l'année qui suivra leur majorité, ils ne déclinent cette qualité en se conformant aux dispositions de l'article 8, paragraphe 4.

« Art. 13. L'étranger qui aura été autorisé par décret à fixer son domicile en France y jouira de tous les droits civils.

« L'effet de l'autorisation cessera à l'expiration de cinq années, si l'étranger ne demande pas la naturalisation, ou si la demande est rejetée.

« En cas de décès avant la naturalisation, l'autorisation et le temps de stage qui a suivi profiteront à la femme et aux enfants qui étaient mineurs au moment du décret d'autorisation.

. . . . (1).

« *Art. 16.* (Nouvelle rédaction, loi du 5 mars 1895.) En toutes matières, l'étranger qui sera demandeur principal ou intervenant sera tenu de donner caution pour le payement des frais et dommages-intérêts résultant du procès, à moins qu'il ne possède en France des immeubles d'une valeur suffisante pour assurer ce payement.

« Art. 17. Perdent la qualité de Français :

« 1° Le Français naturalisé à l'étranger ou celui qui acquiert sur sa demande la nationalité étrangère par l'effet de la loi.

« S'il est encore soumis aux obligations du service militaire pour l'armée active, la naturalisation à l'étranger ne fera perdre la qualité de Français que si elle a été autorisée par le gouvernement français ;

« 2° Le Français qui a décliné la nationalité française dans les cas prévus au paragraphe 4 de l'article 8 et aux articles 12 et 18 ;

« 3° Le Français qui, ayant accepté des fonctions publiques conférées par un gouvernement étranger, les conserve nonobstant l'injonction du gouvernement français de les résigner dans un délai déterminé ;

------

(1) Code civil, art. 14. L'étranger, même non résidant en France, ne pourra citer devant les tribunaux français, pour l'exécution des obligations par lui contractées en France avec un Français ; il pourra être traduit devant les tribunaux de France, pour les obligations par lui contractées en pays étranger envers des Français.

Art. 15. Un Français pourra être traduit devant un tribunal de France, pour des obligations par lui contractées en pays étranger, même avec un étranger.

« 4° Le Français qui, sans autorisation du gouvernement, prend du service militaire à l'étranger, sans préjudice des lois pénales contre le Français qui se soustrait aux obligations de la loi militaire.

« Art. 18. Le Français qui a perdu sa qualité de Français peut la recouvrer pourvu qu'il réside en France, en obtenant sa réintégration par décret. La qualité de Français pourra être accordée par le même décret à la femme et aux enfants majeurs s'ils en font la demande. Les enfants mineurs du père ou de la mère réintégrés deviennent Français, à moins que, dans l'année qui suivra leur majorité, ils ne déclinent cette qualité en se conformant aux dispositions de l'article 8, paragraphe 4.

« Art. 19. La femme française qui épouse un étranger suit la condition de son mari, à moins que son mariage ne lui confère pas la nationalité de son mari, auquel cas elle reste Française. Si son mariage est dissous par la mort du mari ou le divorce, elle recouvre la qualité de Française, avec l'autorisation du gouvernement, pourvu qu'elle réside en France ou qu'elle y rentre, en déclarant qu'elle veut s'y fixer.

« Dans le cas où le mariage est dissous par la mort du mari, la qualité de Français peut être accordée par le même décret de réintégration aux enfants mineurs, sur la demande de la mère, ou par un décret ultérieur si la demande en est faite par le tuteur avec l'approbation du conseil de famille.

« Art. 20. Les individus qui acquerront la qualité de Français dans les cas prévus par les articles 9, 10, 18 et 19 ne pourront s'en prévaloir que pour les droits ouverts à leur profit depuis cette époque.

« Art. 21. Le Français qui, sans autorisation du gouvernement, prendrait du service militaire à l'étranger, ne pourra rentrer en France qu'en vertu d'une permission accordée par décret, et recouvrer la qualité de Français qu'en remplissant les conditions imposées en France à l'étranger pour obtenir la naturalisation ordinaire. »

Art. 2. La présente loi est applicable à l'Algérie et aux colonies de la Guadeloupe, de la Martinique et de la Réunion.

Continueront toutefois de recevoir leur application, le sénatus-consulte du 14 juillet 1865 et les autres dispositions spéciales à la naturalisation en Algérie.

Art. 3. L'étranger naturalisé jouit de tous les droits civils et politiques attachés à la qualité de citoyen français. Néanmoins, il n'est éligible aux assemblées législatives que dix ans après le décret de naturalisation, à moins qu'une loi spéciale n'abrège ce délai. Le délai pourra être réduit à une année.

Les Français qui recouvrent cette qualité après l'avoir perdue acquièrent immédiatement tous les droits civils et politiques, même l'éligibilité aux assemblées législatives.

Art. 4. Les descendants des familles proscrites lors de la révocation de l'édit de Nantes continueront à bénéficier des dispositions de la loi du 15 décembre 1790, mais à la condition d'un décret spécial pour chaque demandeur. Ce décret ne produira d'effet que pour l'avenir.

Art. 5. Pour l'exécution de la présente loi, un règlement d'administration publique déterminera : 1° les conditions auxquelles ses dispositions seront applicables aux colonies autres que celles dont il est parlé à l'article 2 ci-dessus, ainsi que les formes à suivre pour la naturalisation de faveur, dans les cas prévus par les articles 9 et 10 du Code civil, ainsi qu'à la renonciation à la qualité de Français, dans les cas prévus par les articles 8 (paragraphe 4), 12 et 18.

Art. 6. Sont abrogés les décrets des 6 avril 1809 et 26 août 1811 ; les lois des 22 mars 1849, 7 février 1851, 29 juin 1867, 16 décembre 1874, 14 février 1882, 23 juin 1883, et toutes les dispositions contraires à la présente loi.

DISPOSITIONS TRANSITOIRES.

Toute admission à domicile obtenue antérieurement à la présente loi sera périmée si, dans un délai de cinq années à compter de la promulgation, elle n'a pas été suivie d'une demande en naturalisation, ou si la demande en naturalisation a été rejetée.

La présente loi, délibérée et adoptée par le Sénat et par la Chambre des députés, sera exécutée comme loi de l'Etat.

Circulaire du Garde des sceaux, Ministre de la justice, fixant les règles à suivre pour l'application de la loi sur la nationalité.

Paris, le 28 août 1893.

Monsieur le Procureur général,

La circulaire de l'un de mes prédécesseurs en date du 23 août 1889 a appelé votre attention, celle de vos substituts et des juges de paix sur les dispositions de la loi du 26 juin 1889 qui admettent, dans certains cas, l'acquisition de la qualité de Français, par voie de simple déclaration, et qui, dans certains autres, permettent de décliner, dans la même forme, notre nationalité. La loi nouvelle du 22 juillet 1893, qui modifie les articles 8, paragraphe 3, et 9 du Code civil, a apporté à la législation antérieure de graves changements, que j'ai le devoir de vous signaler. D'un autre côté, la pratique suivie depuis 1889 a fourni, sur l'un et l'autre point, des enseignements qu'il convient de mettre à profit. C'est pourquoi il m'a paru utile de préciser à nouveau l'ensemble des règles qui devront être suivies désormais pour l'exacte application de cette partie si importante de notre législation sur la nationalité.

I. — RÈGLES COMMUNES A TOUTES LES DÉCLARATIONS FAITES EN VUE SOIT DE RÉCLAMER, SOIT DE DÉCLINER LA QUALITÉ DE FRANÇAIS.

(Art. 9 nouveau, §§ 1, 2, 3, 6, 7, 8 et 9.)

Le Code civil et les lois postérieures qui l'ont successivement modifié n'avaient réglé ni les formes ni les moyens de conservation des déclarations de nationalité. Elles étaient faites dans les mairies, qui, pour la plupart, n'en tenaient pas registre et les inscrivaient sur des feuilles volantes exposées à toutes les chances de destruction ou de perte. Une circulaire de M. le Ministre de l'intérieur, en date du 24 mars 1881, avait, il est vrai, prescrit la tenue, dans toutes les municipalités, d'un registre spécial destiné à contenir ces sortes de déclarations; en outre, une circulaire adressée par l'un de mes prédécesseurs aux préfets, le 20 octobre 1888, invitait les maires à transmettre à la chancellerie une copie de toutes les déclarations reçues par eux. En cherchant à assurer ainsi le contrôle et la centralisation de ces actes, on avait voulu en premier lieu les soumettre à un examen juridique et rejeter ceux qui auraient été souscrits en dehors des cas prévus par la loi, en second lieu assurer mieux la preuve de la nationalité des déclarants et ne plus leur permettre d'invoquer leur option ou de la dissimuler, suivant leur intérêt du moment. Mais ces prescriptions purement administratives n'avaient pas suffi pour atteindre le double but poursuivi. C'est pourquoi la loi du 26 juin 1889 et le règlement d'administration publique du 13 août suivant ont organisé une procédure nouvelle. Aux termes de l'article 6 du décret du 13 août 1889, les déclarations souscrites, soit pour acquérir, soit pour répudier la qualité de Français, sont reçues par le juge de paix du canton dans lequel réside le déclarant. Les magistrats cantonaux ont paru plus compétents que la majorité des maires dans une matière d'ordre essentiellement juridique, qui soulève parfois de délicates questions d'interprétation et d'application. Les déclarations peuvent être faites par mandataires en vertu de procuration spéciale et authentique. Elles doivent être dressées en double exemplaire sur papier timbré. Le déclarant est assisté de deux témoins qui certifient son identité; il doit produire, à l'appui de sa déclaration, toutes les justifications nécessaires, en y joignant son acte de naissance, et, le cas échéant, son acte de mariage et les actes de naissance de ses enfants mineurs, avec la traduction de ces actes s'ils sont en langues étrangères.

Les deux exemplaires de la déclaration et les pièces justificatives sont immédiatement adressés par le juge de paix au procureur de la République, qui les transmet sans délai au Ministre de la justice. (Art. 7 du décret précité.)

La déclaration est inscrite à la chancellerie sur un registre spécial; l'un des exemplaires est conservé dans les archives, et l'autre renvoyé à l'intéressé avec la mention de l'enregistrement. (Art. 8 du décret.)

Si ces prescriptions législatives et réglementaires avaient été rigoureusement observées, et surtout si leur méconnaissance avait entraîné une sanction efficace, il n'est pas douteux que le résultat cherché aurait été obtenu. Mais la jurisprudence, appelée à se prononcer sur la valeur des déclarations de nationalité faites devant les juges de paix et non enregistrées au ministère de la justice, avait décidé que l'enregistrement n'était qu'une simple formalité administrative dont l'omission n'empêchait pas la déclaration de produire tous ses effets. (Cour de Douai, 6 décembre 1890 et, sur pourvoi, Cassation, rejet, 26 décembre 1891.) Il en résultait que la qualité de Français pouvait être acquise ou perdue sans que la chancellerie en fût informée et sans que les parties intéressées aient aucun moyen de connaître ce changement de nationalité.

Pour remédier aux inconvénients certains de cet état de choses, la loi nouvelle a consacré un moyen aussi simple qu'efficace. Elle frappe de nullité toute déclaration qui n'aurait pas été enregistrée au ministère de la justice, c'est-à-dire qu'elle ajoute à la formalité de l'enregistrement la sanction qui, jusqu'alors, lui avait fait défaut.

Cette formalité ne sera pas néanmoins arbitraire et facultative pour le gouvernement. Elle ne pourra être refusée que dans deux hypothèses : 1° si le déclarant n'est pas dans les conditions requises par la loi ; 2° pour cause d'indignité. Ce second cas spécial aux déclarations faites en vue d'acquérir la nationalité française sera examiné dans le paragraphe suivant. Le premier est commun aux déclarations d'acquisition ou de répudiation de la qualité de Français.

Désormais, toutes les déclarations pourront être soumises à un examen attentif et compétent au point de vue de leur régularité juridique, et il sera possible de refuser les déclarations illégales dont la réception n'avait d'autre effet que d'induire les intéressés en erreur sur leur nationalité véritable.

La chancellerie n'entend pas d'ailleurs usurper les pouvoirs qui n'appartiennent qu'aux tribunaux, souverains juges en matière de nationalité. Si une déclaration lui paraît avoir été faite par un individu qui ne réunirait pas les conditions prévues par l'article de loi qu'il invoque, elle lui notifiera son refus d'enregistrement, et si l'intéressé n'accepte pas cette décision, il aura la faculté de soumettre le litige aux tribunaux. Dans le but de rendre ce recours à l'autorité judiciaire plus facile et moins onéreux, l'article 9 dispose dans son paragraphe 2 que la procédure à suivre sera celle qui est prescrite par les articles 855 et suivants du Code de procédure civile, en matière de rectification d'actes de l'état civil. L'instance sera introduite par une requête présentée au président du tribunal, et il sera statué sur le rapport d'un juge et sur les conclusions du ministère public. L'article 858 sera applicable en cas d'appel du jugement.

Si la réclamation du déclarant est admise, l'enregistrement est opéré sur le vu du jugement ou de l'arrêt. Si elle est rejetée, le refus de l'enregistrement devient définitif et le déclarant reste étranger.

La loi a pris soin de fixer le délai dans lequel le Ministre de la justice devra faire connaître son refus d'enregistrement : « La notification motivée du refus devra être faite au réclamant dans le délai de deux mois à partir de sa déclaration. » (Art. 9, § 3.) Si le délai légal expire sans que le refus ait été signifié, le déclarant sera en droit d'exiger la remise du double de sa déclaration et la preuve que la formalité essentielle de l'enregistrement a été accomplie. « A défaut des notifications ci-dessus visées dans les délais susindiqués, et à leur expiration, le Ministre de la justice remettra au déclarant, sur sa demande, une copie de sa déclaration revêtue de la mention d'enregistrement. » (Art. 9, § 6.)

Ces dispositions nouvelles appellent, pour leur exacte application, des précautions particulières sur lesquelles je vous prie d'appeler tout spécialement l'attention de vos substituts et des magistrats cantonaux.

D'une part, il importe de fournir à l'intéressé les moyens de prouver la date de sa déclaration. Outre que cette date est le point de départ du délai de deux mois imparti à ma chancellerie pour faire connaître son refus d'enregistrement, elle intéresse au plus haut point le déclarant, puisque l'article 9, paragraphe 7, dispose que : « La déclaration produira ses effets du jour où elle aura été faite, sauf l'annulation qui pourra résulter du refus d'enregistrement. » En conséquence, le juge de paix devra remettre au comparant, au moment où il recevra sa déclaration, un récépissé constatant l'accomplissement de cette formalité. Il convient toutefois de se préoccuper des usages abusifs qui pourraient être faits de ce récépissé et de les prévenir. Dans ce but, on y énoncera expressément qu'il est valable pour deux mois seulement, et qu'à l'expiration de ce délai, il sera considéré comme nul et non avenu, et que la preuve de la déclaration ne pourra résulter que de l'acte lui-même revêtu de la mention de l'enregistrement.

En second lieu, il n'est pas moins nécessaire de procurer à la chancellerie la preuve que le refus d'enregistrement a été signifié par elle dans le délai de la loi. Lors donc qu'une déclaration me paraîtra illégalement souscrite, j'en aviserai le procureur de la République par une dépêche motivée, qui sera transmise au juge de paix compétent. Ce magistrat en remettra copie au déclarant et dressera un procès-verbal de cette notification, qui me sera adressé sans retard par l'entremise du parquet de première instance.

En troisième lieu et enfin, puisque la sanction de nullité est attachée au défaut d'enregistrement et puisque, après l'expiration d'un délai de deux mois, ma chancellerie est tenue d'enregistrer les déclarations même irrégulières, il est indispensable d'assurer la transmission exacte et en temps utile de toutes les déclarations. Je dois, dans ce but, organiser des moyens de surveillance nouveaux. Dans chaque parquet, il sera ouvert un registre spécial conforme au modèle ci-après et sur lequel seront inscrites, par ordre de dates, toutes les déclarations de nationalité reçues des juges de paix de l'arrondissement et transmises à mon Département.

NUMÉROS D'ORDRE.	NOMS des DÉCLARANTS	PRÉ- NOMS.	INDIQUER SI LA DÉCLARATION est faite : 1° Pour acquérir; 2° Pour répudier.	ARTICLES du Code civil appliqués.	CANTON où la déclaration a été reçue.	DATE de la déclaration.	DATE de la transmission à la chancellerie	OBSERVATIONS.

Tous les mois, et du 1er au 10 de chaque mois, le procureur de la République devra me transmettre directement un état reproduisant fidèlement ces diverses énonciations. La comparaison de ces états mensuels avec les registres de la chancellerie me permettra de vérifier si toutes les déclarations me sont bien parvenues. J'ajoute que les notifications de refus devront être mentionnées aux registres des parquets, dans la colonne des observations.

Les déclarations de nationalité, qui intéressent à la fois l'Etat, les déclarants et les tiers, étaient jusqu'à ce jour rendues publiques par des insertions trimestrielles au *Bulletin officiel* du ministère de la justice : elles seront désormais publiées tous les mois dans la partie supplémentaire du *Bulletin des lois*. L'omission de cette formalité ne pourra pas d'ailleurs préjudicier aux droits des déclarants. (Art. 9, § 9.)

II. — RÈGLES SPÉCIALES AUX DÉCLARATIONS FAITES EN VUE D'ACQUÉRIR LA NATIONALITÉ FRANÇAISE.

(Art. 9, §§ 4, 5 et 6.)

A la différence de la naturalisation par décret, que le gouvernement a la faculté de concéder ou de refuser après enquête, la naturalisation de faveur, résultant d'une simple déclaration de l'intéressé, qui réclame la qualité de Français, est acquise de plein droit, sans rejet possible par l'autorité publique. L'expérience a démontré que ce système absolu n'était pas sans danger. On a vu des individus auxquels leur inconduite notoire ou leurs antécédents judiciaires auraient fait certainement refuser la naturalisation, ou qui même pour ces motifs avaient été expulsés de notre territoire, ou qui avaient porté les armes contre la France, ou dont la présence dans notre pays pouvait compromettre la sécurité nationale, souscrire des déclarations qui ne pouvaient être contestées au point de vue de leur légalité, et qui, au cas d'expulsion, frappaient d'inefficacité la mesure prise contre eux.

Il a paru indispensable, tout en respectant, en principe, le système des déclarations, d'armer le gouvernement contre l'intrusion d'individus dont la conduite passée est une menace pour l'ordre, pour la moralité et pour la sûreté publiques. C'est pourquoi la loi nouvelle a permis de refuser l'enregistrement, pour cause d'indignité, au déclarant qui réunirait toutes les conditions légales, mais dont la naturalisation paraîtrait, à raison de ses antécédents connus, devoir être préjudiciable aux intérêts français.

Toutefois, le refus d'enregistrement dans cette hypothèse est incontestablement une mesure grave puisqu'il fait échec au droit d'acquérir la nationalité française par simple déclaration. Aussi la loi a-t-elle pris soin d'entourer de garanties spéciales le droit nouveau qu'elle confère au gouvernement.

Le refus d'enregistrement ne pourra être prononcé que par décret du Président de la République rendu sur l'avis conforme du Conseil d'Etat. Ce décret devra intervenir dans le délai de trois mois à partir de la déclaration ou, s'il y a eu contestation devant les tribunaux civils, du jour où le jugement qui a admis la réclamation est devenu définitif. Le déclarant doit être avisé du renvoi de l'affaire à l'examen du Conseil d'Etat, car bien que la matière ne soit pas contentieuse, la loi, pour sauvegarder la liberté de la défense, permet de produire des pièces et des mémoires.

Pour que je puisse exercer utilement la surveillance qui m'est ainsi confiée, il sera nécessaire que chaque déclaration faite en vue d'acquérir la nationalité française soit désormais accompagnée du bulletin n° 2 du casier judiciaire concernant l'intéressé. En outre, toutes les fois que les juges de paix estimeront que le déclarant est indigne d'être admis parmi nos nationaux, ils devront joindre aux actes par eux transmis un rapport précis et circonstancié sur sa conduite, sa moralité et sa réputation. Ces renseignements devront être contrôlés par le procureur de la République, qui me les fera parvenir avec son avis. Je n'ai pas besoin de m'appesantir sur le soin scrupuleux qui devra présider à ces sortes d'enquêtes, qui sont destinées à former le principal élément d'appréciation pour ma chancellerie et pour le Conseil d'Etat. Dans le cas où je croirai devoir saisir cette assemblée d'une proposition de refus d'enregistrement, j'en donnerai avis au procureur de la République, qui le fera notifier à l'intéressé par l'entremise du juge de paix et qui m'adressera sans retard le procès-verbal de notification dressé par ce magistrat.

Comme la décision doit intervenir dans le délai de trois mois à compter de la déclaration et, comme à l'expiration de ce délai, je serai tenu de délivrer à l'intéressé, sur sa demande, une copie de sa déclaration revêtue de la mention d'enregistrement, j'insiste, en terminant, sur la célérité nécessaire de l'enquête et sur l'urgence des transmissions.

III. — Déclarations faites en vue d'acquérir la nationalité française.

PREMIER CAS.
Application de l'article 9, § 1, du Code civil.

Aux termes de l'article 9 du Code civil, « tout individu né en France d'un étranger et qui n'y est pas domicilié à l'époque de sa majorité, pourra, jusqu'à l'âge de 22 ans accomplis, faire sa soumission de fixer en France son domicile et, s'il l'y établit dans l'année à compter de l'acte de soumission, réclamer la qualité de Français par une déclaration qui sera enregistrée au ministère de la justice ».

Pour que l'étranger puisse se prévaloir de cette disposition, quatre conditions doivent se trouver réunies :

1° Il faut que le déclarant soit né de père et de mère nés à l'étranger. C'est pourquoi la déclaration par lui souscrite devra énoncer d'une façon exacte et complète l'état civil des parents, c'est-à-dire leurs noms, prénoms, dates et lieux de naissance. Ces indications seront corroborées par la production de l'acte de mariage des père et mère, et, si cet acte ne contenait pas toutes les indications utiles, le juge de paix devrait exiger, pour le compléter, les actes de naissance de chacun des parents ;

2° Le déclarant doit être né en France et en justifier par la production de son acte de naissance. Peu importe, d'ailleurs, que le lieu de sa naissance soit situé sur le sol métropolitain ou dans l'une de nos colonies ;

3° Il faut que le déclarant ne soit pas domicilié en France au moment de sa majorité, telle qu'elle est fixée par la loi française. Cette circonstance doit être expressément énoncée dans la déclaration, car, si le déclarant avait son domicile en France à l'époque où il a atteint sa vingt et unième année, il ne serait plus régi par les dispositions de l'article 9, mais bien par celles de l'article 8, paragraphe 4, du Code civil ;

4° Il doit faire sa soumission de fixer son domicile en France. Cet acte de soumission ne doit pas être confondu, comme il est arrivé quelquefois, avec la déclaration de résidence qui a été exigée par le décret du 2 octobre 1888 des étrangers qui se proposent de s'établir en France. Il est reçu, en vertu de l'article 9 du décret du 16 août 1889, par l'un de nos agents diplomatiques et consulaires à l'étranger, et dressé en double exemplaire; l'un est remis à l'intéressé qui doit le représenter au juge de paix; ce magistrat, après l'avoir visé expressément dans le texte de la déclaration, aura soin de l'y annexer parmi les pièces justificatives. La seconde expédition est transmise immédiatement, par l'agent qui l'a reçue, au ministère de la justice.

La déclaration de l'article 9 peut être souscrite jusqu'à l'âge de 23 ans accomplis. La loi accorde, en effet, à l'intéressé un premier délai qui expire avec sa vingt-deuxième année pour souscrire l'acte de soumission, et la date de cet acte marque le point de départ d'un second délai d'un an pour l'établissement effectif du domicile en France et pour la déclaration en vue d'acquérir la nationalité française. Si, d'ailleurs, le déclarant venait se fixer en France avant l'accomplissement de sa vingt-deuxième année, c'est-à-dire pendant qu'il est encore dans les délais pour signer l'acte de soumission, cette formalité se trouverait, en fait, devenir superflue, et la déclaration de nationalité pourrait être immédiatement reçue sans autre formalité préalable.

Vous trouverez ci-après (modèle n° 1) la formule de déclaration à laquelle MM. les juges de paix devront se conformer, dans l'avenir, pour le cas prévu par l'article 9, paragraphe 1er.

Modèle nº 1.

DÉCLARATION
EN VUE DE RÉCLAMER LA QUALITÉ DE FRANÇAIS.
(Application de l'article 9, § 1ᵉʳ, du Code civil.)

(Cette déclaration s'applique à l'individu né en France de père et mère nés à l'étranger et qui n'est pas domicilié en France à l'époque de sa majorité.)

L'an   et le   du mois de
par-devant nous juge de paix du canton d   arrondissement d
          département d   , s'est présenté le sieur (nom, prénoms), né le   à   (profession, domicile), lequel nous a déclaré qu'il était né de (nom, prénoms, date, lieu de naissance, domicile des père et mère), mais que, n'étant pas domicilié en France à l'époque de sa majorité, il avait fait le   à   , devant M. le consul de France en cette ville, sa soumission de fixer son domicile en France dans l'année de sa déclaration et réclamait par suite aujourd'hui, en vertu de l'article 9, § 1ᵉʳ, du Code civil, la qualité de Français.

A l'appui de sa déclaration, le sieur   nous a remis :

1° Son acte de naissance;

2° L'acte de mariage de ses père et mère (original et traduction) (1);

3° L'acte de soumission dont il est parlé ci-dessus;

4° L'extrait du casier judiciaire,

Pièces qui seront annexées à la déclaration qui doit être adressée au ministère de la justice pour y être enregistrée, cette formalité étant exigée par la loi à peine de nullité.

Étaient présents :

Le sieur (nom et prénoms), âgé de   , profession de demeurant à

Et le sieur (mêmes indications),

Lesquels nous ont attesté l'individualité du comparant, ont déclaré que ce qui précède est à leur connaissance personnelle, et ont signé avec le déclarant et nous, juge de paix, après lecture faite.

---

(1) Si l'acte de mariage n'indique pas les noms, prénoms, dates et lieux de naissance des conjoints, le juge de paix doit exiger en outre les actes de naissance des père et mère.

DEUXIEME CAS.

APPLICATION DE L'ARTICLE 9, § 10, DU CODE CIVIL.

L'individu qui réunit les conditions prévues par le paragraphe 1er de l'article 9 n'est pas tenu d'attendre l'âge de la majorité pour réclamer la qualité de Français. Mais, dans ce cas, l'article 9, paragraphe 10 (ancien § 2), organise une procédure spéciale et détermine les personnes qui auront qualité pour souscrire la déclaration au nom du réclamant âgé de moins de 21 ans accomplis. C'est en premier lieu le père; en cas de décès du père, la mère; si tous les deux sont décédés ou exclus de la tutelle, ou encore dans les cas prévus par les articles 141, 142 et 143 du Code civil, le tuteur autorisé par délibération du conseil de famille.

Pour la régularité de cette déclaration, il sera nécessaire, comme dans le cas précédent, de produire l'acte de mariage des parents, et si cet acte est insuffisant pour établir leur qualité d'étrangers, c'est-à-dire s'il n'énonce pas complètement les noms, prénoms, dates et lieux de naissance des conjoints, il y aura lieu d'exiger leurs actes de naissance. On y joindra les actes de naissance des enfants mineurs au nom desquels la déclaration sera souscrite et l'extrait de leur casier judiciaire. Si la déclaration est faite par le tuteur, il devra représenter la délibération du conseil de famille qui lui a conféré le pouvoir spécial dont il a besoin à cet effet.

Enfin, et conformément à la disposition de l'article 11 du décret du 16 août 1889, la personne qui souscrira la déclaration renoncera, au nom des mineurs, au droit qui leur appartiendrait, aux termes de l'article 8, paragraphe 4, de décliner notre nationalité dans l'année de leur majorité, s'ils étaient à cette époque domiciliés en France. Il importe, en effet, au plus haut point, de fixer définitivement sur leur tête la qualité de Français et de rendre impossible pour l'avenir toute nouvelle modification de leur nationalité.

Modèle n° 2.

DÉCLARATION

EN VUE DE RÉCLAMER LA QUALITÉ DE FRANÇAIS

(Application de l'article 9, § 2.)

ET DE RENONCER ÉVENTUELLEMENT A SE PRÉVALOIR DE LA FACULTÉ
DE RÉPUDIATION PRÉVUE PAR L'ARTICLE 8, § 4 « IN FINE ».

(Cette déclaration ne peut être souscrite qu'au nom du mineur qui est né en France de père et mère nés tous deux à l'étranger et qui est actuellement domicilié en France.)

L'an   et le   du mois d
par-devant nous, juge de paix du canton d   , arrondissement d   , département d   , s'est présenté le
sieur (nom et prénoms), né le   à   (profession,
domicile), lequel nous a déclaré que son mariage avec (nom, prénoms,
date et lieu de naissance de la femme) étaient issus   enfants :

1° ⎫
2° ⎬ (Nom, prénoms, dates et lieux de naissance)
3° ⎭

et que, voulant, bien qu'ils soient encore mineurs, leur assurer la qualité de Français, il réclamait, au nom de ceux-ci, la nationalité de Français en vertu de l'article 9, § 2, du Code civil, et renonçait en tant que besoin, par avance, au droit que leur confère l'article 8, § 4, du Code civil, de décliner la nationalité française dans l'année de leur majorité.

A l'appui de sa déclaration, le sieur   nous a remis :

1° Son acte de mariage (1) (si l'acte de mariage n'indique pas les noms, prénoms, dates et lieux de naissance des conjoints, les actes de naissance doivent être exigés);

2° Les actes de naissance de ses enfants;

3° L'extrait du casier judiciaire de chacun de ses enfants.

Pièces qui seront annexées à la déclaration qui sera transmise au ministère de la justice pour y être enregistrée, cette formalité étant prescrite par la loi à peine de nullité.

Etaient présents :

1° Le sieur (nom et prénoms), âgé de   , profession d
demeurant à

2° Et le sieur (mêmes indications).

Lesquels nous ont attesté l'individualité du comparant, ont déclaré que ce qui précède est à leur connaissance personnelle, et ont signé avec le déclarant et nous, juge de paix, après lecture faite.

---

(1) Les pièces en langue étrangère doivent être accompagnées de leur traduction.

TROISIEME CAS.

APPLICATION DE L'ARTICLE 10 DU CODE CIVIL.

La faculté de réclamer la qualité de Français, sous forme de simple déclaration, est encore accordée par l'article 10 à tout individu né en France ou à l'étranger, de parents dont l'un a perdu la qualité de Français.

Pour être en droit d'invoquer la disposition de l'article 10, il faut, en premier lieu, être étranger de naissance, et, en second lieu, faire la preuve que la qualité de Français a appartenu soit au père et à la mère à un moment quelconque de leur existence, soit à l'un des deux seulement. Il n'est pas douteux, en effet, que la loi s'applique à l'individu né d'une ex-Française, aussi bien qu'à l'individu né d'un ex-Français. Elle peut être invoquée non seulement par l'individu né de parents dont *l'un* a perdu la qualité de Français, mais encore par celui dont les parents ont *tous deux* perdu notre nationalité. Il faut observer, toutefois, que le bénéfice de l'article 10 est limité à la première génération et qu'il ne s'étend pas aux petits-fils d'un ex-Français ou d'une ex-Française.

Les justifications à faire à cet égard varient suivant que le déclarant est fils d'un père qui a perdu la qualité de Français ou d'une mère qui a perdu la qualité de Française. Le déclarant doit produire dans les deux cas son acte de naissance et l'acte de mariage de ses père et mère, ou au besoin leur acte de naissance si leur état civil n'est pas complètement précisé par l'acte de mariage. Mais en outre, s'il est fils d'une ex-Française, il est tenu de représenter l'acte de naissance de sa mère et l'acte de naissance ou de mariage de son grand-père maternel. Ces documents suffiront, dans la plupart des cas, pour établir que les parents ou l'un d'eux ont été en possession de la nationalité française. Dans les hypothèses assez rares où cette preuve ne ressortirait pas avec une entière évidence des actes de l'état civil, il y aurait lieu d'exiger la production de toutes autres pièces pouvant servir à la compléter. (Voir modèles nᵒˢ 3 et 4, p. 141, 143.)

Cette première démonstration faite, il reste à établir que le père ou la mère, ou tous les deux, ont perdu la qualité de Français, et, suivant la cause qui aura produit ce résultat, l'attestation à fournir variera sans qu'il soit possible d'en déterminer d'avance la forme et la nature. Elle pourra consister, par exemple, dans la représentation de l'acte qui a conféré au père du déclarant la naturalisation en pays étranger, ou qui lui a reconnu, par l'effet de la loi et sur sa demande, une nationalité étrangère (art. 17, § 1, du Code civil), ou dans la production de la déclaration par laquelle le père aurait décliné notre nationalité, conformément au paragraphe 4 de l'article 8 et aux articles 12 et 18 du Code civil (art. 17, § 2). Dans certains cas même, aucune justification ne devra être exigée à cet égard, par exemple, lorsque la perte de la qualité de Français résultera d'un événement historique, tel qu'un démembrement de territoire. Il n'est pas douteux, en effet, que le bénéfice de l'article 10 s'étend aux enfants des individus qui ont été Français et qui ont cessé de l'être par suite de la cession d'une partie du sol national, lorsque d'ailleurs ces enfants sont nés étrangers. A ce sujet, il est utile de rappeler que la jurisprudence de la Cour de cassation, refusant aux traités d'annexion ou de séparation tout effet rétroactif, décide qu'on doit considérer comme né d'un ex-Français l'individu né d'un père étranger d'origine, devenu Français par l'effet des conquêtes de la Révolution et du premier Empire et qui a cessé de l'être par suite des stipulations des traités de 1814. Il en est de même de l'individu né, même en pays étranger, d'un Français d'origine, auquel les modifications territoriales de la France ont fait perdre la qualité de Français. (Voir modèles nᵒˢ 3 et 4, p. 141, 143.)

Au point de vue des énonciations que doit contenir la déclaration souscrite en vertu de l'article 10, il est nécessaire de distinguer suivant que le déclarant est né à l'étranger ou en France. Dans ce dernier cas, en effet, la déclaration n'est pas toujours nécessaire pour réclamer la qualité de Français, et elle est parfois impossible. L'individu né en France d'un ex-Français est Français de plein droit en vertu de l'article 8, paragraphe 4, s'il est domicilié en France à l'époque de sa majorité et s'il ne réclame pas, dans l'année suivante, la qualité d'étranger; et si, domicilié en France et appelé sous les drapeaux, lors de sa majorité, il revendique la qualité d'étranger, il est déchu du bénéfice de la loi (art. 10 *in fine*). Par conséquent, l'étranger né d'un ex-Français sur notre territoire ne doit être admis à souscrire une déclaration de nationalité que dans l'hypothèse où il n'était pas domicilié en France à l'époque de sa majorité. Tel est le motif de la disposition de l'article 10 du décret du 16 août 1889 ainsi conçu : « L'individu né en France de parents dont l'un a perdu la qualité de Français et qui réclame cette qualité en vertu de l'article 10 du Code civil doit établir quel était son domicile et celui de ses parents à l'époque de sa majorité, telle qu'elle est fixée par la loi française. » La déclaration doit donc contenir à cet égard une mention explicite, appuyée d'un certificat officiel dûment légalisé. (Voir modèle n° 4.)

J'ajoute que, dans tous les cas, et pour les motifs indiqués dans le chapitre II de la présente instruction, les déclarations doivent être accompagnées d'un extrait du casier judiciaire.

Mentions relatives aux enfants du déclarant. — Les enfants mineurs de l'individu qui souscrit les déclarations de l'article 10 deviennent Français *ipso facto*, mais cette qualité ne leur est pas définitivement acquise. Aux termes de l'article 12, paragraphe 3, du Code civil, ils peuvent la décliner dans l'année qui suit leur majorité, en se conformant aux dispositions de l'article 8, paragraphe 4.

D'autre part, si les enfants du déclarant sont nés en France d'une mère née elle-même sur notre territoire, ils sont Français en vertu de l'article 8, paragraphe 3, mais ils peuvent aussi, ainsi qu'il sera expliqué au paragraphe suivant, répudier cette qualité dans l'année de leur majorité et dans les formes de l'article 8, paragraphe 4.

Pour assurer l'unité de nationalité dans la famille et pour fixer définitivement le sort des enfants à ce point de vue, il conviendra que leur père, en usant pour lui du bénéfice de l'article 10, renonce en leur nom, conformément à la disposition de l'article 11 du décret du 16 août 1889, à la faculté de répudiation qui leur est accordée par les articles 12, paragraphe 3, et 8, paragraphe 3, du Code civil. Il devra joindre alors aux autres pièces déjà fournies par lui l'acte de naissance de chacun de ses enfants mineurs. (Voir modèles n⁰ˢ 3 et 4, p. 141, 143.)

Mention relative à la femme du déclarant. — La femme de l'individu qui souscrit la déclaration prévue par l'article 10 est à ce moment nécessairement étrangère, soit par son origine, soit par l'effet de son mariage avec un étranger (Code civil, art. 19).

La déclaration ne peut produire à son égard aucun effet, et elle ne peut devenir Française que par la naturalisation si elle est étrangère de naissance, ou par la réintégration si elle est d'origine française. Elle devra être formellement interpellée sur le point de savoir si elle entend suivre son mari dans sa nouvelle nationalité. Si elle répond affirmativement, elle remettra sa demande de naturalisation ou de réintégration rédigée sur timbre et son acte de mariage. Si elle répond négativement, la déclaration devra se borner à énoncer son refus. (Modèles 3 et 4.)

DÉCLARATION

EN VUE DE RÉCLAMER LA QUALITÉ DE FRANÇAIS.
(Application de l'article 10 du Code civil.)

Modèle A. — Individu né a l'étranger.
(Cette déclaration peut être souscrite au nom du mineur.)

L'an   et le   du mois d
par-devant nous, juge de paix du canton d   arrondissement d
          département d   s'est présenté le sieur (nom,
prénoms), né le   à   (profession, domicile),
célibataire ou époux de   ou veuf de (nom, prénoms, date et lieu
de naissance de la femme, lequel nous a déclaré que son père (1) (nom,
prénoms, date et lieu de naissance, domicile), ayant perdu la qualité de
Français en (se reporter à l'article 17 du Code civil et indiquer la cause
qui a fait perdre la qualité de Français), il réclamait la qualité de Français en vertu de l'article 10 du Code civil.

A l'appui de sa déclaration, le sieur   nous a remis :

1° Son acte de naissance (2);
2° L'acte de naissance ou de mariage de son père et toute autre pièce
nécessaire pour établir sa nationalité française;
3° L'acte de naissance ou de mariage de son grand-père paternel (quand
le père du déclarant est né après le 18 mars 1803);
4° L'extrait du casier judiciaire français;
5° La pièce qui atteste que le père a perdu la qualité de Français, quand
la perte de qualité de Français ne résulte pas d'un fait historique.

---

(1) Si c'est la mère qui a perdu la qualité de Française par son mariage : que sa mère (nom, prénoms, date et lieu de naissance) ayant perdu
la qualité de Française par son mariage, conformément aux prescriptions
de l'article 19 du Code civil, il réclamait la qualité de Français en vertu
de l'article 10 du Code civil.

A l'appui de sa déclaration, le sieur   nous a remis :

1° Son acte de naissance;
2° L'acte de mariage de ses père et mère;
3° L'acte de naissance de sa mère;
4° L'acte de naissance ou de mariage de son grand-père maternel;
5° Un extrait de son casier judiciaire;
Pièces qui seront annexées (le reste comme ci-dessus).
(2) Les pièces en langue étrangère devront être accompagnées de leur
traduction.

Enfants du déclarant nés à l'étranger ou en France d'une mère née à l'étranger.	Le sieur nous a déclaré en outre que de son mariage, étaient issus enfants. 1° 2° 3° nom, prénoms, dates et lieux de naissance des enfants, 4° et que, voulant assurer définitivement à ceux-ci la qualité de Français, qu'ils viennent d'acquérir par le fait de sa déclaration, il renonce en leur nom au droit que leur confère l'article 12, § 3 *in fine*, du Code civil de décliner cette qualité dans l'année de leur majorité. A l'appui de sa déclaration, le sieur nous a remis les actes de naissance de ses enfants ci-dessus prénommés.
Enfants du déclarant nés en France d'une mère née elle-même en France.	Le sieur nous a déclaré en outre que de son mariage étaient issus enfants. 1° 2° 3° nom, prénoms, dates et lieux de naissance des enfants, 4° et que, voulant assurer définitivement à ceux-ci la qualité de Français, il renonce en leur nom au droit que leur confère l'article 8, § 3, du Code civil, de décliner cette qualité dans l'année de leur majorité. A l'appui de sa déclaration, le sieur nous a remis les actes de naissance de ses enfants ci-dessus prénommés.
Femme du déclarant.	Ensuite est intervenue la dame (nom, prénoms, date et lieu de naissance), laquelle, mise en demeure de faire connaître si elle désirait suivre son mari dans sa nouvelle nationalité, nous a répondu *affirmativement* et a déposé entre nos mains : 1° une demande sur papier timbré tendant (à la naturalisation si elle est d'origine étrangère; à la réintégration si elle est d'origine française); 2° son acte de mariage, ou *négativement*.

Toutes les pièces ci-dessus énumérées seront annexées à la déclaration qui sera transmise au ministère de la justice pour y être enregistrée, cette formalité étant exigée par la loi à peine de nullité.

Étaient présents :

Le sieur (nom et prénoms), âgé de   profession d demeurant à

Et le sieur (mêmes indications).

Lesquels nous ont attesté l'individualité du déclarant, ont déclaré que ce qui précède est à leur connaissance personnelle, et ont signé avec le déclarant et nous, juge de paix, après lecture faite.

MODÈLE N° 4.

DÉCLARATION

EN VUE DE RÉCLAMER LA QUALITÉ DE FRANÇAIS.
(Application de l'article 10 du Code civil.)

MODÈLE B. — INDIVIDU NÉ SUR LE TERRITOIRE FRANÇAIS.

(Cette déclaration s'applique à l'individu né en France de parents nés à l'étranger et ayant perdu la qualité de Français avant sa naissance.)

L'an   et le   du mois d
par-devant nous, juge de paix du canton d   , arrondissement d
s'est présenté le sieur (nom, prénoms), né
le   à   (profession), demeurant à
célibataire ou époux de   ou veuf de (nom, prénoms, date et lieu de naissance de la femme), lequel nous a déclaré que (1) son père (nom, prénoms, date et lieu de naissance), ayant perdu la qualité de Français en (se reporter à l'article 17 du Code civil et indiquer la cause qui a fait perdre la qualité de Français), il réclamait la qualité de Français par application de l'article 10 du Code civil.

Le sieur   nous a déclaré en outre que, bien que né en France, il n'y habitait pas lors de sa majorité et qu'il n'a pas été appelé à prendre part au recrutement.

A l'appui de sa déclaration, le sieur   nous a remis :

1° Son acte de naissance (2);

2° L'acte de mariage de son père (si l'acte de mariage n'indique pas l'état civil des conjoints, il y a lieu de réclamer en outre les actes de naissance des père et mère);

---

(1) Si c'est la mère qui a perdu la qualité de Française par son mariage : que sa mère (nom, prénoms, date et lieu de naissance) ayant perdu la qualité de Française par son mariage, conformément aux dispositions de l'article 19 du Code civil, il réclamait la qualité de Français en vertu de l'article 10 du Code civil.

A l'appui de sa déclaration, le sieur   nous a remis :

1° Son acte de naissance;

2° L'acte de mariage de ses père et mère;

3° L'acte de naissance de sa mère;

4° L'acte de naissance ou de mariage de son grand-père maternel;

5° Certificat officiel dûment légalisé établissant le domicile du déclarant lors de sa majorité;

6° Un extrait de son casier judiciaire.

(2) Les pièces en langue étrangère doivent être accompagnées de leur traduction.

3° La pièce qui atteste que son père a perdu la qualité de Français;

4° Le certificat officiel dûment légalisé établissant le domicile du déclarant lors de sa majorité;

5° L'extrait du casier judiciaire.

Enfants du déclarant nés à l'étranger.

Le sieur   nous a déclaré en outre que de son mariage étaient nés à l'*étranger*   enfants.

1°
2° (nom, prénoms, dates et lieux de naissance des enfants,
3°

et que, voulant assurer définitivement à ceux-ci la qualité de Français, qu'ils viennent d'acquérir par le fait de sa déclaration, il renonce en leur nom au droit que leur confère l'article 12, § 3 *in fine*, du Code civil, de décliner cette qualité dans l'année de leur majorité.

A l'appui de sa déclaration, le sieur   nous a remis les actes de naissance de ses enfants ci-dessus prénommés.

Femme du déclarant.

Ensuite est intervenue la dame (nom, prénoms, date et lieu de naissance), laquelle, mise en demeure de faire connaître si elle désirait suivre son mari dans sa nouvelle nationalité, nous a répondu *affirmativement* et a déposé entre nos mains : 1° une demande sur papier timbré tendant (à la naturalisation si elle est d'origine étrangère; à la réintégration si elle est d'origine française); 2° son acte de mariage,

ou *négativement.*

Toutes les pièces ci-dessus énumérées seront annexées à la déclaration qui sera transmise au ministère de la justice pour y être enregistrée, cette formalité étant exigée par la loi à peine de nullité.

Etaient présents :

Le sieur (nom et prénoms), âgé de   profession d
demeurant à

Et le sieur (mêmes indications que ci-dessus).

Lesquels nous ont attesté l'individualité du déclarant, ont déclaré que ce qui précède est à leur connaissance personnelle, et ont signé avec le déclarant et nous, juge de paix, après lecture faite.

IV. — Déclarations faites en vue de décliner la nationalité française.

PREMIER CAS.

APPLICATION DE L'ARTICLE 8, § 3, NOUVEAU, DU CODE CIVIL.

L'article 8, paragraphe 3, du Code civil, attribuait d'une façon définitive et sans faculté de répudiation la qualité de Français à tout individu *né en France d'un étranger qui lui-même y était né.* On avait considéré que la naissance de deux générations successives sur notre territoire constituait une présomption suffisante de l'établissement durable de la famille en France. La Cour de cassation, par un arrêt du 7 décembre 1891, a décidé que les mots *d'un étranger qui lui-même y est né* devaient être interprétés dans un sens large et s'appliquaient aussi bien à l'enfant né en France d'une mère qui y était née elle-même qu'à l'enfant né en France d'un père né lui-même sur notre sol. Il a paru que le texte qui autorisait une pareille interprétation donnait à la mère une influence excessive sur la nationalité de ses enfants, et la loi du 22 juillet est venue y apporter une restriction nécessaire.

Le nouvel article 8, paragraphe 3, est ainsi conçu : « Est Français...... 3° Tout individu né en France de parents étrangers, dont l'un y est lui-même né ; sauf la faculté pour lui, si c'est la mère qui est née en France, de décliner, dans l'année qui suivra sa majorité, la qualité de Français, en se conformant aux dispositions du paragraphe 4 ci-après. »

Désormais, la double naissance sur le sol français du père et de l'enfant assure encore à ce dernier, comme sous l'empire de la loi du 26 juin 1889, la nationalité française d'une manière ferme et sans répudiation possible. La double naissance sur notre territoire de la mère et du fils confère aussi à celui-ci notre nationalité; mais, dans ce cas, l'enfant peut la répudier à sa majorité. Il conserve ainsi l'option entre deux nationalités vers lesquelles peuvent, suivant les cas, l'attirer sa situation personnelle, ses intérêts ou toute autre circonstance de fait.

La loi nouvelle a fixé en second lieu, à ce point de vue particulier, la condition de l'enfant naturel. En principe et aux termes de l'article 8, paragraphe 1, du Code civil, l'enfant naturel, en cas de reconnaissances successives, suit la nationalité de celui de ses auteurs à l'égard duquel sa filiation a été d'abord établie, et, en cas de reconnaissances simultanées, il suit la nationalité de son père. Cette règle est maintenue, et l'article 8, paragraphe 3, II, décide : « 1° que, si le parent dont l'enfant doit suivre la nationalité est né en France, l'enfant naturel sera Français sans faculté de répudiation; 2° que, si le parent né en France ne reconnaît l'enfant qu'en second lieu, la faculté de répudiation demeure réservée.

« L'enfant naturel pourra, aux mêmes conditions que l'enfant légitime, décliner la qualité de Français, quand le parent qui est né en France n'est pas celui dont il devrait, aux termes du paragraphe 1er, deuxième alinéa, suivre la nationalité. »

Le rapport fait à la Chambre des députés fournit à cet égard les explications suivantes, qu'il n'est pas inutile de reproduire :

« Quand l'enfant aura été reconnu d'abord par celui de ses parents qui est né en France, que ce soit le père ou que ce soit la mère, celui-ci sera Français d'une manière ferme sans qu'il puisse répudier. Il en sera de même quand les parents ayant reconnu l'enfant dans le même acte, c'est le père qui sera né en France. C'est l'application pure et simple de la loi de 1889. Dans les cas suivants, au contraire, l'enfant serait Français, mais il pourra répudier à sa majorité. C'est : 1° quand le père étranger né hors de France et la mère née en France reconnaissent tous deux l'enfant par le même acte, ou que le père le reconnaît d'abord et la mère ensuite ; 2° quand la mère étrangère qui n'est pas née en France reconnaît l'enfant la première et que le père né en France le reconnaît ensuite. »

Je dois enfin signaler spécialement la disposition transitoire qui forme l'article 2 de la loi du 22 juillet 1893. Depuis la promulgation de la loi du 26 juin 1889, un certain nombre d'individus nés en France d'une mère étrangère, qui elle-même y était née, ont répudié à leur majorité la qualité de Français. Leurs déclarations ont été rejetées comme illégales, et ceux qui les avaient souscrites ont été considérés comme Français, malgré la manifestation d'une volonté contraire ; d'autres ont cru inutile de lutter contre la doctrine établie et l'ont subie à contre-cœur.

Il a semblé qu'il ne convenait pas de retenir de force, en vertu d'une loi désormais abrogée, dans les liens de notre nationalité ceux qui désiraient s'en affranchir.

C'est pourquoi l'article 2 de la loi dispose : « Les individus auxquels l'article 8, paragraphe 3 modifié, réserve la faculté de réclamer la qualité d'étranger et qui auront atteint leur majorité à l'époque de la promulgation de la présente loi, pourront réclamer cette qualité en remplissant les conditions prescrites dans le délai d'un an, à partir de cette promulgation. »

Le texte s'applique à tous ceux qui, ayant atteint lors de la promulgation de la loi leur vingt-deuxième année, se trouveraient exclus du droit de répudiation concédé par l'article 8, paragraphe 3 nouveau. Ils pourront, quel que soit leur âge, réclamer la qualité d'étranger pendant un délai d'un an, qui a commencé à courir du jour de la promulgation de la loi, c'est-à-dire le 22 juillet 1893, et qui durera par conséquent jusqu'au 22 juillet 1894 inclusivement.

DEUXIÈME CAS.
APPLICATION DE L'ARTICLE 8, § 4, DU CODE CIVIL.

L'article 8, paragraphe 4, du Code civil déclare Français « tout individu né en France d'un étranger et qui, à l'époque de sa majorité, est domicilié en France ». Mais il lui réserve la faculté de décliner la qualité de Français dans l'année qui suit sa majorité telle qu'elle est fixée par la loi française. Les individus auxquels s'applique l'article 8, paragraphe 4, sont ceux-là mêmes auxquels s'applique l'article 9, paragraphe 1, sous une seule différence. Dans le cas de l'article 9, paragraphe 1, ils sont domiciliés à l'étranger, tandis que, dans le cas de l'article 8, paragraphe 4, ils sont domiciliés en France. C'est le fait du domicile en France qui crée pour ces derniers, au point de vue de la nationalité, une situation meilleure. Tandis que le fils né en France d'un étranger, domicilié à l'étranger à l'époque de sa majorité, est considéré comme étranger, sauf faculté d'acquérir la qualité de Français par simple déclaration, le fils né en France d'un étranger, mais domicilié en France à l'époque de sa majorité, est considéré comme Français, sauf la faculté de répudier cette qualité par simple déclaration. Le mot domicile ne doit pas être entendu d'ailleurs dans le sens rigoureusement juridique de l'article 102 du Code civil. Le texte vise, d'après la déclaration formelle du rapporteur de la loi du 26 juin 1889 à la Chambre des députés, « les individus qui, nés en France, habitent encore notre pays à leur majorité : la résidence permanente équivaut au domicile ».

TROISIÈME CAS.

APPLICATION DE L'ARTICLE 12, § 3.

« Deviennent Français, dit l'article 12, paragraphe 3, les enfants mineurs d'un père ou d'une mère survivante qui se font naturaliser Français, à moins que, dans l'année qui suivra leur majorité, ils ne déclinent cette qualité en se conformant aux dispositions de l'article 8, paragraphe 4. » L'acquisition de la qualité de Français est, pour les enfants mineurs, la conséquence naturelle de la naturalisation de leur auteur, mais ils peuvent s'affranchir de cette conséquence en usant de la faculté de répudiation que la loi leur réserve. Le texte s'applique au cas où le père et la mère se font naturaliser simultanément, au cas où le père se fait naturaliser seul du vivant de la mère et au cas où la mère se fait naturaliser après le décès de son mari. Il est inapplicable au cas où la mère se ferait naturaliser seule du vivant de son mari et, par exemple, à la suite de son divorce.

QUATRIÈME CAS.

APPLICATION DE L'ARTICLE 18 DU CODE CIVIL.

Les enfants mineurs d'un père ou d'une mère qui ont perdu la qualité de Français et qui la recouvrent en vertu d'un décret de réintégration deviennent Français, à moins que, dans l'année qui suivra leur majorité, ils ne déclinent cette qualité en se conformant aux dispositions de l'article 8, paragraphe 4 (art. 18 du Code civil). Ainsi les enfants mineurs du réintégré bénéficient de l'acquisition de la qualité de Français par le chef de la famille dans les mêmes conditions que les enfants mineurs du naturalisé. Comme ces derniers, ils deviennent Français de plein droit sous réserve de la faculté de répudiation. Il n'y a pas à distinguer d'ailleurs entre la réintégration du père et celle de la mère, sauf, en ce qui concerne celle-ci, l'exception résultant du paragraphe 2 de l'article 19. Lorsqu'une femme française a perdu cette qualité par le fait de son mariage avec un étranger, elle peut recouvrer sa nationalité d'origine par un décret de réintégration après la dissolution de son mariage. Mais si cet événement a pour cause la mort du mari, la réintégration de la mère devenue veuve n'assurera pas de plein droit à ses enfants mineurs la qualité de Français. Pour l'acquérir, ils devront être expressément compris sur la demande de la mère dans le décret de réintégration, ou faire ultérieurement l'objet d'un décret spécial si la demande en est faite par le tuteur autorisé par le conseil de famille.

Formes et conditions générales des déclarations
en vue de décliner la nationalité française.

Les divers textes qui viennent d'être énumérés et qui autorisent la répudiation de la qualité de Français par voie de déclaration renvoient tous pour les conditions à remplir et les formes à observer aux dispositions de l'article 8, paragraphe 4, du Code civil.

Les formes générales, qui sont communes à toutes les déclarations de nationalité, ont été expliquées dans le chapitre premier de la présente intruction; je n'y reviendrai pas. Je rappellerai seulement que la déclaration doit être accompagnée dans tous les cas de l'acte de naissance de l'intéressé et des actes de naissance de ses père et mère.

Quant aux conditions exigées par l'article 8, paragraphe 4, de tous ceux qui entendent décliner la qualité de Français, elles sont au nombre de deux. Le déclarant est tenu : 1° de prouver qu'il a conservé la nationalité de ses parents; 2° d'établir qu'il ne s'est pas soustrait aux obligations de la loi militaire dans son pays d'origine.

Pour satisfaire à la première exigence, il devra produire « une attestation en due forme de son gouvernement » constatant qu'il est considéré par le pays dont il se réclame comme son national.

La forme de cette attestation, l'autorité compétente pour la délivrer, ne sauraient être déterminées avec plus de précision, car elles varieront suivant les divers Etats.

Pour obéir à la seconde, il devra produire un certificat constatant qu'il a répondu à l'appel sous les drapeaux, conformément à la loi militaire de son pays, sauf les exceptions prévues aux traités. Le texte ajoute « s'il y a lieu », c'est-à-dire qu'il admet la possibilité de fournir aux lieu et place des certificats militaires d'autres justifications.

L'une et l'autre pièce devront être annexées à la déclaration et transmises avec elle au ministère de la justice en vue de la formalité essentielle de l'enregistrement. (Voir modèle n° 5.)

Il y a lieu d'observer, en terminant, que la plupart des individus qui souscrivent des déclarations de répudiation n'ont d'autre but que de se soustraire à l'application de nos lois militaires. En réclamant la qualité d'étranger au moment des opérations du recrutement, ils échappent aux obligations qui pèsent sur tous nos nationaux, et il n'est pas rare de les voir, après quelques années, alors que leur âge les affranchit du service militaire actif, rechercher à nouveau notre nationalité par la voie de la naturalisation. Ma chancellerie rejette inévitablement les demandes ainsi formées par des hommes qui obtiendraient tous les avantages attachés à la qualité de Français sans en accepter les charges. Mais il importe d'éviter aux intéressés toute surprise et de prévenir toute réclamation de leur part. Dans ce but, je désire que les juges de paix préviennent formellement les déclarants que, s'ils venaient à solliciter ultérieurement le bienfait de la naturalisation, cette faveur leur serait refusée, et la déclaration devra mentionner cet avertissement. (Modèle n° 5.)

MODÈLE N° 5.

DÉCLARATION

EN VUE DE DÉCLINER LA QUALITÉ DE FRANÇAIS.

(Application des articles 8, §§ 3 et 4, § 3 et 18 du Code civil.

(Cette déclaration peut être faite :

1° Par l'individu majeur né en France d'un père né à l'étranger et d'une mère née elle-même en France. (Application de l'art. 8, § 3, du Code civil.)

2° Par l'individu majeur né en France de père et mère nés à l'étranger et domiciliés en France à l'époque de sa majorité. (Application de l'art. 8, § 4, du Code civil.)

3° et 4° Par l'individu majeur né en France ou à l'étranger d'un père ou d'une mère survivante devenus Français par voie de naturalisation ou de réintégration.)

L'an et le du mois d par-devant nous, juge de paix du canton d arrondissement d département d s'est présenté le sieur (nom et prénoms), né le à (profession), demeurant à lequel nous a déclaré qu'étant (1) né en France de (nom, prénoms, date et lieu de naissance et domicile du père) et de (nom, prénoms, date et lieu de naissance de la mère), et y étant domicilié, il voulait décliner la qualité de Français que lui conférait l'art. 8, § 3, ou 8, § 4, du Code civil et réclamait la nationalité.

A l'appui de sa déclaration, le sieur nous a remis :

1° Son acte de naissance (2);

2° Les actes de naissance et de mariage de ses père et mère;

3° Une attestation en due forme du gouvernement du pays dont il se réclame et constatant qu'il est considéré comme son national;

4° Un certificat constatant qu'il a répondu, dans son pays d'origine, à l'appel sous les drapeaux (3).

---

(1) Devenu Français en vertu de l'article du Code civil par suite de (la naturalisation ou la réintégration dans la qualité de Français) accordée à par décret du il voulait décliner la qualité de Français et réclamait la nationalité . (Le reste comme ci-dessus, mais une copie du décret accordant la qualité de Français doit être, en outre, produite.)

(2) Les pièces en langue étrangère devront être accompagnées de leur traduction.

(3) Si, dans le pays dont se réclame le déclarant, le service militaire n'existe pas (comme en Angleterre) ou s'il en est dispensé pour ce motif qu'il appartient à une classe d'individus qui n'y est pas restreinte (comme les chrétiens en Turquie), un certificat constatant cette situation doit être produit aux lieu et place du certificat exigé sous le n° 4 ci-dessus.

Pièces qui seront annexées à la déclaration qui doit être adressée au ministère de la justice pour y être enregistrée, cette formalité étant prescrite par la loi à peine de nullité.

Etaient présents :

Le sieur (nom, prénoms, profession), demeurant à

Et le sieur (mêmes indications).

Lesquelles nous ont attesté l'individualité du comparant et ont déclaré que ce qui précède est à leur connaissance personnelle.

Avant de clore, nous avons fait observer au déclarant que, dans le cas où il solliciterait ultérieurement la naturalisation, cette faveur lui serait refusée.

Après lecture faite, le déclarant a signé avec les témoins et nous, juge de paix.

MODÈLE N° 5 *bis*.

DÉCLARATION

EN VUE DE DÉCLINER LA QUALITÉ DE FRANÇAIS.

(Application de la disposition transitoire qui forme l'article 2
de la loi du 22 juillet 1893.)

(1° Cette déclaration ne peut être faite que par les individus nés en France d'un père né à l'étranger et d'une mère née elle-même en France et qui, ayant déjà atteint leur majorité au moment de la promulgation de la loi du 22 juillet 1893, étaient considérés sous l'empire de l'ancienne législation comme Français, sans faculté de répudiation.

2° Cette déclaration ne pourra plus être faite par les individus se trouvant dans les conditions susénoncées après le 22 juillet 1894 inclusivement.)

L'an   et le   du mois d
par-devant nous, juge de paix du canton d   arrondissement
d   département de   s'est présenté le sieur (nom, prénoms, date et lieu de naissance, domicile du père) et de (nom, prénoms, date et lieu de naissance de la mère) il voulait décliner la qualité de Français en vertu de l'article 2 de la loi du 2 juillet 1893, et réclamait la nationalité.

A l'appui de sa déclaration, le sieur   nous a remis :

1° Son acte de naissance (1);

2° Les actes de naissance et de mariage de ses père et mère;

3° Une attestation en due forme du gouvernement du pays dont il se réclame et constatant qu'il est considéré comme son national;

4° Un certificat constatant qu'il a répondu, dans son pays d'origine, à l'appel sous les drapeaux (2),

Pièces qui seront annexées à la déclaration qui doit être adressée au ministère de la justice pour y être enregistrée, cette formalité étant prescrite par la loi à peine de nullité.

Etaient présents :

Le sieur (nom, prénoms, profession, demeurant à

Et le sieur (mêmes indications).

Lesquels nous ont attesté l'individualité du comparant et ont déclaré que ce qui précède est à leur connaissance personnelle.

Avant de clore, nous avons fait observer au déclarant que, dans le cas où il solliciterait ultérieurement la naturalisation, cette faveur lui serait refusée.

Après lecture faite, le déclarant a signé avec les témoins et nous, juge de paix.

---

(1) Les pièces en langue étrangère devront être accompagnées de leur traduction.

(2) Si dans le pays dont se réclame le déclarant, le service militaire n'existe pas ou s'il en est dispensé pour ce motif qu'il appartient à une classe d'individus qui n'y est pas astreinte (comme les chrétiens en Turquie), un certificat constatant cette situation doit être produit aux lieu et place du certificat exigé sous le n° 4 ci-dessus.

V. — DES RENONCIATIONS A LA FACULTÉ DE RÉPUDIATION.

Les individus auxquels la loi reconnaît la faculté de répudier la qualité de Français peuvent être admis à fixer définitivement leur nationalité en renonçant par anticipation à la faculté de répudiation. Ce droit de renonciation résulte implicitement de la disposition de l'article 9, paragraphe 10 (ancien paragraphe 2), qui autorise le mineur né en France à souscrire par l'entremise de son représentant légal une déclaration acquisitive de nationalité, et l'article 11 du décret du 13 août 1889 l'a expressément consacré en indiquant que la renonciation doit être faite au nom du mineur par les personnes désignées dans l'article 9, paragraphe 2 (aujourd'hui paragraphe 11), du Code civil.

Je me suis expliqué déjà sur l'application de ces règles aux enfants nés en France d'un étranger et qui seraient domiciliés en France au moment de leur majorité (art. 8, § 4). Elles sont les mêmes pour les enfants mineurs de naturalisés (art. 12, § 3) ou de réintégrés (art. 18, modèle n° 6). Et il n'est pas douteux qu'elles doivent, par identité de motifs, être étendues au cas nouveau de répudiation créé par la loi du 22 juillet 1893, c'est-à-dire au cas du mineur né en France d'un père né à l'étranger et d'une mère née elle-même en France (modèle n° 7).

Modèle n° 6.

DÉCLARATION

EN VUE DE RENONCER A SE PRÉVALOIR DE LA QUALITÉ D'ÉTRANGER.

FAITE SOIT AU NOM DU MINEUR PAR SON REPRÉSENTANT LÉGAL, SOIT PAR L'INTÉRESSÉ LUI-MÊME SE TROUVANT DANS L'ANNÉE DE SA MAJORITÉ.

(Application des articles 12, § 3, et 18 du Code civil.)

(Cette déclaration ne peut être faite qu'au nom du mineur devenu Français, sauf faculté de répudiation, par suite, soit de la naturalisation, soit de la réintégration de son père ou de sa mère survivante.)

L'an · et le du mois d par-devant nous, juge de paix du canton d arrondissement d département d s'est présenté le sieur (nom et prénoms), né le à , (profession, domicile), époux de ou veuf de (nom, prénoms, date et lieu de la naissance de la femme), naturalisé *ou réintégré* dans la qualité de Français par décret du Président de la République en date du 18 · , lequel nous a déclaré que, voulant assurer définitivement à son fils (nom, prénoms, date et lieu de naissance) la qualité de Français que celui-ci a acquise par suite du décret susvisé, il renonce, en son nom, aux droits que lui confère *l'article 12, § 3 in fine, du Code civil, quand le père a été naturalisé,* et *l'article 18, in fine, du Code civil, quand le père a été réintégré,* de décliner cette qualité dans l'année de sa majorité.

A l'appui de sa déclaration, le sieur nous a remis :

1° L'acte de naissance de son fils (1);

2° Son acte de naissance ou de mariage;

3° L'ampliation du décret d'où résulte pour lui la qualité de Français, ou une copie dûment certifiée conforme de ce document;

4° L'extrait du casier judiciaire français de son fils,

Pièces qui seront annexées à la déclaration qui doit être adressée au ministère de la justice pour y être enregistrée, cette formalité étant prescrite par la loi à peine de nullité.

Étaient présents :

Le sieur (nom, prénoms), âgé de , profession de demeurant à

Et le sieur (mêmes indications).

Lesquels nous ont attesté l'individualité du comparant, ont déclaré que ce qui précède est à leur connaissance personnelle, et ont signé avec le déclarant et nous juge de paix, après lecture faite.

---

(1) Les pièces en langue étrangère doivent être accompagnées de leur traduction.

DÉCLARATION

EN VUE DE RENONCER A SE PRÉVALOIR DE LA QUALITÉ D'ÉTRANGER.

(Application de l'article 8, § 3, du Code civil.)

(Cette déclaration peut être faite, soit au nom du mineur né en France d'un père né à l'étranger et d'une mère née elle-même en France, soit par l'intéressé lui-même se trouvant dans l'année de sa majorité.)

L'an   et le   du mois d
par-devant nous, juge de paix du canton d   , arrondissement
d   , département d   , s'est présenté le sieur (nom, prénoms), né le   , à   (profession, domicile), époux de   ou veuf de   (nom, prénoms, date et lieu de naissance de la femme), lequel nous a déclaré que, voulant assurer définitivement à ses enfants :

1°
2° }(Nom, prénoms, dates et lieux de naissance des enfants.)
3°

la qualité de Français qu'ils tiennent de leur naissance, il renonce en leur nom au droit que leur confère l'article 8, § 3, du Code civil de décliner cette qualité dans l'année de leur majorité.

A l'appui de sa déclaration, le sieur   nous a remis :

1° Les actes de naissance de ses enfants;

2° L'extrait du casier judiciaire de ceux-ci;

3° Son acte de mariage (si ce document ne donne pas les noms, prénoms, dates et lieux de naissance des conjoints, les actes de naissance des père et mère doivent être, en outre, exigés),

Pièces qui seront annexées à la déclaration qui doit être adressée au ministère de la justice pour y être enregistrée, cette formalité étant prescrite par la loi à peine de nullité.

Étaient présents :

Le sieur (nom, prénoms), âgé de   , profession, demeurant à

Et le sieur (mêmes indications).

Lesquels nous ont attesté l'individualité du comparant, ont déclaré que ce qui précède est à leur connaissance personnelle, et ont signé avec le déclarant et nous juge de paix, après lecture faite.

Je ne saurais trop insister pour que les juges de paix étudient avec soin et appliquent avec exactitude les instructions qui précèdent. Ma chancellerie reçoit trop souvent des déclarations de nationalité défectueuses, soit parce que ceux qui les ont souscrites ne réunissaient pas les conditions légales, soit parce que les formes ont été mal observées, soit parce que les pièces justificatives sont incomplètes. Les déclarations doivent être alors renvoyées pour subir les rectifications nécessaires; il en résulte pour mes bureaux, pour les parquets et pour les juges de paix un surcroît de travail qui pourrait être évité, mais surtout il en résulte pour les intéressés des retards préjudiciables. La limitation du délai accordé par la loi nouvelle pour l'enregistrement obligatoire au ministère de la justice est un nouveau et plus puissant motif d'éviter, dans la mesure du possible, toute perte de temps. La vigilance de vos substituts ne devra pas manquer de s'exercer pour la surveillance de cette partie importante du service des magistrats cantonaux.

Je vous prie de vouloir bien m'accuser réception de cette circulaire, dont je vous transmets des exemplaires en nombre suffisant pour qu'elle puisse être distribuée à vos substituts et à tous les juges de paix de votre ressort.

Recevez, Monsieur le Procureur général, l'assurance de ma considération très distinguée.

Le Garde des sceaux, Ministre de la justice,
Guérin.

Le Conseiller d'Etat,
Directeur des affaires civiles et du sceau,
Ch. Falcimaigne.

Loi ayant pour objet de subordonner l'acquisition de la nationalité française, en cas de mariage contracté entre un Français et une femme appartenant à une nation en hostilités avec la France, à une autorisation préalable du gouvernement.

Paris, le 18 mars 1917.

Article unique. Pendant la durée des hostilités, et par dérogation aux dispositions de l'alinéa 1er de l'article 12 du Code civil, l'étrangère, sujette d'une nation ennemie, qui aura épousé un Français, n'acquerra la nationalité de son mari que si le mariage a été préalablement autorisé par le Garde des sceaux, Ministre de la justice.

Loi concernant la faculté d'option des fils d'étrangers nés en France.

Paris, le 3 juillet 1917.

Art. 1er. Le 8e alinéa de l'article 8 du Code civil est remplacé, pour la durée de la guerre, par les dispositions suivantes qui deviennent applicables sous réserve des traités en vigueur :

« Devient Français :

« Tout individu du sexe masculin né en France d'un étranger et qui, à l'époque où il atteint l'âge de 18 ans, est domicilié en France, à moins qu'il ne décline la qualité de Français et ne prouve qu'il a conservé la nationalité de ses parents, par une attestation en due forme, de son gouvernement, laquelle demeurera annexée à la déclaration. »

Art. 2. La déclaration de répudiation sera faite par l'intéressé lui-même avec l'assistance de ses représentants légaux désignés au dixième alinéa de l'article 9 du Code civil.

Elle sera effectuée dans un délai de trois mois pour les individus ayant la nationalité d'un pays d'Europe autre que la Russie, de six mois pour ceux de nationalité russe et pour ceux possédant la nationalité extra-européenne.

Après l'expiration de ces délais, les intéressés pourront être relevés, par décision du Garde des sceaux, Ministre de la justice, de la déchéance encourue, s'ils établissent qu'eu égard aux circonstances ils n'ont pas été en état d'accomplir les formalités qui, aux termes du 8e alinéa de l'article 8 du Code civil, doivent accompagner la répudiation.

Art. 3. Devient également Français tout individu du sexe masculin, né en France d'un étranger, ayant dépassé l'âge de 18 ans, mais n'ayant pas atteint celui de 22 ans révolus, qui est domicilié en France au jour de la promulgation de la présente loi; pour ces individus, les délais de répudiation courent à compter de ce jour.

Art. 4. A défaut de répudiation de la nationalité française

dans les délais susindiqués, les jeunes gens appartenant aux catégories susvisées seront appelés sous les drapeaux.

Art. 5. L'article 11 de la loi sur le recrutement de l'armée du
21 mars 1905 est abrogé.

Art. 6. Les présentes dispositions ne sont pas applicables aux
fils de ressortissants de puissances ennemies, résidant ou retenus en France pour motifs de sécurité publique.

Art. 7. Les dispositions qui précèdent cesseront d'avoir effet
dès que les hostilités prendront fin.

Néanmoins, les jeunes gens visés à l'article 1er seront déchus
du droit d'opter ultérieurement pour la nationalité française et
ne pourront obtenir la faveur de la naturalisation.

Art. 8. Les dispositions de la présente loi sont applicables à
l'Algérie, aux colonies de la Martinique, de la Guadeloupe et
de la Réunion.

2° — Conventions internationales.

**Convention franco-espagnole
du 7 janvier 1862 (1), modifiée par la déclaration du 2 mai 1892.**

PARTIE MILITAIRE.

« Art. 5. Les Espagnols nés en France, lesquels, ayant atteint
l'âge de 20 ans, y seraient compris dans le contingent militaire,
devront produire devant les autorités civiles ou militaires compétentes un certificat qu'ils ont tiré au sort en Espagne.

« Et réciproquement les Français nés en Espagne, qui y seraient appelés au service militaire, devront, dans le cas où les
documents présentés par eux ne paraîtraient pas suffisants pour
établir leur origine, fournir aux autorités compétentes, dans un
délai de deux ans à partir de l'époque du tirage, un certificat
constatant qu'ils ont satisfait à la loi de recrutement en France.
À défaut de ce document, en bonne forme, l'individu désigné par

---

(1) Voir au sujet de l'application de la convention franco-espagnole
l'article 6 de l'instruction du 31 décembre 1925 relative au recensement et
à la revision du contingent.

le sort pour le service militaire, dans la commune où il est né, devra faire partie du contingent de cette commune. »

Convention franco-suisse.

Décret qui rend exécutoire la convention conclue entre la France et la Suisse pour régulariser la situation des enfants des Français naturalisés Suisses.

Paris, le 7 juillet 1880.

Le Président de la République française,
Sur la proposition du Président du Conseil, Ministre des affaires étrangères,

Décrète :

Art. 1er. Le Sénat et la Chambre des députés ayant approuvé la convention conclue le 23 juillet 1879 entre la France et la Suisse, pour régulariser la situation des enfants des Français naturalisés Suisses, et les ratifications de cet acte ayant été échangées à Paris, le 6 juillet 1880, ladite convention, dont la teneur suit, recevra sa pleine et entière exécution.

CONVENTION.

Le Président de la République française et le Conseil fédéral de la Confédération suisse ayant reconnu la nécessité de conclure une convention, afin de régler, au point de vue de la nationalité et du service militaire, la situation des enfants des Français naturalisés Suisses, ont nommé, à cet effet, pour leurs plénipotentiaires, savoir :

Le Président de la République française,

M. Waddington, sénateur, Président du Conseil, Ministre des affaires étrangères ;

Le Conseil fédéral de la Confédération suisse,

M. Jean-Conrad Kern, envoyé extraordinaire et Ministre plénipotentiaire de la Confédération suisse près la République française ;

Lesquels, après s'être communiqué leurs pleins pouvoirs, trouvés en bonne et due forme, sont convenus des articles suivants :

Art. 1ᵉʳ. Les individus dont les parents, Français d'origine, se font naturaliser Suisses, et qui sont mineurs au moment de cette naturalisation, auront le droit de choisir, dans le cours de leur vingt-deuxième année, entre les deux nationalités française et suisse. Ils seront considérés comme Français jusqu'au moment où ils auront opté pour la nationalité suisse.

Art. 2. L'option pour la nationalité suisse résultera d'une déclaration faite par l'intéressé devant l'autorité municipale française ou suisse du lieu de sa résidence. Si l'intéressé ne réside ni sur le territoire français ni sur le territoire suisse, il pourra faire cette déclaration devant les agents diplomatiques ou consulaires de l'un ou de l'autre Etat. Il pourra se faire représenter par un mandataire pourvu d'une procuration spéciale et légalisée.

Ceux qui n'auront pas effectué cette déclaration dans le cours de leur vingt-deuxième année seront considérés comme ayant définitivement conservé leur nationalité française.

Art. 3. Les jeunes gens à qui est conféré ce droit d'option ne seront pas astreints au service militaire en France avant d'avoir accompli leur vingt-deuxième année. Toutefois, ils pourront, sur leur demande, remplir avant leur majorité leurs obligations militaires, ou s'engager dans l'armée française, à la condition de renoncer à leur droit d'option pour la nationalité suisse. Cette renonciation devra être faite par les intéressés, avec le consentement de leurs représentants légaux, dans les mêmes formes et devant les mêmes autorités que les déclarations d'option.

Art. 4. Toute déclaration d'option ou de renonciation au droit d'opter sera communiquée à l'autre gouvernement par celui qui l'aura reçue.

Art. 5. Les enfants mineurs des Français naturalisés Suisses avant la mise en vigueur de la présente convention, qui, par suite de la non-concordance des législations des deux pays, sont considérés de part et d'autre comme Français et Suisses, bénéficieront de la règle établie dans l'article 3.

En déclarant dans le cours de leur vingt-deuxième année, et conformément aux dispositions de l'article 2, leur intention d'être Suisses, ils cesseront d'être considérés en France comme Français.

Ceux d'entre eux qui auront atteint leur vingt et unième année avant la mise en vigueur de la présente convention pourront faire la même déclaration dans le délai d'un an, après que ladite convention sera devenue exécutoire. Ce délai sera de deux ans en faveur de ceux qui, au moment de la mise à exécution de la présente convention, ne résideraient ni en France, ni en Suisse.

Art. 6. La présente convention est conclue pour cinq années à partir du jour de l'échange des ratifications.

Dans le cas où aucune des hautes parties contractantes n'aurait notifié, une année avant l'expiration de ce terme, son intention d'en faire cesser les effets, la convention continuera d'être obligatoire encore une année, et ainsi de suite d'année en année, à compter du jour où l'une des parties l'aura dénoncée.

Art. 7. La présente convention sera soumise à l'approbation des pouvoirs législatifs.

Les ratifications en seront échangées à Paris, et la convention entrera en vigueur aussitôt que faire se pourra.

En foi de quoi, les plénipotentiaires respectifs l'ont signée et y ont apposé le sceau de leurs armes.

Fait à Paris, le 23 juillet 1879.

L. S. (signé) : WADDINGTON.

L. S. (signé) : KERN.

Art. 2. Le Président du Conseil, Ministre des affaires étrangères, est chargé de l'exécution du présent décret.

Fait à Paris, le 7 juillet 1880.

Signé : JULES GRÉVY.

Par le Président de la République :

Le Président du Conseil,
Ministre des affaires étrangères,

Signé : C. DE FREYCINET.

*Circulaire pour l'application de la convention du 23 juillet 1879
relative aux fils de Français naturalisés Suisses.*

Paris, le 18 novembre 1881.

Messieurs, en vue de faciliter l'application de la convention consulaire conclue entre la France et la Confédération helvétique le 23 juillet 1879, relativement à la position militaire des fils de Français naturalisés Suisses, j'ai de concert avec les différents Départements ministériels intéressés, arrêté les dispositions suivantes, qui complètent les instructions contenues dans la circulaire du 16 décembre 1880 :

1° Dans le cas où l'option est faite devant les agents diplomatiques ou consulaires de France en Suisse, et où l'optant figure sur les listes du recrutement préparées par ces agents, ceux-ci avisent directement le préfet du département dont l'optant est originaire. Ce fonctionnaire, après avoir rayé l'optant des listes dont il est détenteur, communique l'avis à l'autorité militaire locale, qui opère la même radiation sur les listes du recrutement et sur les contrôles de l'insoumission s'il y a lieu ;

2° Avis des options reçues dans les autres conditions sera donné soit par le ministère de l'intérieur pour les options reçues dans les municipalités françaises, soit par le ministère de la justice pour celles qui auront été faites devant nos agents diplomatiques dans les pays autres que la Suisse, au Département de la guerre, qui prendra les mesures nécessaires pour la radiation des optants ;

3° Enfin, les optants résidant en Suisse recevront de notre ambassadeur un certificat conforme au modèle ci-joint, destiné à leur servir en quelque sorte de sauf-conduit, dans le cas où, étant l'objet de poursuites comme insoumis, leur radiation n'aurait pu être effectuée dans les conditions spécifiées aux paragraphes précédents, faute d'indications précises sur le lieu du tirage au sort.

Les autorités militaires locales auxquelles ces certificats seraient présentés m'en rendront compte immédiatement, et je prendrai (Bureau de la Justice militaire) telles dispositions qu'il y aura lieu pour la régularisation de la position des intéressés.

Les dispositions qui précèdent ne sont, d'ailleurs, applicables qu'aux seuls jeunes gens dont l'option a été ou sera reçue en vertu des dispositions transitoires de l'article 5 de la convention du 23 juillet 1879, c'est-à-dire à ceux qui sont nés avant le 1er janvier 1860.

Les fils de Français naturalisés Suisses, qui sont nés postérieurement à cette date, sont tenus, comme l'indique la circulaire précitée du 16 décembre 1880, de faire connaître, par la voie diplomatique, dans l'année où ils doivent atteindre l'âge de 20 ans, leur position spéciale au préfet de leur département d'origine, afin qu'il soit sursis à leur inscription. Ils doivent ultérieurement avoir soin de notifier leur option à ce fonctionnaire dès qu'ils l'ont signée ; car, faute de cette notification, leur inscription est effectuée d'office dès qu'ils atteignent l'âge de 22 ans.

M. le Ministre des affaires étrangères a donné à nos agents diplomatiques les instructions nécessaires pour qu'ils aient à faciliter aux optants l'accomplissement de cette formalité.

———

Modèle du certificat qui sera délivré par l'ambassadeur de France en Suisse aux Français qui ont opté ou opteront pour la nationalité suisse.

M. (nom et prénoms)   né le   à
demicilié à   , cantond d   (Suisse), fils
d   , natif de la commune d   , département
d   (France), citoyen de la commune d
canton d   (Suisse), depuis le
a, aux termes de la convention conclue le 23 juillet 1879 entre la Suisse et la France, déclaré *opter pour la nationalité suisse et renoncer à la nationalité française.*

Cette déclaration d'option a été communiquée officiellement à l'ambassade de France en Suisse le

En conséquence, et conformément aux dispositions de l'article 1er de la convention susmentionnée (voir *Journal officiel* de la République française du 11 juillet 1880), M   a cessé d'être Français et est devenu exclusivement citoyen suisse.

Convention franco-belge.

Décret rendant exécutoire la convention conclue le 30 juillet 1891 entre la France et la Belgique, et relative à l'application des lois qui règlent le service militaire dans les deux pays.

Paris, le 31 décembre 1891.

Le Président de la République française,
Sur la proposition du Ministre des affaires étrangères,

Décrète :

Art. 1er. Le Sénat et la Chambre des députés ont approuvé la convention, signée le 30 juillet 1891, entre la France et la Belgique, relative à l'application des lois qui règlent le service militaire dans les deux pays, et, les ratifications de cet acte ayant été échangées à Paris, le 31 décembre 1891, ladite convention, dont la teneur suit, recevra sa pleine et entière exécution.

CONVENTION.

Le Président de la République française et S. M. le roi des Belges, désirant mettre fin aux difficultés résultant de l'application des lois qui règlent le service militaire en France et en Belgique, ont résolu de conclure une convention dans ce but et ont nommé pour leurs plénipotentiaires, savoir :

Le Président de la République française, M. Alexandre Ribot, député, Ministre des affaires étrangères, etc., etc.;

Et S. M. le roi des Belges, M. le baron Beyens, son envoyé extraordinaire et ministre plénipotentiaire près le gouvernement de la République française, etc., etc.;

Lesquels, après s'être communiqué leurs pleins pouvoirs, trouvés en bonne et due forme, sont convenus des articles suivants :

Art. 1er. Ne seront pas inscrits d'office, avant l'âge de 22 ans accomplis, sur les listes du recrutement militaire belge :

1° Les individus nés en France d'un Belge et domiciliés sur le territoire français, qui tombent sous l'application de l'article 8, paragraphe 4, du Code civil français ;

2° Les individus nés en France d'un Belge qui peuvent invoquer l'article 9, paragraphe 1er, du Code civil français ;

3° Les individus nés d'un Belge naturalisé Français pendant leur minorité et ceux nés d'un ancien Français réintégré dans cette qualité pendant leur minorité, qui tombent respectivement sous l'application des articles 12, paragraphe 3, et 18 du Code civil français.

Art. 2. Ne seront pas inscrits d'office, avant l'âge de 22 ans accomplis, sur les listes de recrutement militaire français :

1° Les individus nés en Belgique d'un Français qui peuvent invoquer l'article 9 du Code civil belge ;

2° Les individus nés d'un Français naturalisé Belge pendant leur minorité, lesquels peuvent acquérir la nationalité belge conformément à l'article 4, paragraphe 1er, de la loi belge du 6 août 1881 ;

3° Les individus qui peuvent décliner la nationalité française conformément aux articles 8, paragraphe 4, 12, paragraphe 3, et 18 du Code civil français, à moins que, pendant leur minorité, il n'y ait eu renonciation à leur droit d'option, conformément à l'article 11 du règlement d'administration publique française du 13 août 1889.

Art. 3. Les individus qui auront changé de nationalité, soit durant leur minorité, soit dans l'année qui aura suivi leur majorité, conformément aux dispositions légales visées dans les articles 1 et 2 de la présente convention, seront dégagés de tout service militaire dans le pays auquel ils appartenaient antérieurement et astreints aux obligations militaires des jeunes gens de leur âge dans le pays auquel ils sont désormais rattachés.

Art. 4. Les jeunes gens nés en France de parents belges, qui eux-mêmes y sont nés, ne seront pas appelés au service militaire en Belgique.

Art. 5. Les enfants d'agents diplomatiques ou de consuls envoyés conservent la nationalité de leurs parents, à moins qu'ils ne réclament le bénéfice des lois des pays où ils sont nés.

Art. 6. Ne pourront être considérés comme étant de nationalité indéterminée, par application de l'article 7 de la loi belge du 3 juin 1870, les individus qui produiront un certificat émané d'un agent diplomatique français et duquel il résultera qu'ils sont reconnus comme Français.

Art. 7. Les deux gouvernements se communiqueront réciproquement et dans le plus bref délai possible les actes reçus par leurs autorités respectives dans les cas visés par la présente convention.

Ils se signaleront, en outre, les individus qui se seront soustraits au service militaire dans l'un des deux pays, en excipant de la qualité de nationaux de l'autre.

Art. 8. Les individus qui, avant la mise en vigueur de la présente convention, ont satisfait à la loi militaire dans l'un des deux pays, sont dégagés du service militaire dans l'autre.

Art. 9. La présente convention est conclue pour cinq ans, à partir de l'échange des ratifications. Dans le cas où aucune des hautes parties contractantes n'aurait notifié, une année avant l'expiration de ce terme, son intention d'en faire cesser les effets, la convention continuera d'être obligatoire encore une année à compter du jour où l'une des parties l'aura dénoncée.

En foi de quoi, les plénipotentiaires respectifs ont signé la présente convention, qu'ils ont revêtue de leurs cachets.

Fait en double exemplaire, à Paris, le 3 juillet 1891.

(L. S.) Signé : A. RIBOT.
(L. S.) Signé : BEYENS.

Art. 2. Le Président du Conseil, Ministre de la guerre, le Ministre des affaires étrangères et le Garde des sceaux, Ministre de la justice, sont chargés, chacun en ce qui le concerne, de l'exécution du présent décret.

Fait à Paris, le 31 décembre 1891.

Signé : CARNOT.

Par le Président de la République :

Le Président du Conseil,
Ministre de la guerre,   *Le Ministre des affaires étrangères,*
Signé : C. DE FREYCINET.   Signé : A. RIBOT.

Le Garde des sceaux, Ministre de la justice et des cultes,
Signé : A. FALLIÈRES.

OBSERVATIONS.

Pour le recensement, les maires auront spécialement à considérer l'article 2 de la convention qui est ainsi conçu :

« Ne seront pas inscrits d'office, avant l'âge de 22 ans accomplis, sur les listes du recrutement français :

« 1° Les individus nés en Belgique d'un Français qui peuvent invoquer l'article 9 du Code civil belge ;

« 2° Les individus nés d'un Français naturalisé Belge pendant leur minorité, lesquels peuvent acquérir la nationalité belge, conformément à l'article 4, paragraphe 1, de la loi belge du 6 août 1881 ;

« 3° Les individus qui peuvent décliner la nationalité française, conformément aux articles 8, paragraphe 4, 12, paragraphe 3, et 18 du Code civil français, à moins que, pendant leur minorité, il n'y ait eu renonciation à leur droit d'option. »

A cette troisième catégorie se rattachent les individus qui, étant nés en France d'un père belge né en Belgique et d'une mère née en France, peuvent, aux termes de la loi du 22 juillet 1893, décliner la qualité de Français dans les conditions prévues par l'article 8 du Code civil.

Aucun homme justifiant se trouver dans l'une de ces trois catégories ne sera inscrit d'office sur les tableaux de la classe en formation tant qu'il n'aura pas atteint l'âge de 22 ans accomplis dans l'année qui précède le tirage au sort de cette classe.

Les pièces à produire pour chaque cas sont les suivantes :

1° Individus visés par le paragraphe numéroté 1° de l'article 2 (nés en Belgique d'un Français et pouvant invoquer l'article 9 du Code civil belge).

Pièces à produire :

a) Acte de naissance de l'intéressé ;

b) Acte de naissance du père ;

2° Individus visés par le paragraphe numéroté 2° dudit article 2 (nés d'un Français naturalisé Belge pendant leur minorité et pouvant devenir Belges en vertu de la loi belge du 6 août 1881).

Pièces à produire :

a) Acte de naissance de l'intéressé ;

b) Copie certifiée de l'acte de naturalisation belge du père ou de la mère survivant ;

3° Individus visés par le paragraphe numéroté 3° de l'article 2 précité (Français sous condition résolutoire pouvant décliner la nationalité française en vertu des articles 8, 12 et 18 du Code civil français et de la loi du 22 juillet 1893, à moins que, pendant leur minorité, ils n'aient renoncé à leur droit d'option).

Pièces à produire :

a) Acte de naissance de l'intéressé ;

b) Actes de naissance du père et de la mère ;

c) Outre ces pièces, les intéressés devront produire : s'ils sont dans le cas de l'article 8, paragraphe 4, du Code civil, un certificat établissant que leur père est Belge (ce certificat pourra émaner soit de nos agents diplomatiques en Belgique, soit des autorités compétentes de ce pays) ; et, s'ils sont dans le cas des articles 12, paragraphe 3, et 18 du Code civil, une copie certifiée conforme du décret de naturalisation ou de réintégration du père ou de la mère survivant.

La justification du fait que les intéressés entrent dans l'une des deux catégories ci-dessus énumérées est d'ailleurs la seule qu'on soit en droit d'exiger de ces hommes tant qu'ils sont dans les délais d'option, c'est-à-dire tant qu'ils n'ont pas 22 ans accomplis. S'ils ont été inscrits prématurément, ils devront, sur le vu de cette justification, être rayés des tableaux, soit par les maires, soit par les sous-préfets. Bien qu'inscrits deux ans plus tard, ils marchent avec leur classe d'âge.

Il est du reste bien entendu que cette inscription après 22 ans accomplis est spéciale aux hommes de la convention belge. Quant aux Français sous condition résolutoire qui ne se rattachent à la Belgique ni par le lieu de naissance ni par la naturalisation ou la nationalité belge de leurs parents, ils sont inscrits avec la première classe formée après leur majorité, conformément à l'article 11 de la loi du 15 juillet 1889.

Bien qu'en matière de recrutement, l'obligation de produire toutes les justifications exigées, soit pour l'inscription sur les tableaux de recensement, soit pour la radiation desdits tableaux, incombe aux intéressés eux-mêmes, M. le Ministre des affaires étrangères a consenti à transmettre lui-même aux préfets les pièces que le gouvernement belge lui ferait parvenir à l'appui des demandes de radiation de ses ressortissants. Les préfets adresseront les documents qui leur parviendront de la sorte au maire du domicile de recrutement de l'intéressé en prescrivant, après vérification, la radiation, si le tirage n'a pas encore été effectué. Postérieurement au tirage au sort, le préfet demandera la radiation au conseil de revision. Les pièces produites seront ensuite rendues aux intéressés après annotation sur les tableaux de recensement et sur les listes de tirage suivant le cas. Les maires signaleront aux préfets et ceux-ci me signaleront, par un état nominatif établi à la clôture des opérations, tous les jeunes gens auxquels il aura été fait application de la convention précitée.

Mais les individus visés par le paragraphe numéroté 3° de l'article 2 de la convention franco-belge pourront, sans attendre le recensement de la première classe formée après leurs 22 ans accomplis, se faire inscrire sur les tableaux de recensement de leur classe d'âge. A cet effet, ils déposeront à la mairie une demande écrite par eux, accompagnée d'une déclaration faite devant le juge de paix de leur domicile, en leur nom, par leurs représentants légaux, déclaration portant qu'ils renoncent à la faculté à eux concédée par le Code civil de se prévaloir, dans l'année de leur majorité, de la qualité de Belge. Cette déclaration devra être enregistrée au ministère de la justice.

Ils seront prévenus que le fait de concourir ainsi à la formation de leur classe d'âge les astreint à toutes les obligations de service de cette classe, c'est-à-dire à trois ans, au lieu d'un an qu'ils auraient eu à accomplir s'ils avaient attendu les opérations de la première classe formée après leurs 22 ans accomplis. Mention en sera faite sur leur demande.

Quant aux individus visés par les paragraphes numérotés 1° et 2°, cette faculté leur est interdite, les lois françaises ne prévoyant pas, pour leurs cas, des déclarations anticipées de renonciation.

Circulaire relative aux formalités à remplir par les militaires français ayant leur établissement en Angleterre à l'effet d'être remboursés ou affranchis de l'Income Tax.

Paris, le 23 mai 1917.

Des difficultés sont résultées, au point de vue de la gestion des intérêts que peuvent avoir en Angleterre certains mobilisés, de ce que la déclaration sous serment (affidavit), qui est exigée par la loi anglaise, notamment en matière d'Income Tax, doit être faite en présence d'un consul ou vice-consul britannique, ou en présence d'un notaire public ou d'un magistrat britannique, dans le cas où il n'y a pas d'agent consulaire britannique au lieu de résidence des personnes qui font la déclaration.

M. le Président du Conseil, Ministre des affaires étrangères, m'informe qu'en vue de faciliter l'établissement des affidavits, les autorités anglaises accepteraient les déclarations sous serment, faites, par les citoyens français mobilisés, devant leurs chefs hiérarchiques, à l'effet d'obtenir l'exemption ou la restitution de l'Income Tax, toutes les fois qu'il serait impossible aux intéressés de recourir aux offices d'un agent consulaire, d'un notaire ou d'un magistrat britannique.

Je vous prie en conséquence de bien vouloir porter cette décision à la connaissance des autorités placées sous vos ordres et de donner des instructions, afin que les militaires intéressés puissent profiter de la faculté qui leur est consentie par le gouvernement britannique. Les déclarations seront reçues, en ce qui concerne les hommes de troupe, par le commandant de l'unité ou le chef du service auquel ils appartiennent. En ce qui concerne les officiers et assimilés, elles seront reçues par leur supérieur hiérarchique immédiat.

3° **Naturalisation en Algérie.**

Sénatus-consulte sur l'état des personnes et la naturalisation en Algérie.

Du 14 juillet 1865.

Napoléon, par la grâce de Dieu et la volonté nationale, Empereur des Français, à tous présents et à venir, salut.

Avons sanctionné et sanctionnons, promulgué et promulguons ce qui suit :

(Extrait du procès-verbal du Sénat.)

SÉNATUS-CONSULTE

relatif à l'état des personnes et à la naturalisation en Algérie.

Art. 1er. L'indigène musulman est Français; néanmoins il continuera à être régi par la loi musulmane.

Il peut être appelé à des fonctions et emplois civils en Algérie(1).

Il peut, sur sa demande, être admis à jouir des droits de citoyen français; dans ce cas il est régi par les lois civiles et politiques de la France.

Art. 2. L'indigène israélite est Français; néanmoins il continue à être régi par son statut personnel.

Il peut être admis à servir dans les armées de terre et de mer. Il peut être appelé à des fonctions et emplois civils en Algérie.

Il peut, sur sa demande, être admis à jouir des droits de citoyen français; dans ce cas, il est régi par la loi française.

Art. 3. L'étranger qui justifie de trois années de résidence en Algérie peut être admis à jouir de tous les droits de citoyen français.

Art. 4. La qualité de citoyen français ne peut être obtenue, conformément aux articles 1, 2 et 3 du présent sénatus-consulte, qu'à

---

(1) Voir les décrets des 21 avril 1866 et 22 septembre 1898 (É. M., vol. n° 63) relatifs à l'admission des indigènes dans l'armée française.

l'âge de vingt et un ans accomplis; elle est conférée par décret impérial rendu en Conseil d'Etat.

Art. 5. Un règlement d'administration publique déterminera :

1° Les conditions d'admission, de service et d'avancement des indigènes musulmans et des indigènes israélites dans les armées de terre et de mer;

2° Les fonctions et emplois civils auxquels les indigènes musulmans et les indigènes israélites peuvent être nommés en Algérie;

3° Les formes dans lesquelles seront instruites les demandes prévues par les articles 1, 2 et 3 du présent sénatus-consulte.

Délibéré et voté en séance, au palais du Sénat, le 5 juillet 1865.

Le Président,
Signé : TROPLONG.

Les Secrétaires,
Signé : P. BOUDET, DUMAS, le comte DE BÉARN.

Le Sénateur secrétaire,
Signé : P. BOUDET.

Mandons et ordonnons que les présentes, revêtues du sceau de l'Etat et insérées au *Bulletin des lois,* soient adressées aux cours, aux tribunaux et aux autorités administratives, pour qu'ils les inscrivent sur leurs registres, les observent et les fassent observer, et notre Ministre secrétaire d'Etat au département de la justice et des cultes est chargé d'en surveiller la publication.

Fait au palais des Tuileries, le 14 juillet 1865.

Signé : NAPOLÉON.

Vu et scellé du grand sceau :	Par l'Empereur :
Le Garde des sceaux,	*Le Ministre d'Etat,*
Ministre secrétaire d'Etat au Département	Signé : E. ROUHER.
de la justice et des cultes,	
Signé : J. BAROCHE.	

III. — Mariages.

1º Dispositions générales.

Décret impérial concernant le mariage des militaires
en activité de service (1).

16 juin 1808.

Napoléon, Empereur des Français, etc.,

Sur le rapport de notre Ministre de la guerre, notre Conseil d'Etat entendu,

Nous avons décrété et décrétons ce qui suit :

Art. 1er. Les officiers de tout genre, en activité de service, ne pourront à l'avenir se marier qu'après en avoir obtenu la permission par écrit du Ministre de la guerre (2).

Ceux d'entre eux qui auront contracté mariage sans cette permission encourront la destitution et la perte de leurs droits, tant pour eux que pour leurs veuves et leurs enfants, à toute pension et récompense militaire.

Art. 2. Les sous-officiers et soldats en activité de service ne pourront de même se marier qu'après en avoir obtenu la permission du conseil d'administration de leur corps (3).

Art. 3. Tout officier de l'état civil qui, sciemment, aura célébré

---

(1) Ce décret a encore force de loi. (Avis du Conseil d'Etat du 29 avril 1836, voir page 163.)

(2) Ou, voir page 187, la circulaire du 26 avril 1924.

(3) Les permissions de mariage, pour les sous-officiers et soldats, à quelque portion du corps qu'ils appartiennent, seront délivrées par le conseil d'administration, soit central, soit éventuel, *que préside le chef de corps.* (Décision ministérielle du 20 janvier 1845.)

le mariage d'un officier, sous-officier ou soldat en activité de service, sans s'être fait remettre lesdites permissions ou qui aura négligé de les joindre à l'acte de célébration du mariage, sera destitué de ses fonctions.

Art. 4. Notre grand-juge Ministre de la justice et nos Ministres de la guerre et de l'intérieur sont chargés, chacun en ce qui le concerne, de l'exécution du présent décret.

Loi ayant pour objet de permettre, en temps de guerre, le mariage par procuration des militaires et marins présents sous les drapeaux.

> Paris, le 4 avril 1915.

Art. 1er. En temps de guerre, pour causes graves et sur autorisation du Ministre de la justice et du Ministre de la guerre ou du Ministre de la marine, il peut être procédé à la célébration du mariage des militaires et des marins sans que le futur époux, s'il est présent sous les drapeaux, soit obligé de comparaître en personne et à la condition qu'il soit représenté par un fondé de procuration spéciale.

Ces mariages, s'ils ont été célébrés postérieurement au décès du futur époux, produisent néanmoins tous leurs effets au point de vue de la légitimation des enfants et du droit du conjoint, conformément aux dispositions des articles 201 et 202 du Code civil (1).

Dans ce cas, le délai de trente jours francs prévu par les articles 151 et 154 du Code civil sera réduit à quinze jours francs.

La procuration, dont il sera fait mention dans l'acte de mariage, sera établie conformément à la loi du 8 juin 1893 et dispensée des droits de timbre et d'enregistrement.

Art. 2. La présente loi est applicable à l'Algérie et aux colonies.

Circulaire du Garde des sceaux, Ministre de la justice, relative à l'application de la loi du 4 avril 1915, ayant pour objet de permettre, en temps de guerre, le mariage par procuration des militaires et marins présents sous les drapeaux.

Le Garde des sceaux, Ministre de la justice, à MM. les Procureurs généraux près les cours d'appel.

> Paris, le 8 avril 1915.

I. — Une loi du 4 de ce mois habilite, pendant la durée de la guerre, les militaires et marins qui, à raison de leur présence

------

(1) Texte nouveau. (Loi du 7 avril 1917, *Bulletin officiel*, page 982.)

sous les drapeaux, ne peuvent comparaître devant l'officier de l'état civil, à se marier par procuration moyennant l'autorisation préalable du Ministre de la justice et du Ministre de la guerre ou du Ministre de la marine.

Je n'ai pas besoin d'insister sur les raisons de cette mesure qui était impérieusement commandée par les circonstances.

Il est apparu au gouvernement qui a pris l'initiative de la loi et aux Chambres qui l'ont votée que le service de la patrie ne devait pas empêcher les citoyens mobilisés de réaliser les projets d'union qu'ils auraient formés avant la guerre et qu'il y avait là des intérêts légitimes à concilier avec les exigences du devoir militaire.

La faculté de contracter mariage par procuration a été subordonnée à la justification de « causes graves » dont l'appréciation a été laissée au Ministre de la justice et au Ministre de la guerre ou de la marine, mais il résulte des travaux préparatoires de la loi que cette expression, empruntée à l'article 164 du Code civil qui permet au procureur de la République de l'arrondissement dans lequel le mariage sera célébré d'accorder pour « causes graves » la dispense de la publication prévue par les articles 63, 64, 166, 167 et 168 du même Code et de tout délai, doit être interprétée de la manière la plus large.

Il y aura « cause grave » au sens de la loi nouvelle non seulement s'il existe des enfants à légitimer ou en cas de grossesse de la future épouse ou encore dans l'hypothèse où, la mort de l'un des futurs époux étant imminente, il s'agira de procéder à un mariage *in extremis*, mais aussi toutes les fois que le futur époux, désireux de donner suite à une promesse de mariage antérieure à la mobilisation, servira comme militaire ou marin à un poste où sa vie est en danger.

Si la loi du 4 avril a fait dépendre le mariage par procuration d'une double autorisation qui elle-même suppose des « causes graves », c'est pour éviter les abus et spécialement pour empêcher que cette forme nouvelle du mariage ne favorise des unions inspirées par des calculs intéressés, ce qui se produirait si des mariages venaient à être conclus entre personnes qui n'avaient formé avant la guerre aucun projet matrimonial, et qui ne s'uniraient par procuration que dans le but d'assurer à la future épouse certains avantages pécuniaires.

La procuration sera établie conformément à la loi du 8 juin 1893 sur les actes dressés aux armées. En conséquence, elle sera reçue par les officiers ou fonctionnaires militaires désignés à l'article 1er de cette loi ainsi conçu :

« En temps de guerre ou pendant une expédition, les actes de procuration, les actes de consentement à mariage ou à engagement militaire et les déclarations d'autorisation maritale consentis ou passés par les militaires, les marins de l'Etat ou les personnes employées à la suite des armées ou embarquées à bord des bâtiments de l'Etat, pourront être dressés par les fonctionnaires de l'intendance ou les officiers du commissariat. A défaut de fonctionnaires de l'intendance ou d'officiers de commissariat, les mêmes actes pourront être dressés : 1° dans les détachements isolés, par l'officier commandant pour toutes les personnes soumises à son commandement; 2° dans les formations ou établissements sanitaires dépendant des armées, par les officiers d'administration gestionnaires pour les personnes soignées ou employées dans ces formations ou établissements; 3° à bord des bâtiments qui ne comportent pas d'officier d'administration, par le commandant ou celui qui en remplit les fonctions; 4° dans les hôpitaux maritimes et coloniaux, sédentaires ou ambulants, par le médecin directeur ou son suppléant pour les personnes soignées ou employées dans ces hôpitaux. »

Elle sera rédigée en brevet, c'est-à-dire que l'original même en sera utilisé par l'intéressé et que l'officier ou fonctionnaire instrumentaire n'en conservera pas minute; telle est la règle posée par le premier paragraphe de l'article 4 de la loi du 8 juin 1893. Conformément au second paragraphe du même article, les actes de procuration « seront légalisés par le commissaire aux armements, s'ils ont été dressés à bord d'un bâtiment de l'Etat; par l'officier du commissariat chargé de l'inscription maritime; s'ils ont été dressés sur un bâtiment de commerce; par un fonctionnaire de l'intendance ou par un officier du commissariat, s'ils ont été dressés dans un corps de troupes, et par le médecin chef, s'ils ont été dressés dans un hôpital ou une formation sanitaire militaire ».

Par une dérogation expresse au dernier paragraphe dudit article (1), la loi nouvelle dispose que ces actes seront dispensés des droits de timbre et d'enregistrement; ils seront donc dressés sur papier libre.

Le fondé de procuration choisi par le militaire ou le marin devra, à raison du caractère spécial du mandat dont il est investi

---

(1) Le dernier paragraphe de l'article 4 de la loi du 8 juin 1893 porte que les actes reçus dans les conditions indiquées en cette loi « ne pourront être valablement utilisés qu'à la condition d'être timbrés et après avoir été enregistrés ».

et qui l'appelle à participer à un acte de l'état civil, remplir la condition essentielle qui est exigée des témoins à un tel acte par l'article 37 du Code civil, c'est-à-dire qu'il devra être âgé de vingt et un ans au moins. Comme il est destiné à représenter la personne du futur époux, ce ne pourra être qu'un homme; de plus le mandat prévu par la loi nouvelle ne pourra être confié à un parent ou allié de la future épouse à un degré comportant prohibition du mariage. Enfin il y aura incompatibilité manifeste entre la qualité de fondé de procuration spéciale et celle d'officier de l'état civil appelé à dresser l'acte de mariage ou de témoin à cet acte.

Il n'est pas besoin d'ajouter que les individus frappés de l'incapacité d'être témoins par suite de dégradation civique ou de déchéance prononcée en vertu de l'article 42 du Code pénal ne pourront davantage être fondés de procuration spéciale pour mariage.

L'autorisation de mariage par procuration serait refusée si le mandataire désigné par le militaire ou le marin n'avait pas qualité, d'après ce qui vient d'être dit, pour remplir le rôle dont il a été chargé.

II. — Je me suis mis d'accord avec M. le Ministre de la guerre pour régler les conditions d'application de la loi du 4 avril de telle façon que les militaires qui voudront se marier par procuration puissent obtenir satisfaction dans le plus bref délai possible.

Nous nous sommes efforcés, dans le cadre fixé par la loi, de réduire le formalisme administratif au strict indispensable; la procédure à suivre sera aussi simple qu'expéditive.

Le militaire, en même temps qu'il se présentera devant l'officier ou le fonctionnaire compétent pour recevoir sa procuration, saisira ses chefs de sa demande d'autorisation.

Cette demande ne sera astreinte à aucune forme particulière; elle pourra être écrite ou verbale.

Si elle est faite par écrit, elle sera rédigée sur papier libre. Si elle est formulée de vive voix, elle sera consignée dans un rapport de l'officier ou du fonctionnaire qui l'aura reçue.

La demande ou le rapport précisera : 1° les motifs pour lesquels le militaire, au lieu d'attendre son retour dans ses foyers, désire se marier par procuration; 2° s'il sollicite la dispense de la publication et de tout délai en vertu de l'article 169 du Code civil.

En outre, pour tout militaire qui n'est pas âgé de plus de

30 ans, la demande ou le rapport fera connaître s'il s'est assuré du consentement de ses parents à son mariage ou, dans le cas où ce consentement lui aurait été refusé et où il serait majeur, s'il leur a fait notifier son projet de mariage conformément aux articles 151 et 154 du même Code, et à quelle date.

La procuration sera établie d'après le modèle joint à la présente circulaire.

L'officier ou le fonctionnaire militaire qui dressera l'acte aura soin d'appeler d'une façon toute particulière l'attention du militaire sur la nécessité de donner dans la procuration, avec la plus stricte exactitude, les renseignements relatifs tant à son propre état civil qu'à celui de la future épouse, afin d'éviter les retards qui ne manqueraient pas de se produire au cas où les indications figurant dans la procuration ne concorderaient pas avec celles qui sont portées sur les actes de naissance des futurs époux.

Si les renseignements fournis par le militaire présentent des lacunes ou ne sont pas suffisamment sûrs, ils seront complétés ou vérifiés d'urgence; à cet effet, l'officier ou le fonctionnaire instrumentaire télégraphiera aux maires des communes où sont nés les futurs époux pour obtenir les indications contenues dans les actes de naissance.

La demande, accompagnée de la procuration, sera transmise par la voie hiérarchique au Ministre de la guerre (Service intérieur; Bureau des Archives administratives) avec l'avis des chefs du militaire sur la suite à y donner.

Le Ministre de la guerre accordera ou refusera l'autorisation en se plaçant uniquement au point de vue du militaire et en me laissant, au cas d'autorisation de sa part, le soin d'apprécier la décision définitive à prendre eu égard à la personnalité de la future épouse et aux « causes graves » invoquées dans la demande.

Ce partage d'attributions permettra d'aboutir promptement à une solution.

Si le Ministre de la guerre refuse l'autorisation, la procédure se trouvera close par là-même et mon collègue fera aviser le militaire du rejet de sa demande. S'il accorde l'autorisation en ce qui le concerne, il me transmettra le dossier auquel sera annexée sa décision favorable.

Selon les résultats de l'enquête à laquelle je ferai procéder par les voies les plus rapides et, s'il y a lieu, télégraphiquement, j'accorderai à mon tour l'autorisation ou la refuserai; dans l'un et l'autre cas, j'informerai sans retard de ma décision le Ministre de la guerre qui avisera le militaire de la délivrance ou du refus de l'autorisation par lui sollicitée.

La demande, la procuration et les autorisations ministérielles seront adressées par mes soins et ceux du parquet à l'officier de l'état civil pour être annexées à l'acte de mariage.

La marche à suivre, en ce qui touche le personnel relevant du Département de la marine, sera la même. La demande et la procuration, accompagnées de l'avis des chefs de l'intéressé, devront être transmises par la voie hiérarchique au Ministre de la marine, sous le timbre du bureau administrateur du personnel auquel appartient le requérant.

III. — Il a été expliqué dans l'exposé des motifs de la loi du 4 avril que la faculté ouverte pendant la guerre aux militaires et marins présents sous les drapeaux de comparaître devant l'officier de l'état civil par procuration est la seule dérogation apportée aux règles du Code civil concernant les formes du mariage; ces prescriptions s'appliqueront intégralement pour le surplus. Il ne sera donc pas porté atteinte à la publicité du mariage et de sa célébration.

Si le militaire ou le marin a sollicité la dispense de la publication et de tout délai, le procureur de la République l'accordera au vu de la double autorisation ministérielle de mariage par procuration.

L'intervention d'un fondé de pouvoir amènera dans la rédaction des actes de mariage certaines modifications de la formule actuellement en vigueur; vous trouverez, joint à la présente circulaire, un modèle rectifié en conséquence.

Dès que l'officier de l'état civil aura procédé à la célébration du mariage, il en avisera par lettre le Ministre de la guerre ou le Ministre de la marine pour que celui-ci en informe le militaire ou le marin.

IV. — D'après le droit commun, tel qu'il est formulé dans les articles 151 et 154 du Code civil, le futur époux âgé de 21 ans est, jusqu'à 30 ans, tenu, à défaut du consentement de ses parents, de leur faire notifier par un notaire l'union projetée, et ce n'est que trente jours francs après justification de cette notification qu'il peut être passé outre à la célébration du mariage.

La loi nouvelle réduit ce délai à quinze jours francs en cas de mariage par procuration.

L'acte de notification, dit *acte respectueux*, sera visé pour timbre et enregistré gratis. De plus, en vertu de l'article 4, paragraphe 4, de la loi du 10 décembre 1850, modifiée par celle du 20 juin 1896, il sera exempt de tous droits, frais et honoraires à l'égard du notaire qui y procédera, si le futur époux est en mesure de se prévaloir de ces dispositions légales dont le bénéfice lui sera assuré sur la production d'un certificat d'indigence délivré par le commissaire de police ou, à défaut, par le maire au vu d'un extrait du rôle des contributions directes constatant que le militaire ou marin paye moins de 10 francs ou d'un certificat de non-imposition décerné par le percepteur; le certificat d'indigence doit être visé et approuvé par le juge de paix.

Je suis d'ailleurs persuadé que, dans tous les cas dignes de leur sollicitude, les notaires prêteront spontanément leur ministère gratuit aux militaires et marins qui pourront en avoir besoin sans qu'il soit nécessaire à ceux-ci d'invoquer la loi du 10 décembre 1850.

V. — Il sera essentiel d'attirer l'attention des futurs époux sur la nécessité de reconnaître, au plus tard dans l'acte de mariage, les enfants naturels qui seraient issus d'eux s'ils veulent, par leur mariage, assurer à ces enfants le bénéfice de la légitimation par application de l'article 331 du Code civil.

Le militaire ou le marin pourra à cet effet, dans l'acte de procuration dressé en vue de son mariage, donner à son mandataire un pouvoir spécial pour reconnaître en son nom les enfants naturels nés de lui et de la future épouse.

Le modèle de procuration joint à la présente circulaire contient la formule dont il devra être fait usage à cette fin.

Le militaire ou le marin sera d'ailleurs libre, s'il le préfère, au lieu de recourir à l'entremise d'un mandataire pour la reconnaissance de ses enfants naturels, d'y procéder directement en vertu de l'article 98 du Code civil et devant les officiers ou fonctionnaires indiqués par l'article 93 du même Code (1).

---

(1) L'article 93 porte ce qui suit dans ses trois premiers paragraphes :
« Les actes de l'état civil concernant les militaires, les marins de l'Etat et les personnes employées à la suite des armées seront établis comme il est dit aux chapitres précédents.

« Toutefois, hors de la France, et dans les circonstances prévues au présent paragraphe, ils pourront, en tout temps, être également reçus par les autorités ci-après indiquées, en présence de deux témoins : 1° dans les formations de guerre mobilisées, par le trésorier ou l'officier qui en remplit les fonctions, quand l'organisation comporte cet emploi et, dans le cas contraire, par l'officier commandant; 2° dans les quartiers généraux ou états-majors, par les fonctionnaires de l'intendance, ou, à dé-

VI. — L'exposé des motifs de la loi du 4 avril a envisagé l'hypothèse où le militaire ou le marin viendrait à mourir entre le moment où sera dressé l'acte de procuration et celui où le mariage sera célébré.

Il est bien certain que, si la nouvelle du décès du militaire ou du marin est parvenue à l'officier de l'état civil, celui-ci ne pourra plus procéder à la célébration du mariage.

Mais si la mort du futur époux n'était pas encore connue et si cette ignorance a été partagée par la future épouse, le mariage, célébré sous l'empire de cette erreur commune, tout en étant nul, produira, conformément aux principes généraux du droit, tant à l'égard de la femme qu'à celui des enfants, les effets que l'article 201 du Code civil a attachés au mariage putatif.

C'est ce qui a été proclamé dans l'exposé des motifs et expressément reconnu au cours des travaux préparatoires devant les deux Chambres. (Voir notamment les rapports de M. Catalogne au Sénat du 6 mars 1915, et de M. Adrien Veber à la Chambre des députés du 25 du même mois.)

Bien que le mariage soit frappé de nullité, la légitimation des enfants reconnus s'ensuivra donc.

Je vous prie de m'accuser réception des présentes instructions que vous communiquerez aux parquets de votre ressort.

Vous voudrez bien, en outre, vous entendre avec MM. les préfets pour qu'elles soient portées à la connaissance des maires et pour que, par tous moyens convenables, elles reçoivent la plus large publicité.

---

faut, par les officiers désignés pour les suppléer; 3° pour les personnes non militaires employées à la suite des armées par le prévôt ou l'officier qui en remplit les fonctions; 4° dans les formations ou établissements sanitaires dépendant des armées, par les officiers d'administration gestionnaires de ces établissements; 5° dans les hôpitaux maritimes et coloniaux, sédentaires ou ambulants, par le médecin directeur ou son suppléant; 6° dans les colonies et les pays de protectorat et lors des expéditions d'outre-mer, par les officiers du commissariat ou les fonctionnaires de l'intendance, ou, à leur défaut, par les chefs d'expédition, de poste, ou de détachement.

« En France, les actes de l'état civil pourront également être reçus, en cas de mobilisation ou de siège, par les officiers énumérés aux cinq premiers numéros du paragraphe précédent;. La compétence de ces officiers s'étendra, s'il est nécessaire, aux personnes non militaires qui se trouveront dans les forts et places fortes assiégées. »

Annexes de la circulaire du 8 avril 1915.

I. — MODÈLE DE PROCURATION POUR MARIAGE ET RECONNAISSANCE D'ENFANTS NATURELS A LÉGITIMER.

Par devant (*mentionner les nom, prénoms et qualité de l'officier ou du fonctionnaire militaire qui reçoit la procuration*).

A comparu X..... (*nom, prénoms, situation militaire*), demeurant avant son incorporation à..... et y exerçant la profession de....., lequel a, par ces présentes, déclaré constituer pour son fondé de procuration spéciale Z..... (*nom, prénoms, profession, domicile*), en vertu de la loi du 4 avril 1915, à l'effet de le représenter au mariage qu'il a l'intention de contracter devant l'officier de l'état civil de L..... (*indiquer le lieu où doit être célébré le mariage*) avec la demoiselle ou dame Y..... (*nom, prénoms, âge, profession, domicile*) et de signer, en conséquence, en son nom l'acte de mariage.

Ledit fondé de procuration le représentera dans l'accomplissement de toutes formalités préalables à la célébration du mariage.

En outre, le comparant a déclaré donner mandat audit fondé de procuration à l'effet de reconnaître en son nom pour son fils (*ou sa fille*) l'enfant né de ladite demoiselle ou de ladite dame Y..... (*nom et prénoms de la future épouse*), à..... (*lieu de naissance*), le..... (*indiquer la date*) et inscrit sur les registres de ladite commune sous les nom et prénoms de..... (*nom et prénoms de l'enfant*).

(*Au cas où il y aurait d'autres enfants à reconnaître, donner les mêmes indications pour chacun des autres enfants.*)

La reconnaissance dudit enfant (*ou desdits enfants*) est destinée à lui (*ou à leur*) procurer la légitimation par mariage en vertu de l'article 331 du Code civil et il y sera procédé par le fondé de procuration soit dans l'acte de mariage, soit par acte antérieur.

Fait à..... (*indiquer le lieu où est dressée la procuration*), le..... (*date*).

(Suivent les signatures de l'officier ou du fonctionnaire
et du comparant.)

II. — Modèle d'acte de mariage en cas de participation d'un fondé de procuration.

(Les futurs époux ont plus de 21 ans et moins de 30 ans révolus.)

Le trente et un mai *mil neuf cent quinze*, quatre heures du soir, *devant nous*, Paul-Frédéric Millat, maire de Clairvoix, *ont comparu publiquement en la maison commune* :

Félicien-Joseph Bangy, soixante ans, peintre en bâtiments, domicilié 12, rue des Carmes, à Rouen, *agissant comme fondé de procuration spéciale* de Jean-Léon-Lucien Bangy, son neveu, garde forestier de l'Etat, *né* à Varangeville-sur-Mer (Seine-Inférieure) le douze juillet mil huit cent quatre-vingt-sept, demeurant à Compiègne, 3, rue Hurtebise, fils majeur de Ferdinand Bangy et de Claire Bourreuilles, son épouse, tous deux décédés, *lequel*, actuellement sergent-major au 254e régiment d'infanterie, a *obtenu les autorisations prévues par la loi du 4 avril 1915 d'une part;*

Et Juliette-Léonie Perinet, sans profession, *née* à Clairvoix le cinq octobre mil huit cent quatre-vingt-neuf, demeurant à Clairvoix, villa des Lilas, *fille* majeure de Jérôme Perinet, employé de l'octroi de Compiègne, et de Fanny-Rose Brunet, son épouse, sans profession, domiciliés à Clairvoix, villa des Lilas, présents et consentants, *d'autre part.*

Les comparants déclarent qu'il n'a pas été fait de contrat de mariage.

Aucune opposition n'ayant été faite, le fondé de procuration spéciale a déclaré que son mandant veut prendre pour épouse Juliette-Léonie Perinet, *qui a déclaré ensuite vouloir prendre pour époux* Jean-Léon-Lucien Bangy, *et nous avons prononcé au nom de la loi que* Jean-Léon-Lucien Bangy *et* Juliette-Léonie Perinet *sont unis par le mariage.*

Dont acte, en présence de (désignation des quatre témoins).

Lecture faite, le fondé de procuration spéciale de l'époux, l'épouse, ses père et mère, et les témoins ont signé avec nous.

Loi étendant aux militaires et marins prisonniers de guerre les dispositions de la loi du 4 avril 1915 sur le mariage par procuration des militaires et marins présents sous les drapeaux.

Paris, le 19 août 1915.

Art. 1er. Les dispositions de la loi du 4 avril 1915 qui permet en temps de guerre le mariage par procuration des militaires et marins présents sous les drapeaux sont applicables aux militaires et marins prisonniers de guerre.

Ces mariages, s'ils ont été célébrés postérieurement au décès du futur époux, produisent néanmoins tous leurs effets au point de vue de la légitimation des enfants et du droit du conjoint, conformément aux dispositions des articles 201 et 202 du Code civil (1).

La procuration pourra être établie par les agents diplomatiques ou consulaires de la puissance étrangère chargée des intérêts français dans les pays où ces militaires et marins sont retenus en captivité.

Elle pourra également être établie soit par deux sous-officiers français, soit par un sous-officier assisté de deux témoins de même nationalité (2).

Elle sera dispensée des droits de timbre et d'enregistrement.

Art. 2. Les actes de procuration autres que ceux visés à l'article 1er, les actes de consentement à mariage et les déclarations d'autorisation maritale à consentir ou passer par des militaires et marins prisonniers de guerre pourront être dressés dans les mêmes conditions que les procurations de mariage visées à l'article 1er de la présente loi (2).

« Ils seront dispensés des droits de timbre et d'enregistrement (2). »

Art. 3. Les dispositions qui précèdent auront effet rétroactif à partir du 1er novembre 1916.

Art. 4. La présente loi est applicable à l'Algérie et aux colonies.

---

(1) Texte nouveau. (Loi du 7 avril 1917, *B. O.*, p. 982.)
(2) Texte nouveau. (Loi du 7 avril 1918, *B. O.*, p. 1079.)

*Décret suspendant, sauf en ce qui concerne certaines catégories
de militaires, l'application des décrets des 16 juin et 28 août
1808 relatifs au mariage des militaires en activité de service.*

Paris, le 7 mars 1919.

Le Président de la République française,

Sur le rapport du Ministre de la guerre, du Garde des sceaux,
Ministre de la justice, et du Ministre des affaires étrangères,

Vu les décrets des 16 juin et 28 août 1808, relatifs au mariage
des militaires en activité de service;

Vu le décret du 18 novembre 1914;

Vu la loi du 21 mars 1905 sur le recrutement de l'armée:

Le Conseil d'Etat entendu,

Décrète :

Art. 1er. Pendant la durée de la guerre et jusqu'à une date
qui sera fixée par un décret ultérieur, l'application des décrets
des 16 juin et 28 août 1808, relatifs au mariage des militaires
en activité de service, est suspendue, sauf en ce qui concerne :

1° Les officiers de l'armée active;

2° Les sous-officiers et hommes de troupe qui sont commissionnés, rengagés ou engagés, ou dont la commission, le ren-
gagement ou l'engagement prennent fin pendant la guerre. Toutefois, les engagés pour la durée de la guerre et les engagés
spéciaux peuvent se marier sans autorisation;

3° Les militaires de tous grades appartenant aux régiments
étrangers quelle que soit la nature de leur engagement;

4° Les militaires de tous grades appartenant à un titre quelconque à la gendarmerie;

5° Les militaires de tous grades en service hors du territoire
de la France, de ses colonies et des pays de protectorat.

Art. 2. Le décret du 18 novembre 1914 est abrogé.

Art. 3. Le Ministre de la guerre, le Garde des sceaux, Ministre de la justice, et le Ministre des affaires érangères sont chargés, chacun en ce qui le concerne, de l'exécution du présent
décret, qui sera publié au *Journal officiel* et inséré au *Bulletin
des lois.*

2° Dispositions spéciales aux officiers.

Conditions exigées.

*Circulaire relative au mariage des officiers
et des élèves officiers.*

N° 4926 K.   Paris, le 26 avril 1924.

Le mariage des officiers et élèves officiers est autorisé dans les conditions suivantes :

1° Les officiers des armes et services de tous grades qui désireront contracter mariage, devront en faire la demande, par la voie hiérarchique, au gouverneur militaire ou commandant de région.

Ces officiers généraux accorderont directement et par délégation du Ministre, les autorisations de mariage demandées par les officiers placés sous leurs ordres jusqu'au grade de colonel ou assimilé inclusivement. Les demandes formées par les officiers généraux et assimilés seront transmises au Ministre (Cabinet; 3° Bureau).

En ce qui concerne les écoles militaires, les demandes formulées par les officiers du cadre des écoles et par des officiers détachés dans les écoles seront transmises au commandant de région — sur le territoire de laquelle se trouve l'école, — qui statuera. Quant aux officiers élèves et aux élèves officiers, le soin de leur accorder les autorisations de mariage qu'ils formuleront, sera réservé au Ministre (Bureau d'Arme), qui, toutefois, pourra déléguer ce pouvoir d'autorisation au commandant de la région sur le territoire de laquelle se trouve l'école.

Toute demande d'autorisation de mariage que les gouverneurs militaires et les commandants de région croiraient devoir écarter pour quelque cause que ce soit, sera transmise au Ministre, accompagnée d'un exposé de la situation ainsi que de l'avis des autorités militaires intéressées.

En ce qui concerne les officiers de gendarmerie et les officiers du recrutement qui sollicitent l'autorisation de se marier, les premiers dans l'arrondissement, les seconds dans la subdivision où ils sont employés, les généraux appelés à statuer sur ces demandes devront faire connaître au Ministre si le mariage projeté est de nature à nuire à l'indépendance d'action de l'officier et doit, par suite, entraîner son déplacement.

Enfin, toutes les demandes d'autorisation de mariage avec des personnes ne possédant pas la nationalité française seront transmises à l'administration centrale (Bureau d'Arme), pour être soumises à la décision du Ministre.

2° Chaque demande en autorisation de mariage sera accompagnée d'un certificat constatant la situation de la future et celle de ses parents, la réputation dont elle jouit ainsi que sa famille.

Ce certificat sera délivré par le maire du domicile de la future et approuvé par le sous-préfet de l'arrondissement.

3° Les chefs de corps ou de service et les généraux devront, en transmettant la demande, y joindre leur avis motivé sur la moralité de la future épouse et la convenance de l'union projetée.

A cet effet, ils devront recueillir, par l'intermédiaire de l'autorité militaire du domicile de la future, des renseignements analogues à ceux qui sont demandés à l'autorité civile.

Les demandes des officiers, employés dans un service spécial sans cesser d'appartenir à leur corps, seront accompagnées de l'avis motivé du chef de service; elle seront, en outre, revêtues de l'avis du chef de corps à qui le dossier sera communiqué par le chef de service.

Pour obtenir les renseignements qui lui sont nécessaires, l'autorité militaire pourra recourir à la gendarmerie. Dans ce cas, elle s'adressera au commandant de la gendarmerie du département intéressé, qui fera effectuer une enquête avec toutes les garanties voulues de réserve et de discrétion. Le rapport d'enquête, destiné à renseigner l'autorité qui doit prendre la décision, demeurera strictement confidentiel.

Lorsque la future est fonctionnaire titularisée à titre définitif dans une administration publique, il n'est pas effectué d'enquête sur la moralité, et les certificats de bonne vie et mœurs sont remplacés par un certificat d'exercice délivré par le chef de service et contresigné par le préfet du département, attestant que la future est fonctionnaire de l'Etat, des départements ou des communes, et qu'elle n'est pas sous le coup d'une révocation.

En tout état de cause, le concours de la gendarmerie ne doit être demandé qu'en cas de réelle nécessité. A cet égard, il y a lieu de remarquer que le fait, pour la future, d'être fille ou pupille d'un fonctionnaire ou d'un militaire en activité de service, est déjà, par lui-même, de nature à constituer, dans la plupart des cas, une garantie sérieuse et souvent suffisante.

4° Tous les documents obtenus par l'autorité militaire seront transmis au général commandant le corps d'armée (ou au Ministre, suivant le cas), en même temps que la demande à laquelle ils se rapportent.

5° Dans le mois de la célébration du mariage, les conseils d'administration adresseront au Ministre, le certificat du mariage du modèle annexé à la circulaire du 3 juillet 1840 (1).

6° Les permissions de mariage seront valables pendant six mois à partir de leur date, sauf au titulaire à en demander le renouvellement, s'il y a lieu, par la voie hiérarchique et dans les formes indiquées ci-dessus.

7° Sont abrogées les circulaires du 1er octobre 1900, du 20 avril 1912, du 29 novembre 1912, du 25 mai 1914 et du 7 janvier 1921, ainsi que toutes les dispositions antérieures sur la matière.

***

Circulaire relative aux autorisations de mariage des officiers.

Paris, le 2 octobre 1906.

Il a été donné de constater que dans la transmission au Ministre des instances en autorisation de mariage des officiers, l'autorité militaire faisait état du consentement ou du refus des

---

(1) Seront joints à ces documents, pour être classés aux dossiers des intéressés, les diverses pièces, renseignements, etc..., qui auront servi à l'instruction des demandes de mariage.

parents des intéressés pour baser son avis sur la convenance de l'union projetée.

Sans méconnaître la valeur morale que peut avoir, dans certains cas, un élément de cette nature, il ne saurait constituer à lui seul un argument susceptible de provoquer une décision définitive.

Le consentement ou le refus des ascendants ne peut être exceptionnellement invoqué que comme un simple renseignement. Il convient de n'exiger à cet égard aucune déclaration des intéressés.

———◆———

Avis de mariage.

Circulaire prescrivant qu'à l'avenir les avis de mariages contractés par les officiers seront donnés au Ministre de la guerre, au moyen de simples certificats, sans lettre d'envoi.

Paris, le 3 juillet 1840.

Messieurs, l'instruction du 19 mars 1830, sur la vérification des services des officiers a réglé que les conseils d'administration des corps doivent adresser au Ministre des certificats constatant la célébration des mariages que les officiers ont été autorisés à contracter.

Pour l'exécution de cette instruction, les conseils d'administration envoient, tantôt des copies des actes de mariage, tantôt des certificats délivrés par les maires devant lesquels les mariages ont été contractés, et ces pièces, remises au maréchal de camp commandant la subdivision dans laquelle les régiments sont stationnés, sont ensuite adressées au général commandant la division, qui en fait l'envoi au Ministre par une lettre de transmission.

Pour diminuer les écritures et établir un mode uniforme de justification, j'ai arrêté que les avis de mariage me seront donnés, à l'avenir, au moyen de simples certificats, *sans lettre d'envoi*, dans le délai d'un mois qui suivra la célébration de chaque mariage; ces certificats seront délivrés par les conseils d'administration des corps dont les officiers font partie, d'après un extrait des actes de l'état civil, signé par le maire de la commune où le mariage a eu lieu, et dûment légalisé (1).

La même marche sera suivie pour me donner avis des mariages contractés par les officiers en non-activité ; dans ce cas, ces certificats seront délivrés par les chefs d'état-major des divisions militaires où résident ces officiers.

(1) Voir, ci-après, le modèle de ce certificat et le nota à la suite.

MODÈLE DE CERTIFICAT DE MARIAGE (').

(4) Indication de l'autorité militaire sous les ordres de laquelle se trouve l'intéressé.

Nous, soussigné (1),

certifions, d'après l'extrait des registres de l'état civil, que (nom, prénoms, grade et corps)

s'est marié le   ,

à la mairie d   , arrondissement

d   , département d   ,

à Mad   (nom et prénoms)

en vertu de l'autorisation qui lui a été accordée le

(2) Indiquer l'autorité qui a délivré l'autorisation.

par (2)   .

A   , le   19 .

(Suivent la ou les signatures.)

---

(1) NOTA. — Pour le service de santé, ce certificat est délivré :

Aux officiers du corps de santé et aux officiers d'administration employés dans les hôpitaux, par le *médecin-chef de l'hôpital;*

Aux officiers d'administration des sections d'infirmiers militaires, par le *médecin-chef de l'hôpital dont relève la section,*

Et aux officiers du corps de santé et officiers d'administration affectés aux directions du service de santé ou aux établissements autres que les hôpitaux ressortissant à ces directions (magasins centraux, magasin de réserve, pharmacie centrale, etc.), par le *Directeur du service de santé.*

Circulaire relative aux certificats de mariage.

Paris, le 22 novembre 1902.

. . . . (1).

Officiers qui se marient sans permission. (Pénalité.)

Décision ministérielle portant adoption de l'avis du Conseil d'Etat sur l'application à faire, aux officiers qui se marient sans permission, des dispositions du décret du 16 juin 1808. (Bureau des Lois et Archives.)

(Bureau des Lois et Archives.)

Paris, le 29 avril 1836.

1° Le décret impérial du 16 juin 1808, qui porte que les officiers ayant contracté mariage sans la permission du Ministre de la guerre encourent la destitution, etc., a-t-il encore force de loi?

2° L'exécution de ses dispositions peut-elle se concilier avec la loi du 19 mai 1834?

Le Conseil d'Etat a adopté, dans sa séance du 16 mars 1836, l'avis :

1° Que le décret du 16 juin 1808 a encore force de loi ;

2° Que M. le Ministre de la guerre, s'il estime qu'il y a lieu de prononcer la destitution, doit traduire devant un conseil de guerre l'officier qui s'est marié sans sa permission, pour lui être fait application de l'article 1er du décret du 16 juin 1808 ;

3° Que M. le Ministre de la guerre peut d'ailleurs, suivant les circonstances ou après avoir pris l'avis du conseil d'enquête mentionné par la loi du 19 mai 1834, proposer au Roi la mise en

---

(1) Remplacée par la circulaire du 26 avril 1924, voir page 187.

réforme de l'officier, ou proposer sa mise en non-activité, ou infliger quelque autre peine disciplinaire, ou même user d'indulgence.

◆

Officiers en retraite employés dans les services de l'armée.

Note ministérielle relative au mariage des officiers en retraite employés dans les services de l'armée.

(Cabinet du Ministre ; Correspondance générale)

Versailles, le 27 janvier 1876.

Le Ministre, consulté sur la question de savoir si les officiers en retraite employés dans quelques-uns des services de l'armée, en vertu des dispositions contenues dans la loi du 13 mars 1875 sur les cadres et les effectifs de l'armée, doivent, avant de contracter mariage, être astreints à l'obligation de se munir de l'autorisation ministérielle, décide que les officiers dont il s'agit, eu égard à leur position de retraite qui les a rendus à la vie civile, et par suite ne les assujettit plus aux formalités prescrites par le décret du 16 juin 1808, peuvent se marier sans autorisation ministérielle.

Toutefois, comme tout ce qui touche à la dignité et à la situation sociale de ces officiers intéresse l'armée à laquelle ils se rattachent encore temporairement par la commission dont ils sont titulaires, ceux d'entre eux qui voudront contracter mariage seront tenus de faire connaître, au préalable, à l'autorité militaire sous les ordres de laquelle ils sont placés, le nom et le domicile de la personne qu'ils veulent épouser, et s'il arrivait que l'alliance dont il s'agit ne présentât pas les conditions d'honorabilité désirables, l'autorité militaire devrait en prévenir le général commandant le corps d'armée dont relève l'intéressé. Sur la proposition de cet officier général, il serait immédiatement privé de son emploi par décision ministérielle.

◆

3° Dispositions spéciales aux militaires des corps de troupe et employés militaires n'ayant pas rang d'officiers.

Sous-officiers, caporaux ou brigadiers et soldats.

Circulaire relative aux conditions de mariage des sous-officiers, caporaux ou brigadiers et soldats (1).

Paris, le 7 novembre 1900.

Mon cher Général, j'ai été consulté sur la question de savoir si les dispositions de la circulaire du 1er octobre 1900, dispensant de la justification d'un apport dotal les personnes qui désirent épouser les officiers, fonctionnaires et assimilés de tous grades, devaient être étendues aux sous-officiers rengagés.

Le 21 août 1854, un de mes prédécesseurs adressait aux chefs de légion de gendarmerie la circulaire suivante :

« Colonel, l'art. 539 du décret du 1er mars, en laissant aux conseils d'administration des compagnies de gendarmerie le soin de délivrer aux sous-officiers, brigadiers et gendarmes des permissions de mariage, prescrit à ces conseils de s'assurer « que la future possède des ressources suffisantes pour » ne pas être à la charge du militaire qui désire l'épouser ».

« Si la quotité de ces ressources n'a pas été précisée dans le décret, c'est que les conditions à exiger pour garantir le bien-être d'un ménage peuvent varier suivant les localités, suivant la profession de la future et suivant les avantages que sa position de famille lui assure. Il se peut aussi que le militaire ait par lui-même ou par sa famille des ressources qui lui permettent une alliance peu avantageuse au point de vue

---

(1) Mise à jour par l'incorporation dans le texte des modifications qui y ont été apportées par la circulaire du 29 janvier 1902, la notification du 11 décembre 1907 et la circulaire du 10 février 1921 (*B. O.*, p. 691).

matériel, mais convenable à tous autres égards ; que la future ne fasse, quant à présent, aucun apport et qu'elle justifie d'espérances qui assurent l'avenir. Dans ces différents cas, la réalisation d'une somme d'argent déterminée ne doit pas être exigée comme condition absolue de la permission de mariage. Ce qu'il importe principalement aux conseils d'administration d'apprécier, c'est si l'alliance projetée n'est pas de nature à nuire à la considération personnelle du militaire ou à augmenter ses charges de manière à le mettre dans l'obligation de contracter des dettes.

« Ces explications m'ont paru nécessaires pour garantir partout la saine interprétation de l'esprit du décret du 1er mars. Vous les notifierez aux conseils d'administration des compagnies sous vos ordres et vous veillerez à ce qu'ils s'y conforment ponctuellement.

» *Le Maréchal de France,*
Ministre Secrétaire d'Etat de la guerre,

» Signé : VAILLANT. »

Les considérations exposées dans la circulaire qui précède n'ont rien perdu de leur valeur ; j'estime qu'elles peuvent être étendues aux militaires de toutes armes.

En conséquence, j'ai pris, à la date de ce jour, la décision suivante :

Sont abrogés les 2e et 3e alinéas du § 2° de la circulaire ministérielle du 23 août 1888, relatifs à l'apport dotal des personnes demandées en mariage par les sous-officiers rengagés.

Les sous-officiers, caporaux ou brigadiers et soldats de toutes armes qui désirent se marier doivent en avoir obtenu la permission du conseil d'administration du corps auquel ils appartiennent.

Indépendamment des garanties de moralité exigées en pareil cas, le conseil d'administration doit s'assurer que la future possède des ressources suffisantes pour ne pas être à la charge du militaire qui désire l'épouser.

Pour obtenir les renseignements qui lui sont nécessaires, en ce qui concerne les militaires de carrière, le conseil d'administration pourra recourir à la gendarmerie. Dans ce cas, il s'adressera au commandant de la compagnie de gendarmerie du département intéressé, qui fera effectuer une enquête, avec toutes les garanties voulues de réserve et de discrétion, par le chef de la brigade de gendarmerie dans la circonscription de laquelle réside la personne recherchée en mariage. Le rapport d'enquête, destiné uniquement à renseigner l'autorité qui doit prendre la décision, demeurera strictement confidentiel.

Lorsque la future est fonctionnaire *titularisée à titre définitif* dans une administration publique, il n'est pas effectué d'enquête sur la moralité, et les certificats de bonne vie et mœurs sont remplacés par un « certificat d'exercice », délivré par le chef de service et contresigné par le préfet du département, attestant que la future est fonctionnaire de l'Etat, des départements ou des communes, et qu'elle n'est pas sous le coup d'une révocation.

En tout état de cause, le concours de la gendarmerie ne doit être demandé qu'en cas de réelle nécessité. A cet égard, il y a lieu de remarquer que le fait, pour la future, d'être fille ou pupille d'un fonctionnaire ou d'un militaire en activité de service est déjà, par lui-même, de nature à constituer, dans la plupart des cas, une garantie sérieuse et souvent suffisante.

Si le conseil d'administration croit devoir refuser son consentement à un militaire de l'armée active, servant ou non au delà de la durée légale, il est tenu de faire connaître les motifs de son refus au gouverneur militaire ou au commandant de corps d'armée, qui statue (1).

Les permissions de mariage accordées par le conseil d'administration seront valables pendant six mois, à partir de leur date, sauf au titulaire à en demander le renouvellement, s'il y a lieu.

Les conditions du mariage des militaires de la gendarmerie restent fixées par les règlements spéciaux à cette arme.

---

(1) Texte nouveau. (Circulaire du 10 février 1921, *B. O.*, p. 691.)

Circulaire prescrivant l'envoi au Ministre des certificats de célébration des mariages contractés par les sous-officiers du service de la justice militaire.

Paris, le 6 juillet 1901.

Les dispositions de la circulaire du 7 novembre 1900 relative aux conditions de mariage des sous-officiers rengagés sont applicables aux sous-officiers rengagés ou commissionnés du service de la justice militaire.

Cette mesure s'étendra également aux sous-officiers en activité ou libérés qui, ayant été classés comme candidats aux emplois dudit service, viendraient à contracter mariage avant leur nomination.

En outre, par analogie avec les prescriptions de la circulaire du 1er octobre 1900, les chefs de services ou commandants d'établissements adresseront au Ministre, dans le mois de la célébration du mariage, le certificat du modèle annexé à la circulaire du 3 juillet 1840 (voir page 192).

Employés militaires de l'artillerie.

Note ministérielle relative aux autorisations de mariage à délivrer aux gardiens de batterie et aux ouvriers d'état.

(Cabinet du Ministre ; Bureau de la Correspondance générale.)

Paris, le 5 septembre 1888.

Le Ministre a décidé que les dispositions relatives au mariage des sous-officiers rengagés seront applicables aux employés militaires de l'artillerie n'ayant pas rang d'officier (gardiens de batterie et ouvriers d'état).

Un certificat constatant la célébration du mariage de tout gardien de batterie ou ouvrier d'état continuera, toutefois, à être adressé à l'administration centrale. Cette pièce devra faire connaître la date de l'autorisation de mariage, ainsi que l'autorité militaire qui aura accordé l'autorisation.

Élèves des Écoles civiles énumérées à l'article 23 de la loi du 21 mars 1905.(1)

Circulaire relative au mariage des élèves des écoles civiles énumérées à l'article 23 de la loi du 21 mars 1905, pendant leur séjour dans ces écoles.

(Cabinet du Ministre ; Inspection permanente des Ecoles.)

Paris, le 22 avril 1910.

La question s'est posée de savoir si les élèves des écoles civiles énumérées à l'article 23 de la loi du 21 mars 1905 (1), qui sont liés au service par un engagement, devaient obtenir, pour se marier, pendant leur séjour à l'école, l'autorisation de l'autorité militaire.

---

(1) Remplacé par l'article 30 de la loi du 1er août 1923.

L'autorité militaire n'a pas à intervenir dans les formalités de mariage des jeunes gens dont il s'agit, pendant leur séjour à l'école.

En conséquence, la circulaire du 7 juillet 1900, établie sous le régime de la loi de recrutement du 15 juillet 1889 et relative au mariage des élèves de l'Ecole centrale et de l'Ecole forestière, est abrogée.

⸻ ◆ ⸻

Jeunes soldats des classes.

Circulaire relative au mariage des jeunes soldats.

(Cabinet du Ministre ; Bureau de la Correspondance générale.)

Paris, le 26 août 1923.

Les dates respectives à partir desquelles les jeunes gens du contingent annuel à incorporer sous le régime de la loi du 1er avril 1923 sur le recrutement de l'armée sont, en matière de mariage, soumis à l'obligation de l'autorisation préalable imposée aux militaires sous les drapeaux, sont les suivantes :

10 mai de l'année de l'incorporation, pour la 1re fraction;
10 novembre de l'année de l'incorporation, pour la 2e fraction.

Les demandes d'autorisation de mariage, établies par les jeunes gens qui n'ont pas encore rejoint leur corps, seront adressées au commandant du bureau de recrutement du domicile des intéressés. Cet officier supérieur les transmettra, pour décision, au général commandant la subdivision de région.

La présente circulaire abroge la circulaire du 16 novembre 1905, modifiée par celle du 12 juillet 1910.

⸻ ◆ ⸻

IV. — Divorces.

Note relative aux avis à donner au ministère de la guerre des divorces prononcés à l'égard d'officiers ou assimilés (1).

(Cabinet du Ministre ; Bureau de la Correspondance générale.)

Paris, le 17 avril 1886.

Aux termes d'une circulaire en date du 3 juillet 1840, les conseils d'administration des corps et établissements militaires doivent donner au Ministre (*Bureau de l'arme*) avis des mariages contractés par des officiers. Ces avis sont rédigés dans la forme indiquée par le modèle annexé à ladite circulaire (certificat de mariage), d'après les extraits des actes de l'état civil.

En ce qui concerne les officiers en disponibilité ou en non-activité, les certificats les concernant sont délivrés par les chefs d'état-major des corps d'armée où résident ces officiers.

La loi du 27 juillet 1884 ayant rétabli le divorce, il convient, afin que l'état civil des officiers et assimilés soit toujours tenu à jour, de donner avis au Ministre, dans les mêmes formes que pour le mariage, des divorces d'officiers ou assimilés, régulièrement prononcés (art. 294 du Code civil). A cet effet, les conseils d'administration des corps ou établissements militaires ou les généraux commandant les corps d'armée, selon le cas, mettent les officiers ou assimilés, divorcés, en demeure de se procurer et de fournir un extrait régulier des actes de l'état civil constatant que leur divorce est prononcé.

Pour que cette pièce puisse être délivrée sans frais, il est nécessaire qu'elle soit demandée par l'autorité militaire, dans un intérêt administratif.

_____

(1) Mis à jour par l'incorporation dans le texte des modifications qui y ont été apportées par la note ministérielle du 27 avril 1893.

Les expéditions d'actes de divorce concernant des membres de l'armée devront, en conséquence, être demandées à l'autorité civile par les conseils d'administration ou les généraux, auxquels les intéressés devront, à cet effet, donner avis de leur divorce dès qu'il aura été prononcé.

Loi concernant les actions en divorce et séparation de corps intéressant les mobilisés.

Paris, le 30 mars 1916.

Art. 1er. Pendant la durée des hostilités et jusqu'au jour de sa libération, l'époux mobilisé est autorisé à se faire représenter par avoué pour la présentation de sa requête en divorce, ainsi que pour la comparution en conciliation dans les instances en divorce ou en séparation de corps.

Dès qu'il a usé de cette autorisation, il ne peut plus opposer à l'encontre d'une demande qui serait formée par sa femme aucune fin de non-recevoir tirée de l'impossibilité où il se trouverait de comparaître en personne.

Art. 2. L'avoué chargé de représenter l'époux mobilisé à la tentative de conciliation devra lui transmettre les observations faites par le magistrat.

Ce magistrat pourra, s'il le juge utile, ajourner l'autorisation de citer jusqu'à ce que l'époux mobilisé ait fait connaître sa réponse.

Art. 3. L'époux mobilisé, demandeur en divorce ou en séparation de corps, peut, mais seulement par déclaration formulée en l'exploit introductif d'instance, renoncer au bénéfice des dispositions de l'article 4 de la loi du 5 août 1914. Il doit, dans ce cas et dans le même exploit, faire élection de domicile en l'étude de son avoué pour tous actes de procédure, significations, appels et recours en cassation.

Si l'instance avait déjà été engagée avant les hostilités, les renonciation et élection de domicile prévues ci-dessus seront faites par acte séparé signifié à la femme ou à son avoué.

Art. 4. Les jugements et arrêts de divorce prononcés au cours des hostilités seront, si le lieu où le mariage a été célébré est occupé par l'ennemi, transcrits provisoirement à Paris sur les registres de l'état civil, conformément à l'article 86 du Code civil. Dès que les communications seront rétablies, cette transcription sera régularisée d'office par le parquet, conformément à l'article 251 du Code civil.

Notification d'une circulaire relative à l'application de la loi du 30 mars 1916, concernant les actions en divorce et en séparation de corps intéressant les mobilisés.

Paris, le 8 avril 1916.

Le Garde des sceaux, Ministre de la justice, à M. le Procureur général à.....

La loi du 30 mars 1916, « concernant les actions en divorce et en séparation de corps intéressant les mobilisés », apporte à la procédure de droit commun certaines dérogations nécessaires en vue de permettre aux citoyens présents sous les drapeaux d'introduire et de poursuivre jusqu'à décision définitive, malgré les circonstances résultant de l'état de guerre, des instances en divorce ou en séparation de corps.

Trois dispositions principales sont prévues à cet effet :

a) L'époux mobilisé est autorisé à se faire représenter par avoué pour la présentation de sa requête en divorce, ainsi que pour satisfaire à la comparution en conciliation;

b) La loi nouvelle indique expressément que le mobilisé peut renoncer à l'exception de mobilisation, elle précise même à quel moment et sous quelles formes cette renonciation devra être signifiée. De ce fait, les controverses qui s'étaient produites au sujet de l'interprétation de l'article 4 de la loi du 5 août 1914 se trouvent désormais éteintes;

c) Enfin, au cas où la commune dans laquelle le mariage a été célébré serait occupée par l'ennemi, une transcription provisoire du jugement de divorce pourra être effectuée à Paris, à charge pour le parquet de régulariser cette transcription, conformément à l'article 251 du Code civil, dès que les communications seront établies.

Le législateur donne ainsi une satisfaction légitime aux vœux maintes fois exprimés par un grand nombre de mobilisés. On

ne saurait perdre de vue que les intérêts moraux et matériels
les plus graves sont liés, en effet, à la solution rapide des instances en divorce ou en séparation de corps qui les intéressent. Il suffit d'observer, à cet égard, que le décès d'un mobilisé survenant au cours d'une procédure de divorce peut avoir
pour conséquence de permettre à une épouse indigne de conserver, avec le nom de son mari, la garde et l'éducation des enfants communs, ainsi que les avantages résultant des conventions matrimoniales et le droit à la pension.

Je ne doute pas, que, pénétrés de ces considérations, les
magistrats, les avocats et les officiers ministériels ne s'em-
ploient de tous leurs pouvoirs à seconder l'œuvre du législateur
en apportant la plus grande diligence à l'accomplissement de
leur tâche respective.

En ce qui touche plus particulièrement les parquets, ils devront veiller avec un soin tout spécial à ce qu'il soit statué dans
le plus bref délai sur les demandes d'admission au bénéfice de
l'assistance judiciaire introduites par des mobilisés dans l'intention de plaider en divorce ou en séparation de corps.

A cet égard, je vais même jusqu'à penser que, toutes les fois
que l'intéressé se trouve dans la zone des armées ou est exposé
à s'y rendre, il suffira qu'il ait signalé au parquet l'urgence de
sa demande pour que le procureur de la République, conformément aux dispositions de l'article 6 de la loi du 10 juillet 1901,
convoque d'office le bureau en vue de faire statuer sans retard
sur l'admission provisoire.

Il va de soi qu'il ne saurait être question d'exiger la comparution du mobilisé devant le bureau d'assistance judiciaire alors
qu'il est dispensé de toute comparution au cours de la procédure en divorce ou en séparation de corps par les dispositions
de la loi nouvelle.

L'article 8 de la loi du 8 juillet 1901 se borne, d'ailleurs, à
décider que le bureau peut entendre les parties sans qu'il
résulte de ce texte aucune obligation impérative.

Mais, à un autre point de vue, des incertitudes pourraient
s'élever sur la question de savoir comment, du moins lorsque le
mobilisé ne sera pas présent dans la commune de son domicile,
il sera satisfait à la disposition finale de l'article 10 de la loi
du 10 juillet 1901, ainsi conçue : « Le réclamant affirme la
sincérité de sa déclaration devant le maire de la commune de
son domicile; le maire lui en donne acte au bas de la déclaration. »

Il semble que, sans aller à l'encontre des intentions du législateur, il soit possible, par une interprétation libérale de ce texte, de concilier son application avec les nécessités imposées par les circonstances.

L'affirmation devant le maire, de la sincérité de la déclaration n'a d'autre objet que de permettre, au cas où cette déclaration viendrait à être démontrée frauduleuse, l'application éventuelle des sanctions prévues par l'article 26 de la loi du 22 janvier 1851. Il n'appartient d'ailleurs pas au maire de se porter garant de cette déclaration elle-même; il se borne seulement à en donner acte; et, dans l'opinion généralement admise, il ne peut s'y refuser alors même qu'il estimerait la déclaration inexacte; mais il devrait, en ce cas, aviser le procureur de la République qui saisirait de la question le bureau de l'assistance judiciaire seul compétent pour statuer sur l'indigence du réclamant, et pour décider s'il y a lieu d'exercer des poursuites.

Dans ces conditions, il apparaît que le vœu de la loi sera suffisamment rempli en permettant au mobilisé d'affirmer la sincérité de sa déclaration d'indigence au moyen d'une mention distincte qu'il apposera lui-même à la suite de ladite déclaration et dont il lui sera donné acte par le maire de son domicile.

Il appartiendra d'ailleurs à vos substituts, en faisant connaître aux intéressés ce moyen de satisfaire à la prescription édictée par l'article 10 de la loi du 10 juillet 1901, d'appeler leur attention sur les responsabilités pénales auxquelles ils s'exposeraient en cas de déclaration frauduleuse.

Aussitôt qu'une demande d'assistance judiciaire formée par un mobilisé parviendra à l'un des magistrats du parquet, celui-ci devra, sans aucun retard, fournir au pétitionnaire toutes indications utiles pour que les pièces nécessaires à l'instruction de sa demande puissent être établies d'urgence. Il y aura lieu notamment, de faire connaître au mobilisé :

a) Les points sur lesquels, le cas échéant, sa demande devrait être complétée;

b) Les formes dans lesquelles la déclaration d'indigence et la certification de ladite déclaration pourront être rédigées;

c) Les pièces justificatives à produire et les moyens de se les procurer (extraits des rôles d'impositions ou certificats négatifs du percepteur).

Au surplus, je compte sur l'initiative de vos substituts pour prendre toute mesure indiquée par les circonstances en vue d'obtenir qu'il puisse être satisfait dans le plus bref délai aux demandes d'assistance judiciaire formées par des citoyens présents sous les drapeaux.

Vous voudrez bien veiller à l'exécution des instructions qui précèdent et me tenir informé, le cas échéant, de toute difficulté qui serait de nature à retarder la solution d'une demande en divorce ou en séparation de corps introduite par un mobilisé.

Loi rendant applicable aux colonies de la Martinique, de la Guadeloupe et de la Réunion la loi du 30 mars 1916, concernant les actions en divorce et en séparation de corps intéressant les mobilisés.

Paris, le 6 février 1917.

Article unique. La loi du 30 mars 1916, concernant les actions en divorce et en séparation de corps intéressant les mobilisés, est rendue applicable aux colonies de la Martinique, de la Guadeloupe et de la Réunion.

V. — Décès.

Circulaire concernant les avis à donner du décès de militaires de l'armée active et des réserves ayant eu des antécédents judiciaires.

(Service intérieur ; Bureau des Archives administratives.)

Paris, le 2 février 1904.

Au moyen des mentions mises sur les registres et listes matricules dans les bureaux de recrutement, le Ministre désire connaître les décès qui se sont produits depuis une certaine époque et qui se produiront à l'avenir parmi les hommes inscrits sur ces registres et contre lesquels *une* ou *plusieurs condamnations* auraient été prononcées.

En ce qui concerne le passé, les recherches commenceront sur les registres de la classe de 1884, et s'arrêteront au 1er avril 1904.

Relativement aux décès à venir, c'est-à-dire ceux qui surviendront après le 1er avril 1904, il conviendra, dès que les décès d'hommes ayant eu des antécédents judiciaires seront notifiés à un bureau de recrutement et seront mentionnés sur les registres du recrutement, d'inscrire le nom du décédé avec les indications nécessaires sur une liste dont le modèle est annexé à la présente circulaire et aux indications duquel on devra se conformer rigoureusement.

Les listes ainsi établies seront adressées au Ministre (Service Intérieur; Bureau des Archives administratives).

Pour les décès à relever à partir de la classe de 1884 et allant, dans chaque classe, jusqu'au 1er avril 1904, elles seront envoyées au Ministre le 15 avril 1904.

Pour les décès qui surviendront après le 1er avril 1904, les listes seront transmises trimestriellement le 10e jour de chaque trimestre pour le trimestre expiré, même si on n'y enregistre aucun décès; dans ce dernier cas, elles porteront la mention « néant ».

Si des décès ne sont pas portés sur la liste qui aurait dû les mentionner, l'omission sera réparée sur la première liste à transmettre.

Il demeure entendu que l'indication des décès dont il s'agit ne devra être prise que sur les registres matricules, et seulement sur les listes matricules en ce qui concerne les engagés volontaires non encore inscrits sur un registre matricule.

La présente circulaire est applicable également aux trois bureaux de recrutement de l'Algérie.

• CORPS D'ARMÉE.

RECRUTEMENT

d

N°

(1) Grade.
(2) Pour les naissances et les décès à Paris, indiquer l'arrondissement au lieu du département.

EXÉCUTION
de la circulaire
ministérielle
du 2 février 1904.

Le (1)   commandant le Bureau
de recrutement d
au Ministre de la guerre. (Service intérieur ;
Bureau des Archives administratives.)

LISTE DES DÉCÈS des hommes encore liés au service militaire et ayant eu des antécédents judiciaires.(ᵉ trimestre 19   ).

NUMÉROS D'ORDRE.	NOMS ET PRÉNOMS. FILIATION.	NAISSANCE (2).		DÉCÈS (2).	
		DATE.	LIEU et département.	DATE.	LIEU et département.
1	D..., fils de Louis et de Dupont (Louise).	13 janvier 1875.	Paris (15ᵉ arrondiss.).	1ᵉʳ mai 1902.	Rouen (Seine-Infér.).
2	X..., fils de Pierre et de				

A   , le   19   .

Le Commandant de recrutement,

Circulaire relative aux inscriptions à porter sur le livret individuel en ce qui concerne le décès d'un militaire.

(Cabinet du Ministre ; Bureau de la Correspondance générale.)

Paris, le 22 juin 1905.

Par analogie avec les prescriptions de l'article 85 du Code civil, il convient de ne pas mentionner sur le livret individuel les causes de la mort d'un militaire, lorsque le décès provient d'un suicide ou d'un accident.

———◆———

Instruction pour les avis de décès à adresser aux familles domiciliées à l'étranger.

(Service intérieur; Bureau des Archives administratives.)

Bordeaux, le 6 octobre 1914.

Les avis de décès adressés par le Ministre aux chefs des bureaux de comptabilité des corps de troupe indiquent que ces officiers doivent prévenir la famille du défunt par l'intermédiaire du maire de la localité où cette famille est domiciliée.

L'intervention des maires pour les communications à faire aux familles ne saurait être demandée que pour la France et l'Algérie.

Dès lors qu'une famille est domiciliée hors du territoire français, il y a lieu de le signaler au Ministre sous le timbre « Service intérieur; Bureau des Archives administratives », afin qu'il en réfère à M. le Ministre des affaires étrangères à qui il appartient d'assurer toutes les communications officielles à l'étranger, par l'intermédiaire des agents diplomatiques.

———◆———

*Instruction relative aux renseignements à donner aux familles
et à la destination que doit recevoir la correspondance des
militaires mis hors de combat* (1).

Bordeaux, 8 novembre 1914

En vue de faciliter la tâche des bureaux de comptabilité, j'ai
fait réunir en un seul document toutes les dispositions antérieures relatives aux renseignements à donner aux familles des
militaires aux armées, ainsi qu'à la destination que doit recevoir la correspondance de ceux qui sont mis hors de combat

Les bureaux de comptabilité devront, en conséquence, se
conformer exclusivement, pendant la durée de la guerre, aux
dispositions ci-après :

A. — Renseignements aux familles.

I. — Indications provenant du ministère, savoir :

a) Du bureau des archives administratives.

  1° Avis de décès;
  2° Avis de disparition.

b) Du bureau des renseignements.

  1° Copies conformes des états de pertes établis par le corps sur le front et donnant toutes désignations sur les militaires qui ont été blessés ou faits prisonniers;

  2° Fiches individuelles blanches faisant connaître officiellement les formations sanitaires dans lesquelles les blessés ont été soignés;

  3° Fiches individuelles vertes donnant les mêmes renseignements qu'au paragraphe 2°, mais extraits de documents officieux (listes publiées par des journaux avis émanant de personnalités diverses);

  4° Cartes postales faisant connaître les noms, prénoms des militaires prisonniers et toutes autres indications données par les autorités allemandes.

---

(1) Modifié par circulaire du 3 janvier 1915, voir page 212.

Utilisant ces divers renseignements, les dépôts sont tenus de faire deux catégories de communications :

1° Communications réglementaires. — Sans attendre aucune demande, ils doivent informer les familles des décès, blessures et captivités; ces communications sont faites par l'intermédiaire des maires aux personnes désignées par les militaires au moment de leur entrée en campagne;

2° Réponses à des demandes. — Ils doivent répondre à toutes les questions qui leur sont posées sur le sort des militaires.

II. — Indications provenant des corps en campagne, des formations sanitaires ou des officiers de l'état civil, sous la réserve que les documents parvenus offriront un caractère d'absolue authenticité et, pour cela, seront revêtus des signatures prévues par les lois et règlements.

Pour les décès, aviser les familles par l'intermédiaire des maires et rendre compte au Ministre (Bureau des Archives).

Pour les disparitions, notifier au bureau des archives toutes les mentions de disparition qui leur parviennent directement du front. Ne faire de communication aux familles qu'après la réception de l'avis ministériel de disparition établi au bureau des archives sur le vu de l'acte constatant la réalité de la disparition. Cependant, les dépôts peuvent, en réponse aux demandes qui leur parviennent, indiquer qu'un militaire est signalé comme « *supposé disparu le...*, n'ayant plus répondu aux appels après cette date ».

(Tout acte d'état civil ou pièce en tenant lieu qui parviendrait à un dépôt doit être transmis d'urgence au bureau des archives, seul qualifié pour lui donner la destination prévue par la loi.)

Pour les blessures, maladies et captivités, et, en général, toutes indications sur la position d'un militaire autres que celles qui précèdent, les porter à la connaissance des familles, en donnant tous les détails reçus sur l'état de santé, le lieu d'hospitalisation ou d'internement...

En outre des comptes rendus indiqués ci-dessus comme devant être faits au Ministre, les dépôts doivent adresser au bureau des renseignements un état indiquant les mutations essentielles relevées sur chaque situation administrative venue du front.

Instruction concernant la destination à donner aux correspondances en souffrance et en instance dans les dépôts des corps de troupe.

Paris, le 3 janvier 1915.

Les vaguemestres des dépôts peuvent avoir à réexpédier un certain nombre de correspondances revenant du front sans motif de retour ou portant l'une des mentions suivantes : « Décédé, ou tué, disparu, blessé ou évacué, prisonnier de guerre, inconnu, refusé, passé à une autre formation. »

Les règles à suivre pour ces réexpéditions sont les suivantes, étant spécifié que, *en aucun cas*, les correspondances ne devront être ouvertes par les dépôts.

A. — Correspondances ordinaires.

1° Correspondances revenant du front sans indication de motif de retour.

Le vaguemestre examine l'adresse et la rapproche des renseignements qu'il possède sur le destinataire. A l'aide de ces renseignements, il complète ou rectifie l'adresse, s'il y a lieu. Dans le cas contraire, la lettre est envoyée de nouveau sur sa première destination.

2° Mention « Décédé » ou « Tué à l'ennemi ».

Les correspondances sont conservées jusqu'à ce que le dépôt ait connaissance que la famille a été officiellement avisée du décès.

Une fois cette formalité accomplie, le dépôt peut se trouver en présence de deux cas :

a) L'indication de l'envoyeur figure extérieurement. Dans ce cas, le vaguemestre renvoie la correspondance à l'expéditeur;

b) L'indication de l'envoyeur ne figure pas extérieurement. Tous les objets de cette catégorie sont insérés par le vaguemestre dans un sac ou dans une enveloppe unique, avec un avis indiquant que les familles ont été prévenues du décès. L'enveloppe ou le sac porte l'adresse du « Dépôt central des rebuts à Paris » et l'empreinte lisible du timbre du dépôt envoyeur.

Si au bout de trois mois le dépôt n'a pas reçu de renseignements officiels sur le décès du militaire et sa notification à la famille, la correspondance sera renvoyée à l'expéditeur, s'il est connu, ou, dans le cas contraire, versée au rebut, après que l'annotation « Décédé » ou « Tué à l'ennemi » aura été soigneusement rendue illisible et remplacée par la suivante : « Le destinataire n'a pu être atteint. » Le délai de trois mois est compté à partir de la date indiquée par le timbre d'origine.

Les objets qui ne porteront aucune empreinte du timbre à date seront, dès leur apparition au dépôt, annotés : « Trouvé au dépôt de..... le..... »

3° Mention « Disparu ».

La correspondance est gardée par le dépôt jusqu'à ce qu'il ait été invité par le Ministre de la guerre (Bureau des Archives) à notifier la disparition à la famille.

Le dépôt lui donne ensuite la destination indiquée pour les lettres portant la mention « Décédé » ou « Tué à l'ennemi. »

Si, au bout d'un mois, le dépôt n'a pas reçu de renseignements sur le militaire signalé comme disparu, il devra s'assurer qu'il ne lui est parvenu pour le destinataire aucun avis de décès, d'hospitalisation ou de captivité. C'est seulement alors qu'il renverra la correspondance aux expéditeurs ou la versera au rebut, suivant le cas, après que la mention « Disparu » aura été soigneusement rendue illisible et remplacée par l'annotation : « Le destinataire n'a pu être atteint. » Le délai est compté comme il est dit plus haut (2°).

4° Mention « Blessé » ou « Evacué ».

Si le dépôt a connaissance du lieu d'hospitalisation ou de convalescence, il dirige la correspondance sur son destinataire. S'il a appris le décès, il suit les indications données au paragraphe 2°.

En l'absence de toute indication sur le sort d'un blessé ou d'un évacué, sa correspondance doit être conservée dans les mêmes conditions que pour les disparus. Le délai d'un mois passé, elle sera renvoyée aux expéditeurs ou versée au rebut, suivant le cas, et en appliquant les mêmes règles que pour les disparus. Ce délai sera compté comme il est dit plus haut (2°).

5° Mention « Prisonnier de guerre ».

Toute la correspondance sera conservée par le dépôt jusqu'à ce qu'il ait connaissance que la famille a été avisée officiellement de la captivité. Cette formalité accomplie, les objets seront renvoyés aux expéditeurs ou versés au rebut, suivant le cas. La mention « Prisonnier de guerre en Allemagne » sera portée sur l'enveloppe. Si dans le délai d'un mois le dépôt n'a pas reçu avis de la captivité du destinataire, la mention « Prisonnier de guerre en Allemagne » est rendue illisible et remplacée par l'indication « Le destinataire n'a pu être atteint ». L'objet est ensuite retourné à l'expéditeur ou envoyé au rebut.

6° Mention « Inconnu ».

a) Si le destinataire est inconnu au dépôt, la mention « Inconnu au dépôt » sera portée sur les correspondances, qui seront immédiatement renvoyées à l'expéditeur ou versées au rebut suivant le cas;

b) Si la mention « Inconnu » (« Inconnu telle formation », « Inconnu secteur postal n°....., ».) a été portée par le vaguemestre du front, le vaguemestre du dépôt vérifiera si les renseignements qu'il possède lui permettent de diriger la lettre sur une autre destination et, dans l'affirmative, il en rectifiera ou recomplétera l'adresse. S'il ne possède aucun renseignement, le vaguemestre conservera les correspondances en observation un mois. A l'expiration de ce délai, il les renverra à l'expéditeur ou les versera au rebut, suivant le cas, avec la mention « Le destinataire n'a pu être atteint ».

7° Mention « Refusée ».

Les correspondances seront immédiatement retournées à l'expéditeur ou versées au rebut, suivant le cas.

8° Mention « Passé à une autre formation ».

Les objets seront traités comme il est dit au paragraphe 6° *b).*

Observation générale.

Toutes les lettres versées au rebut doivent être dirigées sur le « dépôt central des rebuts à Paris », dans les conditions fixées par le paragraphe 2° *b),* (mention « Décédé » ou « Tué à l'ennemi »).

B. — Objets recommandés, mandats-cartes, mandats-lettres, mandats télégraphiques.

Ils seront traités et annotés comme les objets ordinaires de la catégorie correspondante; mais il est rappelé qu'ils doivent *toujours* être remis isolément et à découvert au receveur du bureau de poste de la localité.

C. — Mesures transitoires.

Par exception, lorsque l'expéditeur auquel des objets doivent être renvoyés en vertu des dispositions qui précèdent aura son domicile dans une localité notoirement occupée par l'ennemi, le dépôt conservera ces objets jusqu'à ce qu'il ait reçu avis du Ministre de la guerre (Bureau des Archives) qu'il peut acheminer les correspondances destinées à tel ou tel arrondissement.

D. — Mesures d'ordre.

Les vaguemestres des dépôts doivent prendre note très soigneusement des mutations des hommes qui dépendent de leur dépôt et des entrées et sorties des militaires dans les établissements sanitaires.

Quel que soit le motif de non-distribution, toutes les lettres doivent, pendant leur séjour dans les dépôts, être classées par régiment, compagnie, etc..., et, dans chacune de ces subdivisions, être disposées par ordre alphabétique. De cette manière, les vaguemestres pourront rapidement regarder chaque jour s'il y a des correspondances pour les militaires au sujet desquels parviendront les renseignements nouveaux.

Les vaguemestres doivent effectuer *quotidiennement* les réexpéditions ou les envois au rebut.

Enfin l'autorité militaire, avec le concours des fonctionnaires des postes, continuera à procéder à des vérifications fréquentes et parfois inopinées du service des vaguemestres, afin de s'assurer de leur fonctionnement régulier.

Loi complétant, en ce qui concerne les actes de décès de militaires ou civils tués à l'ennemi ou morts dans des circonstances se rapportant à la guerre, les articles du Code civil sur les actes de l'état civil modifiée par la loi du 28 février 1922, B. O., p. 833).

Paris, le 2 juillet 1915.

Article 1ᵉʳ. L'acte de décès d'un militaire des armées de terre ou de mer, tué à l'ennemi, mort de blessures ou de maladie contractées en service commandé, ou encore des suites d'accidents survenus en service ou à l'occasion du service, en temps de guerre, de tout médecin, ministre du culte, infirmier, infirmière des hôpitaux militaires et formations sanitaires, ainsi que de toute personne ayant succombé à des maladies contractées au cours de soins donnés aux malades ou blessés de l'armée, de tout civil ayant succombé à la suite d'actes de violence commis par l'ennemi devra, sur avis favorable de l'autorité militaire, contenir la mention : « Mort pour la France. »

Article 2. En ce qui concerne les militaires ou civils tués ou morts dans les circonstances prévues par l'article 1ᵉʳ, depuis le 2 août 1914 et dont l'acte de décès ne contiendrait pas, par erreur, omission ou toute autre cause, la susdite mention, l'officier de l'état civil devra, sur avis favorable de l'autorité militaire, inscrire en marge des actes de décès les mots : « Mort pour la France. »

Il en sera de même pour les actes qui, par erreur ou omission, ne contiendraient pas cette mention.

Article 3. Les dispositions ci-dessus s'appliquent à tout otage, à tout prisonnier de guerre, militaire ou civil, mort en pays ennemi ou neutre, des suites de ses blessures, de mauvais traitements, de maladies contractées ou aggravées en captivité, d'un accident du travail ou fusillé par l'ennemi.

Article 4. La présente loi est applicable aux actes de décès des indigènes de l'Algérie, des colonies ou pays de protectorat et des engagés au titre étranger tués ou morts dans les mêmes circonstances.

Notification d'une circulaire du Garde des sceaux, Ministre de la justice, relative à l'inscription, en vertu de la loi du 2 juillet 1915, de la mention « Mort pour la France » dans les actes de décès.

Paris, le 8 juillet 1915.

Le Garde des Sceaux, Ministre de la justice, à MM. les Procureurs généraux près les Cours d'appel de France et d'Algérie.

Une loi du 2 de ce mois ordonne de porter, sur avis de l'autorité militaire, la mention « Mort pour la France » dans l'acte de décès de tout « militaire des armées de terre ou de mer tué à l'ennemi ou mort des suites de ses blessures ou d'une maladie contractée sur le champ de bataille », de tout « médecin, ministre du culte, infirmier, infirmière des hôpitaux militaires et formations sanitaires », de toute « personne ayant succombé à des maladies contractées au cours des soins donnés aux malades ou blessés de l'armée », de tout « civil tué par l'ennemi soit comme otage, soit dans l'exercice des fonctions publiques électives, administratives ou judiciaires ou à leur occasion ».

Cette prescription formulée pour les actes à venir dérive de l'article 1er; l'article 2, se référant au passé, c'est-à-dire aux actes déjà dressés, dispose que, sur l'avis de l'autorité militaire, l'officier de l'état civil devra inscrire les mots : « Mort pour la France » en marge des actes de décès des « militaires ou civils, tués ou morts dans les circonstances prévues par l'article 1er depuis le 2 août 1914 ».

Les dispositions des articles 1er et 2 sont, aux termes de l'article 3, applicables sans distinction entre les citoyens et les simples sujets français et quelle que soit la nationalité de celui qui a été tué ou est mort dans les circonstances indiquées par la loi, en ce sens qu'il y a lieu de s'y conformer tant à l'égard des « indigènes de l'Algérie, des colonies ou pays de protectorat » que des « engagés au titre étranger ».

L'application de la nouvelle loi dépend à la fois des officiers de l'état civil qualifiés comme tels par le droit commun et des officiers et fonctionnaires militaires exceptionnellement investis des fonctions d'officier de l'état civil aux armées.

Le Ministre de la guerre donnera aux officiers et fonctionnaires militaires chargés de recevoir les actes de décès aux armées, conformément aux articles 93 et suivants du Code civil, modifiés par la loi du 8 juin 1893, et à leurs chefs hiérarchiques, toutes les instructions nécessaires.

La présente circulaire est destinée aux officiers de l'état civil du droit commun, maires et adjoints ou conseillers municipaux appelés éventuellement à les suppléer, ainsi qu'aux procureurs de la République sous l'autorité et le contrôle desquels les maires et leurs suppléants sont placés en ladite qualité.

Les maires auront à se pénétrer de la distinction établie par la loi du 2 de ce mois au point de vue de l'inscription de la mention « Mort pour la France » entre les actes de décès postérieurs à cette loi et les actes antérieurs.

Ils s'attacheront, pour l'application de cette distinction, non pas à la date que porte la loi nouvelle, mais à celle à laquelle elle deviendra exécutoire selon l'article 2 du décret du 5 novembre 1870, aux termes duquel les lois sont obligatoires, à Paris, un jour franc après leur promulgation résultant de leur insertion au *Journal officiel*, et partout ailleurs dans l'étendue de chaque arrondissement, un jour franc après l'arrivée du *Journal officiel* au chef-lieu de l'arrondissement.

Les maires auront à se conformer à l'article 1er de la loi pour les actes à dresser par eux à partir de la date à laquelle elle sera devenue exécutoire et à l'article 2 pour les actes établis auparavant.

I. — ACTES POSTÉRIEURS A LA LOI DU 2 JUILLET 1915.

Trois cas sont à distinguer :

1er CAS. — *Actes de décès dressés aux armées* (art. 93 du Code civil). — C'est aux officiers et fonctionnaires militaires qualifiés pour recevoir ces actes, en vertu de l'article 93 du Code civil, de faire figurer la mention « Mort pour la France » dans le corps même de l'acte. Les maires n'ont, en cette hypothèse, aucun rôle à remplir et il leur incombe simplement de transcrire sur les registres de l'état civil les actes qu'ils reçoivent du Ministre de la guerre.

2e CAS. — *Actes de décès dressés en cas de mort survenue en dehors des armées, mais dans un établissement militaire* (art. 80 du Code civil). — Pour les décès survenus en dehors des armées, mais dans un hôpital ou une formation sanitaire relevant du ministère de la guerre, ou dans tout autre établissement militaire, l'acte est dressé par le maire de la commune où l'établissement est situé, dans les conditions particulières fixées par l'article 80 du Code civil, c'est-à-dire sur déclaration faite par l'officier d'administration gestionnaire et sur renseignements pris par cet officier.

Le Ministre de la guerre donnera des ordres pour que la déclaration porte désormais, s'il y a lieu, la mention « Mort pour la France ». Le maire n'aura qu'à reproduire cette indication dans le corps de l'acte par lui dressé en conséquence.

3° CAS. — *Actes de décès dressés dans les conditions du droit commun* (art. 78 et 79 du Code civil). — En ce qui concerne les décès de militaires ou de personnes non militaires survenus en dehors des armées et des établissements militaires, c'est le droit commun qui s'applique pour la réception des actes; par conséquent, c'est aux maires qu'incombera, sous leur responsabilité, le soin d'insérer, quand il y aura lieu, la mention « Mort pour la France », sauf à eux à se faire couvrir, au préalable, par un avis conforme de l'autorité militaire, comme le veut la loi.

Ils procéderont à cette insertion sur la demande qui leur en sera faite lors de la déclaration de décès prévue par l'article 78 du Code civil, soit par les déclarants eux-mêmes, soit par un parent du défunt ou le conjoint survivant.

Si l'avis de l'autorité militaire ne leur est pas produit à l'appui de cette demande, ils le provoqueront d'urgence en s'adressant, à cet effet, par les voies les plus rapides, au général commandant la région, à qui ils soumettront un certificat de cause de décès délivré par le médecin traitant, à la requête de la famille ou de l'époux survivant.

Il appartiendra au général commandant la région, s'il est d'ores-et déjà en possession de renseignements lui permettant de formuler l'avis à fournir par l'autorité militaire, de le communiquer immédiatement au maire; sinon il n'exprimera son avis qu'après enquête.

Le recours à l'autorité militaire en vue d'obtenir l'avis exigé par la loi ne saurait avoir pour effet de retarder l'établissement de l'acte de décès.

En effet, c'est une règle absolue, à laquelle il ne saurait être dérogé sous aucun prétexte, que, dès que l'officier de l'état civil a constaté un décès, il doit sans délai en dresser acte.

En conséquence, dans l'hypothèse considérée, si l'officier de l'état civil, lorsqu'il vient de procéder à la constatation du décès. n'a pas encore reçu l'avis de l'autorité militaire, il passera outre et dressera l'acte sans y insérer la mention requise ni laisser de blanc pour l'y inscrire après coup.

Mais la loi ne saurait pour cela rester lettre morte, et j'estime que, si elle ne peut alors être appliquée à la lettre, elle doit l'être dans son esprit; le maire portera donc la mention en marge de l'acte lorsque l'avis favorable de l'autorité militaire lui sera parvenu.

Cette procédure d'annotation marginale devra être limitée au seul cas où l'insertion de la mention aura été demandée en temps voulu, c'est-à-dire avant l'établissement de l'acte de décès.

Elle ne saurait être étendue à l'hypothèse où la demande ne serait formulée qu'après que l'acte aura été dressé.

Le maire ne pourra donner suite à cette requête tardive et, pour y faire droit, il faudra un jugement. Il appartiendra d'ailleurs au ministère public, selon les circonstances, de poursuivre d'office devant le tribunal civil l'addition de la mention à l'acte de décès.

Vous trouverez ci-annexée la formule à employer par les maires pour la rédaction des actes de décès dans lesquels ils auront à insérer la mention « Mort pour la France »; ce modèle se substituera à celui qui figure dans le formulaire général joint à ma circulaire du 10 janvier 1913.

Si ladite mention est, après réception de l'acte, inscrite en marge, elle devra, conformément à la règle suivie en matière d'actes de l'état civil pour toutes les mentions marginales, être datée et signée par l'officier de l'état civil; sinon elle n'aurait pas un caractère authentique.

Les avis de l'autorité militaire, sur le vu desquels la mention « Mort pour la France » aura été portée dans le corps ou en marge des actes de décès, seront provisoirement conservés par les maires pour être déposés, en fin d'année, au greffe du tribunal civil avec le double du registre des actes de décès.

II. — Actes antérieurs a la loi du 2 juillet 1915.

En ce qui concerne les actes de décès dressés depuis le 2 août 1914 jusqu'au jour où la loi du 2 de ce mois sera devenue exécutoire, il y a lieu, pour déterminer les conditions d'application de cette loi, de distinguer entre ceux qui ont été reçus aux armées puis transcrits sur les registres de l'état civil du dernier domicile du défunt (art. 93 et 94 du Code civil) et ceux qui auront été directement établis par les maires, soit sur la déclaration d'officiers d'administration gestionnaires, en cas de mort dans un établissement militaire (art. 80 du Code civil), soit dans les conditions du droit commun (art. 78 et 79).

Dès la réception de la présente circulaire, le maire aura à re-

chercher, dans les actes dressés aux armées et transcrits par lui
et dans ceux qu'il aura établis sur la déclaration d'officiers d'administration gestionnaires, les mentions que peuvent déjà contenir ces actes et qui, comme les suivantes, comporteraient la
constatation d'une des circonstances spécifiées par l'article 1er
de la loi du 2 de ce mois : « Tué à l'ennemi, mort sur le champ
de bataille, mort de blessures de guerre ».

S'il relève dans lesdits actes une telle mention inscrite par
l'autorité militaire ou sur son initiative, il portera d'office en
marge de l'acte la mention « Mort pour la France », sans avoir
à provoquer l'avis de cette autorité qui est déjà exprimé.

S'il ne trouve dans ces actes qu'une mention d'une portée douteuse, comme, par exemple, s'il est indiqué qu'un militaire est
mort de maladie sous les drapeaux, sans qu'il soit précisé que
la maladie a été contractée sur le champ de bataille, ou si l'acte
ne renferme aucune mention relative aux circonstances du décès, le maire se pourvoira de l'avis de l'autorité militaire.

En ce qui touche les actes de décès reçus dans les conditions
ordinaires prévues par les articles 78 et 79 du Code civil, le
maire, qui aura à les compléter par l'addition en marge de la
mention « Mort pour la France » si la demande lui en est faite
soit par l'autorité militaire, soit par un parent ou le conjoint survivant du défunt, aura également, dans cette seconde hypothèse,
à provoquer l'avis de cette autorité.

Pour obtenir cet avis, il s'adressera au commandant du dépôt
du régiment auquel appartenait le défunt ou, dans le cas où le
militaire décédé ne faisait pas partie d'un corps de troupe, à
M. le Ministre de la guerre (Service intérieur; Archives administratives).

Si le maire est requis de porter la mention prévue par la loi
du 2 de ce mois en marge de l'acte de décès d'une personne non
militaire, c'est au général commandant la région qu'il demandera l'avis de l'autorité militaire. Cet officier général exprimera
son avis après avoir, s'il y a lieu, procédé à une enquête.

Les mentions marginales, comme il a été dit ci-dessus, doivent être datées et signées par l'officier de l'état civil.

III. — DISPOSITIONS SPÉCIALES CONCERNANT LES MARINS ET LE PERSONNEL RELEVANT DU MINISTÈRE DE LA MARINE.

Les instructions contenues dans la présente circulaire s'appliqueront de tous points aux mentions à inscrire dans le corps ou
en marge des actes de décès des marins et autres personnes relevant à un titre quelconque du ministère de la marine.

Toutefois, c'est dans tous les cas au Ministre de la marine que les maires s'adresseront éventuellement pour obtenir l'avis exigé par la loi du 2 de ce mois.

Tout ce qui est dit plus haut au sujet des actes reçus aux armées concerne également les actes de décès dressés pendant un voyage maritime, en vertu de l'article 86 du Code civil.

Je vous prie de vous concerter avec MM. les préfets des départements compris dans votre ressort, afin d'assurer à la présente circulaire la plus large publicité, notamment par voie d'insertion aux *Recueils des Actes administratifs*.

Annexe à la circulaire du 8 juillet 1915.

MODÈLE D'ACTE DE DÉCÈS COMPORTANT LA MENTION
« MORT POUR LA FRANCE ».

Le dix-huit juillet mil neuf cent quinze, huit heures du matin, est décédé en son domicile, lieu dit le Mas-Pagris, Pierre-Armand-Théodore LEFÈVRE, né à Perpignan (Pyrénées-Orientales), le dix février mil huit cent quatre-vingt-dix (ou âgé de vingt-cinq ans), métayer, fils de Pierre-Jacques LEFÈVRE, décédé, et de Marie-Jeanne DUPONT, sa veuve, sans profession, domiciliée à Arles-sur-Tech, époux de Rosalie CORDIER, ledit Pierre-Armand-Théodore LEFÈVRE est mort pour la France.

Dressé le vingt juillet mil neuf cent quinze, deux heures du soir, sur la déclaration de..... et de....., qui, lecture faite, ont signé avec nous....., maire de Montalba.

Loi relative aux actes de décès des personnes présumées victimes d'opérations de guerre.

Paris, le 3 décembre 1915.

Article unique. Les articles 89, 90, 91 et 92 du Code civil sont applicables au cas de toutes les personnes décédées victimes des opérations de guerre, postérieurement au 2 août 1914, quand il n'aura pas été dressé d'acte régulier de décès.

Les Ministres compétents pour déclarer la présomption de décès sont : le Ministre de la guerre pour les militaires et assimilés; le Ministre de la marine, pour les marins et assimilés, et le Ministre de l'intérieur pour toutes les autres personnes.

Instruction pratique concernant la constatation aux armées des évacuations, disparitions, décès et inhumations.

(Service général des Pensions; Cabinet.)

Paris, le 2 juin 1916.

AVIS.

Conformément aux dispositions de la loi du 18 février 1916, le Bureau des Archives, le Bureau des Renseignements aux familles et la Section des Successions militaires, qui dépendaient de trois directions différentes, ont été rattachés à un même service, dénommé Service général des Pensions, Secours, Renseignements aux familles, Etat civil et Successions militaires.

En conséquence, les officiers d'état civil ayant à correspondre avec les trois organes susvisés devront libeller leurs adresses comme suit :

1° *Service général des pensions, Bureau des Archives (ministère de la guerre, Paris, 7°).*

2° *Service général des pensions, Bureau des Renseignements aux familles (École supérieure de guerre, avenue de la Motte-Picquet, Paris, 7°).*

3° *Service général des pensions, Bureau des Successions militaires (1, rue Lacretelle, Paris, 15°).*

BUT DE L'INSTRUCTION.

L'identification des hommes évacués, disparus ou tués, le repérage des sépultures provisoires sur les lieux de combat, etc., pouvant entraîner d'inextricables difficultés si elles ne sont faites rigoureusement, la présente instruction, complétant les précédentes décisions sur la matière, formule un certain nombre de règles pratiques, dont les officiers à qui incombent ces diverses opérations doivent s'inspirer strictement durant l'accomplissement de leur mission.

Il leur est rappelé que le défaut ou l'inexactitude des renseignements qu'ils ont à recueillir et à transmettre peuvent avoir de graves conséquences, soit par les mesures administratives qu'ils provoquent, soit par les informations erronées, insuffisantes ou tardives qui en découlent pour les familles.

CHAPITRE Ier.

ÉTABLISSEMENT DES PIÈCES.

§ 1. — Etats de pertes.

Aux termes de l'instruction du 20 février 1900 sur le service des états-majors (*B. O. É. M.*, vol. 62), des états modèles n° 5 doivent être fournis par chaque corps ou service à l'issue de tout événement ayant occasionné des pertes dans les effectifs dudit corps ou service.

Ces états doivent être envoyés directement par les corps au Ministre [Service général des Pensions, Bureau des Renseignements aux familles (1)].

Il est très important, pour l'attribution qui en est faite ultérieurement, qu'ils soient dressés sur des feuilles séparées pour chaque catégorie de pertes : blessés, disparus ou tués. Cette distinction est réglementaire et doit être maintenue.

Des états bien établis indiquent :

a) Les noms et prénoms de tous les blessés, disparus, tués;

b) Leur état militaire (grade, dépôt d'origine, classe, recrutement, matricules au corps et au recrutement);

c) La date et le lieu des blessures, disparition ou décès (la date étant désignée par les jour, mois, an; le lieu par le nom de la commune, précisé par l'appellation géographique, cote ou nom, portée sur la carte d'état-major);

d) Autant que possible, les noms des militaires affirmant avoir vu leurs camarades morts ou blessés, ou avoir constaté leur disparition. Cette dernière indication facilite la tâche des officiers chargés de dresser les actes de décès ou de disparition, ou les procès-verbaux de décès.

Les états doivent être établis et expédiés *le plus tôt possible* après l'événement; il est prudent, toutefois, de ne les arrêter qu'après un certain délai (deux ou trois jours), pendant lequel les hommes simplement égarés ou légèrement blessés rejoignent d'ordinaire leur formation.

---

(1) Cette destination n'est pas contraire à celle prévue par le Règlement sur le service d'état-major, le Bureau des Renseignements aux familles assurant pour les tués et disparus la transmission au Bureau des Archives.

L'intérêt qui s'attache à l'envoi des états de pertes est considérable : ce sont les pièces par lesquelles le Ministre connaît pour la première fois, administrativement, les disparus et les morts.

§ 2. — Carnets de passage.

Ces carnets, institués par l'instruction 2003/S du général commandant en chef, en date du 19 juillet 1915, font connaître au Ministre les blessés ou malades passant dans une formation sanitaire.

L'utilisation qui en a été faite a répondu, en général, pleinement au but de leur institution. Il importe, toutefois, de préciser certaines règles d'emploi.

Ces carnets sont tenus en conformité de l'instruction précitée, rappelée par les mentions imprimées sur la couverture de chacun d'eux. Ils sont remplis par feuille, comprenant chacune trois exemplaires. Ils sont numérotés sur la couverture, dès leur réception, par les soins de chaque formation, suivant une série qui lui est propre.

Il est expressément rappelé :

1° Que le deuxième exemplaire de chaque feuille doit être envoyé au Ministre (Service général des Pensions, Bureau des Renseignements aux familles), en fin de toute journée pour laquelle le carnet a donné lieu à inscription. Chaque feuille contenant dix cases, est préparée pour recevoir dix noms. Si, en fin d'inscription d'une journée, une feuille comprend moins de dix noms, la partie remplie est seule envoyée; le surplus de la feuille sert pour les inscriptions ultérieures. Cet exemplaire, qui doit être envoyé dans les vingt-quatre heures de l'entrée du premier malade porté en tête de l'envoi, ne comprend en général que les entrées. Il n'indique les sorties que si le malade ou blessé est entré et sorti dans la même journée ou s'il est décédé le jour de son entrée. Il est recommandé aux officiers gestionnaires de porter au dos de chaque deuxième exemplaire, au moyen d'un timbre, la mention de leur formation et le numéro du carnet, en vue d'éviter les pertes de pièces. Ce deuxième exemplaire est envoyé au Ministre sous une chemise-bordereau qui répète le numéro du carnet d'où il est tiré et donne les premier et dernier numéros d'ordre des cases comprises dans l'exemplaire adressé.

2° Que les exemplaires 1 et 3 doivent faire connaître, en outre des indications portées au deuxième, la sortie et la destination donnée au malade ou blessé (formation sanitaire, envoi en convalescence, rentrée au corps) ou le décès.

Pour les évacuations, les bandes détachables composant le premier exemplaire sont collées sur une feuille qui constitue la feuille d'évacuation, laquelle indique le nombre des bandes envoyées et le numéro du carnet d'où elles sont tirées. Pour les blessés ou malades envoyés en convalescence (par congé ou permission), rentrant au corps ou décédant, les bandes qui les concernent sont collées sur une feuille qui porte les mêmes indications; cette feuille est envoyée au Ministre (Service général des Pensions, Bureau des Renseignements aux familles) comme l'ont été les deuxièmes exemplaires. Le troisième exemplaire reste à la souche;

3° Que spécialement la colonne 6 de la feuille est utilisée pour indiquer :

a) La date d'entrée des malades dès leur réception;

b) Le diagnostic, à la réception également, quand les entrées ne sont pas trop nombreuses et sans que jamais cette inscription doive gêner le travail d'identification. Dans ce dernier cas, la mention n'est portée que sur la souche, aussitôt que possible. (Note du G. Q. G. n° 233/S, du 3 janvier 1916);

c) La date de sortie, la destination, le décès;

d) En ce qui concerne les formations qui reçoivent un évacué d'une autre formation sanitaire, la mention « venant de (telle formation) ».

L'emploi du carnet de passage, institué par l'instruction 2003/S, dispense les formations sanitaires :

1° De la tenue de l'ancien carnet prévu par le règlement sur le service de santé;

2° De l'envoi aux dépôts des corps de tous bulletins ou avis d'admission dans les formations, les dépôts étant avisés par le Bureau des Renseignements aux familles.

§ 3. — Carnets du champ de bataille.

Ces carnets, institués comme les précédents par l'instruction n° 2003/S, en date du 19 juillet 1915, du général commandant en chef, sont tenus par tous les officiers qui procèdent à des inhumations dans la zone des armées.

Il importe qu'ils soient employés strictement en conformité des prescriptions de l'instruction qui les a institués, rappelées par les mentions imprimées sur leur couverture.

Les carnets sont utilisés par feuille comprenant chacune trois exemplaires.

Le premier exemplaire de chaque feuille est destiné au Ministre, le deuxième au maire de la commune sur le territoire de laquelle est le lieu d'inhumation.

Cette destination est assurée de la manière suivante :

1° L'exemplaire destiné au Ministre lui est adressé sous le timbre du Service général des Pensions, Bureau des Renseignements aux familles, dans les vingt-quatre heures de sa transmission à l'officier chargé de l'envoi;

2° L'exemplaire destiné aux communes est, si le lieu d'inhumation se trouve en France, remis au maire de la commune dans le territoire de laquelle les morts ont été enterrés; lorsque les municipalités ne fonctionnent plus, l'expédition est adressée au sous-préfet, au préfet ou au Ministre de l'intérieur, selon que l'administrateur de l'arrondissement ou du département se trouve ou non à son poste; si le lieu d'inhumation est en pays étranger, l'exemplaire est remis directement aux autorités locales; en cas d'impossibilité, il est adressé, sous bordereau explicatif, au Ministre de la guerre, Service général des Pensions (Bureau des Renseignements aux familles).

Les indications que donne ce deuxième exemplaire. sont, avant son expédition, utilisées pour établir les pièces de décès des morts trouvés sur le terrain et déterminer l'emplacement de leur tombe (voir ci-après chapitre III, § 3).

L'envoi des expéditions est fait directement par les officiers désignés à cet effet par le commandement dans chaque armée, conformément aux indications données ci-après (chapitre III, §§ 2 et 3).

Le troisième exemplaire reste à la souche.

§ 4. — Actes de décès.

L'acte de décès est la seule pièce, parmi celles à l'établissement desquelles un décès peut donner lieu, constituant un acte de l'état civil.

Pour être établi légalement et être valable, il doit satisfaire aux conditions réglées par les articles 79 et suivants du Code civil. rappelées dans l'instruction ministérielle du 23 juillet 1894 (voir p. 34).

Ces conditions sont résumées par les règles pratiques ci-après :

a) *L'acte doit être établi par un officier de l'état civil.*

Il peut l'être :

1° Par tous les officiers énumérés dans l'article 93 du Code civil;

2° Par le maire de la commune ou son remplaçant légal (adjoint, puis conseillers municipaux dans l'ordre du tableau).

Il ne peut l'être par aucune autre autorité.

b) *L'acte doit être établi par l'officier d'état civil compétent.*

L'officier désigné, conformément à l'article 93 du Code civil, pour être officier de l'état civil d'un corps, service ou formation est compétent pour dresser l'acte de décès de tout militaire décédé, soit appartenant à sa formation, soit mort dans le secteur attribué à sa formation.

De même le maire de la commune (ou son remplaçant légal) est compétent pour les décès survenus sur le territoire de cette commune.

Ces officiers de l'état civil doivent établir l'acte de décès lorsque les conditions exposées aux alinéas c) et d) sont réunies.

En cas d'hésitation sur la compétence, un officier de l'état civil ne doit jamais refuser de rédiger un acte de décès lorsqu'il est, par la présence de témoins, en mesure de le faire. Les irrégularités dont les actes seraient entachés de ce chef seraient ultérieurement redressées par les soins du Ministre.

En cas de réclamation de compétence par un officier municipal, le différend est réglé par le commandement. L'établissement de deux actes de décès pour un même individu présente d'ailleurs moins d'inconvénients que l'abstention, la confusion des deux actes étant ultérieurement poursuivie par l'Administration centrale.

c) *L'acte doit être établi à l'occasion d'un décès.*

L'officier de l'état civil, doit, en conséquence, se rendre compte de la réalité de la mort, soit par lui-même, soit par un médecin. Toutefois, si les circonstances ne permettent pas de remplir cette obligation, il ne doit pas s'abstenir de dresser un acte pour lequel il aurait réuni les deux témoins prévus par l'alinéa ci-après; mais alors, s'il ne peut pas constater personnellement le décès, il l'indique dans le corps de l'acte.

d) *L'acte doit être établi sur le témoignage de deux personnes ayant connu le décédé et constaté le décès.*

La condition imposée par la loi pour l'établissement d'un acte de décès valable est qu'il y ait certitude sur l'identité du défunt, c'est-à-dire certitude que l'individu porté dans l'acte comme dé‑cédé est bien celui dont l'acte énumère les noms et qualités.

L'acte est parfait à cet égard quand l'officier d'état civil et les deux témoins, ayant tous connu le décédé, sont à même d'affirmer son identité.

Mais il se rencontre que généralement l'officier ne connaît pas le décédé. Lorsque deux personnes, dignes de foi, ont connu le décédé et le décès, l'officier de l'état civil doit se considérer comme se trouvant dans les conditions légales pour la réunion des témoins et en mesure, par suite, d'établir un acte valable.

Il peut encore se considérer dans les conditions légales lorsque le défunt s'est nommé avant de mourir, ou, d'une manière géné‑rale, lorsque l'identité affirmée par deux témoins résulte d'une manière certaine des circonstances du décès.

Si l'identité reste douteuse malgré tous les efforts tentés pour la déterminer, l'officier d'état civil se borne à dresser un procès‑verbal de constatation de décès (voyez ci-dessous § 5 du même chapitre).

Dès que l'officier de l'état civil a réuni les deux témoins réali‑sant les conditions légales, et dans ce cas quel que soit le temps écoulé depuis la mort, il est de son devoir le plus strict de dres‑ser immédiatement l'acte de décès, de le faire signer par les té‑moins et de le signer lui-même.

Si les témoins ne savent pas écrire, l'officier de l'état civil leur fait tracer une croix en place de signature et porte la mention « Le témoin a déclaré ne pas savoir signer ».

Pratiquement, un acte de décès bien établi indique :

a) La date de la mort (jour. mois, an), et autant que possible l'heure;

b) Le lieu du décès (commune et appellation géographique, cote ou nom, tirée de la carte d'état-major);

c) L'état militaire du défunt (nom, prénoms, grade, régiment, classe, recrutement, matricules au corps et au recrutement) (1);

d) Sa filiation;

e) Son dernier domicile légal;

f) Son état matrimonial (s'il est marié ou non, et avec qui);

---

(1) Il est rappelé que, en vertu d'instructions de M. le Garde des sceaux, Ministre de la justice, les officiers d'état civil doivent, le cas échéant, indiquer dans le texte des actes qu'ils rédigent le grade qu'ont dans la Légion d'honneur le défunt, l'officier d'état civil et tout témoin compa‑rant; les mêmes prescriptions s'appliquent à la médaille militaire et à la croix de guerre.

g) Les qualités (nom, prénoms, état) de l'officier d'état civil et des témoins;

h) Les causes de la mort, lorsque le défunt a été tué à l'ennemi, est mort des suites de blessures de guerre, ou de blessures reçues en service, ou de maladie contractée en service. L'attention des officiers de l'état civil est spécialement attirée sur ce point : l'acte doit indiquer, si le fait est certain, les causes ci-dessus énumérées; lorsque le fait est incertain, ou que le décès n'est pas imputable au service, l'acte ne porte mention d'aucune cause de mort. Il ne contient jamais de renseignements d'ordre médical (1);

i) La mention « mort pour la France » est apposée sur l'acte si le décédé a été tué à l'ennemi ou si le décès est dû à des blessures de guerre, ou des blessures reçues en service, ou à une maladie contractée en service dans la zone de l'avant (mais dans ces cas seulement) (2);

Les mentions *d*), *e*), *f*) de l'énumération ci-dessus ne sont portées que si l'officier est certain de les donner exactement. En cas d'incertitude, il est préférable que l'acte ne les indique pas. Elles seront ajoutées ultérieurement par l'Administration centrale.

L'officier de l'état civil inscrit les actes de décès sur son registre des actes de décès.

Il en envoie aussitôt après une expédition au Ministre (Service général des Pensions, Bureau des Archives), seul qualifié pour la recevoir directement. L'expédition destinée au Ministre doit être légalisée.

La légalisation consiste, pour l'officier de l'état civil, à faire certifier sa signature par l'autorité qualifiée à cet effet (le sous-intendant militaire légalise la signature des officiers des corps de troupe ou de prévôté; le médecin-chef, celle des officiers de formations sanitaires); cette autorité vérifie la forme de la pièce qu'elle légalise.

Il est rappelé que : 1° des extraits de tous les actes rédigés durant le mois précédent; 2° un compte rendu du nombre des actes établis dans le mois précédent, doivent être envoyés, le 1ᵉʳ de chaque mois, au Ministre (Service général des Pensions, Bureau des Archives).

---

(1) Les causes de mort qui ne doivent pas figurer dans l'acte sont exposées dans un papillon épinglé à l'expédition destinée au Bureau des Archives.

(2) La mention (*i*) s'ajoute à la mention (*h*) et figure avec elle sur l'acte.

§ 5. — Procès-verbaux de décès.

L'acte de décès, qui seul fait foi légalement de la mort, ne peut pas toujours être établi. Mais il est nécessaire de conserver trace des indications recueillies sur la mort d'un individu, en vue de faire déclarer par la suite son décès par les tribunaux.

C'est le but des procès-verbaux de décès.

Ces procès-verbaux sont de deux sortes :

a) *Procès-verbaux de déclaration de décès.*

Ce procès-verbal est établi quand un seul des témoins prévus par la loi se présente et que, par ailleurs, toutes les conditions énumérées au paragraphe 4 du présent chapitre sont remplies. D'autres personnes peuvent se présenter en même temps pour affirmer certaines circonstances seulement du décès : leur déclaration est alors consignée au procès-verbal.

Cette pièce est établie dans les mêmes formes que le serait l'acte de décès. Elle est inscrite sur le registre spécial des procès-verbaux de déclarations de décès, jamais sur le registre des actes de décès.

Les procès-verbaux de déclaration de décès donnent lieu à envoi mensuel d'expéditions et de comptes rendus dans les mêmes conditions que les actes de décès.

b) *Procès-verbaux de constatation de décès.*

Cette pièce présente une très réelle importance. Dans un grand nombre de cas, des officiers de l'état civil ne sont en mesure, même en présence du corps d'un militaire, d'établir ni un acte de décès, ni procès-verbal de déclaration de décès.

C'est ce qui arrive lorsque personne ne peut affirmer connaître le décédé, et notamment au cours des inhumations faites sur les lieux de combat, lorsque les unités qui ont participé à l'action se sont déplacées.

Il est nécessaire que ces procès-verbaux portent, de la façon la plus complète et la plus précise, toutes les indications de nature à préparer une identification ultérieure du décédé.

Ils mentionnent en conséquence :

a) Lorsque les pièces ou objets trouvés sur le corps concordent, par leurs indications, à faire présumer l'identité de l'individu, la désignation de ces pièces ou objets, les renseignements qui y sont portés, l'identité présumée du cadavre;

b) Lorsqu'il y a doute, toutes les indications de nature à le faire disparaître ultérieurement (mensuration du corps, description du corps, effets, numéros des armes, etc.);

c) En tout cas, l'endroit précis où le corps est trouvé.

Le procès-verbal porte toujours la date de la constatation du décès et l'indication du lieu d'inhumation. Il donne aussi, lorsqu'il est possible, la date et les causes de la mort.

Lorsqu'un grand nombre de cadavres sont retrouvés groupés et qu'aucun moyen d'identification n'a pu être utilisé, il est dressé un procès-verbal collectif de constatation de décès.

Ce procès-verbal indique :

a) L'ordre en vertu duquel l'officier opère;

b) Le nombre des cadavres inhumés;

c) Les causes de non-identification;

d) L'endroit exact où les corps ont été relevés;

e) Le lieu d'inhumation;

f) Tous les renseignements relatifs à la nationalité des individus retrouvés, — aux unités dont ils faisaient partie, — aux circonstances de la mort;

g) La description aussi complète que possible de chacun des corps.

Les mêmes prescriptions s'appliquent aux cadavres ennemis. Les indications recueillies de ce chef sont une source précieuse d'échange avec les puissances ennemies, au titre de la réciprocité, et la négligence à les relever risquerait de rendre difficile l'obtention de renseignements concernant les inhumations des morts français faites par l'ennemi.

Tous les procès-verbaux de constatation de décès sont inscrits sur le registre destiné à les recevoir.

L'expédition de chaque procès-verbal de constatation de décès concernant un militaire français, allié ou non identifié, est adressée au Ministre (Service général des Pensions, Bureau des Archives), dans le plus bref délai. Celle d'un procès-verbal relatif à un militaire ennemi est envoyée au Service général des Pensions, Bureau des Renseignements aux familles, qui s'occupe seul des militaires ennemis.

Des extraits et des comptes rendus mensuels sont adressés aux mêmes services, le 1ᵉʳ de chaque mois, pour le mois précédent.

§ 6. — Actes de disparition.

Un acte de disparition doit être établi pour tout militaire manquant à son unité sans qu'on puisse déterminer son sort avec précision.

Les officiers de l'état civil de chaque corps, service ou formation doivent s'attacher à réunir le plus tôt possible, après chaque affaire, les indications concernant tout militaire porté comme disparu sur un état de pertes; ils doivent agir de même pour les militaires qui, après avoir été considérés comme blessés, leur sont signalés ensuite par les dépôts comme n'étant pas entrés dans une formation sanitaire.

L'acte de disparition n'est pas, en règle générale, établi immédiatement après la disparition : l'officier chargé de le dresser ne procède à sa rédaction que lorsque l'enquête poursuivie par ses soins n'a pas permis de déterminer le sort de l'intéressé.

L'établissement d'un acte de disparition ne fait pas obstacle à la rédaction ultérieure d'un acte de décès pour le même individu, lorsque les deux témoins légaux se présentent par la suite et affirment que le militaire porté disparu a, en réalité, succombé.

L'état de disparition relate :

a) L'état du disparu;

b) Sa filiation;

c) Le lieu de la disparition, avec le plus de précision possible;

d) La date de la disparition;

e) Les circonstances de la disparition;

f) Les présomptions de décès ou de captivité qui peuvent en résulter;

g) Les raisons pour lesquelles un acte ou procès-verbal de décès n'a pu être dressé.

Il est envoyé au Ministre (Service général des Pensions, Bureau des Archives).

L'acte de disparition est établi en brevet, c'est-à-dire que la pièce n'est consignée dans aucun registre.

Toutefois, il n'est pas inutile que l'officier rédacteur de l'acte en garde trace sur un carnet personnel et l'y caractérise par des indications sommaires, permettant de le reconstituer le cas échéant. En fin de campagne, ces carnets personnels seront envoyés au Bureau des Archives.

CHAPITRE II.

TENUE DES REGISTRES
D'ACTES ET DE PROCÈS-VERBAUX DE DÉCÈS.

§ 1. — Observations générales.

Chaque officier d'état civil doit être muni de trois registres distincts destinés à recevoir respectivement :

a) Les **actes d'état civil** proprement dits (actes de décès dans la première partie, actes d'état civil autres que les actes de décès dans la deuxième partie, c'est-à-dire : actes de naissance, actes de mariage, reconnaissances d'enfants naturels, adoptions);

b) Les **procès-verbaux de déclaration** de décès;

c) Les **procès-verbaux de constatation** de décès.

Il importe de n'inscrire sur chacun de ces registres que les actes ou procès-verbaux pour lesquels il est ouvert; en particulier, il faut absolument s'abstenir de confondre sur le même registre les actes de décès et les procès-verbaux de déclaration de décès.

Un registre d'état civil bien tenu est coté et paraphé conformément aux prescriptions de l'Instruction du 23 juillet 1894, ne comporte que des inscriptions parfaitement lisibles, est revêtu, au bas de chacune des pièces qu'il contient, des signatures de tous les témoins et de l'officier d'état civil (pour atteindre un tel résultat, il convient que ces signatures soient toujours apposées au moment où la pièce vient d'être rédigée).

§ 2. — Annulations et rectifications des actes de décès inscrits sur les registres.

Les annulations d'actes sur les registres sont absolument illégales et sans valeur quand elles ne résultent pas d'une décision de l'autorité judiciaire. En conséquence, lorsqu'un officier de l'état civil s'aperçoit tardivement qu'il a dressé une pièce à tort, il doit se borner à coller sur son registre, en marge de ladite pièce, un papillon daté et signé, indiquant les causes de l'erreur, et portant la mention : « A annuler »; si une expédition de la pièce en question a déjà été transmise au Bureau des Archives, copie du papillon doit aussitôt lui être envoyée à titre de compte rendu; dans le cas contraire, il faut que le papillon mentionne expressément qu'il n'a été délivré aucune expédition de la pièce à annuler.

La correction d'une pièce d'état civil sur un registre ne peut être faite aux armées que si aucune copie n'en a encore été expédiée aux Archives et s'il est possible de faire approuver la mention rectificative par les deux témoins et l'officier d'état civil signataires de la pièce erronée.

Lorsque l'une ou l'autre de ces deux conditions impératives n'est pas remplie, l'officier d'état civil qui veut réparer une erreur survenue lors de l'établissement d'une pièce d'état civil ne peut que coller sur son registre, en marge de cette pièce, un papillon expliquant la faute commise, ses causes et la rectification à faire; il doit, en outre, adresser immédiatement aux Archives une copie littérale de ce papillon.

Il est rappelé que la loi prohibe formellement tout grattage ou surcharge sur les registres d'état civil.

§ 3. — Ouverture et clôture des registres.

Dès l'ouverture d'un registre d'état civil aux armées, il est nécessaire que l'officier préposé à sa tenue en informe sans retard le Ministre de la guerre (Service général des Pensions, Bureau des Archives) en lui faisant connaître la date exacte d'ouverture dudit registre.

Lorsqu'un registre est rempli ou quand le corps, le service ou la formation pour lequel il a été ouvert est dissous ou fusionné avec un autre corps, service ou formation, l'officier d'état civil arrête le registre et l'envoie au Service général des Pensions (Bureau des Archives). Il conserve par devers lui une copie de la table alphabétique du registre, dont il se dessaisit.

CHAPITRE III.

CONSTATATION DES INHUMATIONS SUR LES LIEUX DE COMBAT.

§ 1. — Observations générales.

La relève et l'inhumation des morts laissés sur le terrain du combat doivent être enregistrées avec le plus grand soin par les autorités à qui incombe cette mission.

Les indications que ces autorités portent sur les pièces qu'elles ont à dresser sont souvent les seules qui permettent d'établir légalement par la suite le décès ou d'assurer l'identification exacte des sépultures militaires dans la zone des armées.

Les corps des militaires de l'armée ennemie doivent aussi faire l'objet des constatations prescrites par la présente Instruction.

§ 2. — Organisation du service de l'état civil aux armées

Les officiers de l'état civil des corps, services et formations sanitaires accomplissent leur mission sous la direction technique d'un officier de secteur. Les officiers de secteur sont subordonnés à un officier responsable par armée de l'ensemble du service de l'état civil, et désigné par le commandement, conformément aux prescriptions de la décision n° 2003/S du général commandant en chef.

Les officiers de l'état civil qui ne seraient rattachés à aucune organisation, par suite de mouvements, provoqueront près du commandement leur rattachement à un officier de secteur. ·

Les attributions de chaque échelon sont les suivantes :

a) *Officiers de l'état civil.* — Constatation personnelle des opérations de relève des morts, d'inhumations, de rassemblement des objets trouvés sur les morts (1). Notation sans délai de toutes ces opérations au carnet de champ de bataille. Transmission de toutes les pièces et objets à l'officier de secteur. Etablissement des actes de décès dans les conditions légales et des procès-verbaux de déclaration de décès.

b) *Officiers de secteur.* — Direction technique des officiers de l'état civil du secteur. Contrôle des opérations faites par ces officiers. Centralisation et transmission des deux premiers exemplaires de chaque feuille des carnets de champ de bataille, conformément à la présente Instruction (chapitre I, § 3). Etablissement des procès-verbaux de constatation de décès, lorsqu'il n'a pas été dressé un procès-verbal de déclaration de décès ou un acte de décès. Centralisation et transmission au ministère des objets et pièces trouvés sur les militaires décédés. Rédaction des instructions techniques pour les officiers d'état civil du secteur. Initiative des mesures à faire prendre par le commande-

---

(1) Pour toutes les opérations préparatoires à la liquidation des successions et pour la destination à donner aux objets trouvés sur le terrain ainsi qu'à ceux appartenant aux militaires disparus, voyez l'instruction spécialement consacrée à ces questions.

ment pour les opérations incombant à ces officiers. Conservation des sépultures militaires dans le secteur.

c) *Officier responsable du service de l'état civil à l'armée.* — Surveillance générale des officiers de secteur. Proposition au commandement de toutes les mesures concernant l'exécution du service dans l'armée ou de la transmission du service en cas d'avance de l'armée. Correspondance directe avec le Bureau des Renseignements aux familles pour les demandes de renseignements individuels.

Les officiers de secteur et l'officier responsable de l'état civil ne sont pas officiers de l'état civil; ils n'ont pas à établir d'actes de décès. (Ces actes sont dressés, le cas échéant, par les officiers d'état civil des corps, services et formations, conformément aux dispositions de l'article 93 du Code civil.) Ils sont choisis parmi les officiers d'administration du Service de Santé possédant une instruction juridique appropriée.

Dans le cas où il est désigné pour un champ de bataille dépassant un secteur un officier responsable de l'état civil, cet officier est placé sous les ordres de l'officier responsable du service de l'état civil de l'armée à laquelle le champ de bataille est rattaché. Il reçoit de lui toutes les instructions pour l'accomplissement de sa mission.

§ 3. — Règles à suivre pour la constatation des inhumations sur les lieux de combat.

D'une manière générale, pour la relève des morts et leur inhumation, les officiers d'état civil se conforment aux prescriptions réglementaires et aux instructions qui leur sont transmises par la voie de l'officier responsable de l'état civil de l'armée.

Toutes les inhumations auxquelles ils procèdent donnent lieu :

1° A inscription sur le carnet du champ de bataille, suivant les règles formulées ci-dessus;

2° Au repérage exact des sépultures. Ce repérage est assuré : par le numérotage des tombes; par l'inscription immédiate sur chaque sépulture du numéro qui lui est attribué (1) [et, s'il est possible, des noms et prénoms des militaires inhumés]; par la notation immédiate de ces indications au carnet.

---

(1) Il est rappelé que l'Instruction du 19 juillet 1915 sur les inhumations fixe diverses prescriptions concernant les opérations matérielles d'inhumation auxquelles les officiers sont au préalable tenus de se conformer.

Si les inhumations sont effectuées dans des circonstances tel-les que toute notation au carnet soit impossible et que le repé-rage du lieu d'inhumation ne puisse être que sommaire, la nota-tion doit être portée au carnet aussitôt que faire se peut, et men-tionner toutes les circonstances permettant par la suite de re-trouver le lieu de l'inhumation et d'établir l'identité du militaire inhumé.

L'officier d'état civil dresse les actes de décès ou les procès-verbaux de déclaration de décès pour lesquels il est compétent et il en fait mention aussitôt au carnet du champ de bataille. En fin de journée, les deux premiers exemplaires de chaque triple feuille du carnet du champ de bataille sont transmis à l'officier de secteur.

L'officier de secteur dresse les procès-verbaux de constatation de décès pour tous les militaires inhumés au sujet desquels le carnet du champ de bataille ne fait pas mention qu'il ait été établi un acte de décès ou un procès-verbal de déclaration de décès.

L'officier de secteur adresse les premiers exemplaires de cha-que feuille du carnet de champ de bataille, qui lui ont été remis, dans les vingt-quatre heures de leur réception, au Mi-nistre (Service général des Pensions, Bureau des Renseignements aux familles). Il fait parvenir le plus tôt possible les procès-verbaux de constatation de décès au Ministre (Service général des Pensions, Bureau des Archives). Il assure la destination réglementaire des deuxièmes exemplaires de chaque feuille du carnet.

§ 4. — Identification des sépultures.

Il est de première importance que le résultat des travaux faits par les officiers de l'état civil sur les lieux de combat soit consigné d'une façon durable, et que, quelles que soient les mo-difications subies par les lieux de combat à la suite de nouvelles opérations militaires, la trace des inhumations qui y ont été ef-fectuées successivement soit conservée et puisse être retrouvée ultérieurement.

Les officiers de secteur, sous le contrôle de l'officier respon-sable de l'état civil de l'armée, sont spécialement chargés d'as-surer cette conservation.

Il leur incombe dès lors :

1° De régler exactement le numérotage des sépultures sur les lieux de combat;

2° De reporter ce numérotage sur un plan.

A raison de la variété des situations, il est impossible de fixer des règles générales : le numérotage doit aboutir à ce que, dans un même secteur, chaque tombe porte un chiffre distinct; il faut, autant que possible, que le numérotage soit fait par séries, partant de repères précis, faciles à désigner et suffisamment durables.

L'officier de secteur (ou du champ de bataille) dresse seul le plan des lieux.

A cet effet, il est pourvu, par les soins de l'officier responsable de l'état civil de l'armée, du plan au 1/20.000ᵉ de son secteur (ou du champ de bataille).

L'officier de secteur (ou du champ de bataille) utilise ce document pour faire le plan des inhumations du secteur (ou du champ de bataille). Les repères y sont clairement désignés avec leur distance aux tombes les plus voisines; toutes les tombes y sont portées; des signes distincts y indiquent les tombes individuelles et les tombes collectives. Le numérotage des tombes y est reproduit avec l'exactitude la plus rigoureuse.

L'officier de secteur adresse, le 1ᵉʳ de chaque mois (l'officier responsable de l'état civil du champ de bataille en fin d'opération), un décalque exact de son plan à l'officier de l'état civil de l'armée, qui le fait parvenir au Ministre (Service général des Pensions, Bureau des Renseignements aux familles).

Lorsque les indications à porter sur le plan sont trop nombreuses pour y figurer clairement, l'officier établit un plan à l'échelle voulue (supérieure au 1/20.000ᵉ).

Il adresse en même temps un compte rendu du travail accompli pendant le mois (ou pendant l'assainissement du champ de bataille), qui est transmis dans les mêmes conditions au Ministre.

L'attention des officiers chargés de cette mission est appelée d'une manière toute particulière sur l'intérêt qu'elle présente. De la façon dont ils s'en seront acquittés dépendent l'identification exacte de sépultures et, à la fin des hostilités, l'accomplissement des devoirs des familles françaises.

TABLE DES MATIÈRES.

Loi relative à la rectification administrative de certains actes de l'état civil dressés pendant la durée de la guerre.

Paris, le 18 avril 1918.

Art. 1er. Les actes de décès des militaires, des marins de l'Etat et des personnes employées à la suite des armées, dressés depuis le 2 août 1914 jusqu'à une date qui sera fixée par décret après la cessation des hostilités, peuvent être l'objet d'une rectification administrative lorsqu'ils présentent des lacunes ou des erreurs, sans que le fait du décès ni l'identité du décédé soient douteux.

Art. 2. Cette rectification s'applique tant aux actes dressés aux armées ou pendant un voyage maritime qu'à ceux qui sont établis par les autorités municipales ou consulaires françaises et par les autorités étrangères civiles ou militaires.

Elle intervient d'office, ou sur la requête soit de l'officier de l'état civil qui a dressé ou transcrit l'acte, soit du procureur de la République, soit des parties intéressées.

Elle peut avoir lieu, soit que l'acte de décès ait été dressé sur les registres de la commune où le défunt était domicilié, soit qu'il doive y être transcrit, soit qu'il y ait déjà été transcrit.

Art. 3. Pour opérer la rectification, le Ministre de la guerre ou de la marine ajoute, après enquête, à l'expédition qui lui a été transmise, une mention complétant ou rectifiant l'acte, en vue d'y faire figurer les énonciations prescrites par l'article 79 du Code civil.

Art. 4. L'expédition, ainsi rectifiée, est adressée au maire du dernier domicile du défunt et transcrite intégralement sur les registres de l'état civil de l'année courante, à moins que l'acte de décès n'ait été dressé ou déjà transcrit dans la même commune.

En ce cas, la mention seule est transcrite sur les registres de l'année courante, avec indication de la date, ainsi que du numéro d'ordre de l'acte de décès, en marge duquel sont mentionnées les rectifications, conformément à l'article 49 du Code civil.

Art. 5. Après avoir procédé à la transcription dans les formes ci-dessus, l'officier de l'état civil en donne avis sur-le-champ au

Ministre par qui cette transcription a été ordonnée. Celui-ci veille à ce que la mention soit, s'il y a lieu, faite d'une façon uniforme, en marge, soit de l'original, soit des originaux, soit des transcriptions de l'acte déjà effectuées sur les registres de l'état civil, soit de la copie tenant lieu d'original déposée aux archives du ministère des affaires étrangères.

La transcription de la mention est faite par les soins de l'autorité qui détient chacun de ces documents; si elle n'est matériellement pas possible en marge de l'acte, elle est faite conformément aux prescriptions du deuxième alinéa de l'article précédent.

En ce qui concerne les actes de décès dressés aux armées ou pendant un voyage maritime, la mention n'est effectuée en marge de l'acte qu'après le dépôt prescrit par l'alinéa 4 de l'article 95 du Code civil ou après le dépôt annuel du rôle d'équipage au bureau de la solde du port comptable.

Art. 6. Quand un acte de décès a été rectifié administrativement, aucune copie n'en peut plus être délivrée qu'avec les rectifications ordonnées.

Art. 7. La procédure de rectification administrative instituée par la présente loi est applicable aux actes de décès des personnes non militaires dressés dans les conditions prévues par l'alinéa 3 de l'article 93 du Code civil.

Art. 8. Elle est également applicable aux transcriptions des jugements déclaratifs de décès, pourvu que la rectification ne porte ni sur le fait du décès, ni sur sa date, ni sur l'identité du décédé.

Art. 9. Lorsqu'un acte de décès a été rectifié dans les formes prescrites par la présente loi, il peut l'être encore ultérieurement, soit par une nouvelle rectification administrative, soit par une rectification judiciaire, poursuivie en vertu des articles 99 et 100 du Code civil, 855 et suivants du Code de procédure civile.

Lorsqu'un acte de décès a été rectifié ou complété par un jugement, il ne peut plus l'être administrativement en ce qui concerne les énonciations sur lesquelles le jugement a expressément statué.

Art. 10. Lorsque l'acte de décès d'une des personnes énumérées dans les articles 1er et 7 ci-dessus a été dressé par erreur et qu'il n'est pas douteux que cette personne est encore vivante, le tribunal civil de l'arrondissement de son domicile est compétent pour rectifier cet acte, sans qu'il soit nécessaire de le transcrire préalablement.

Art. 11. De même, lorsque l'acte de décès d'une des personnes énumérées dans les articles 1er et 7 ci-dessus contient des énonciations qui ne sont pas conformes aux prescriptions des articles 34 et 79 du Code civil, l'original peut être rectifié sans transcription préalable.

Cette rectification est faite par le Ministre de la guerre ou de la marine si l'acte ne figure pas encore sur un registre municipal de l'état civil, et, s'il y figure déjà, par le tribunal civil de l'arrondissement du domicile du défunt. Dans l'un et l'autre cas, le jugement ou la rectification administrative fixent les termes dans lesquels la transcription doit être conçue.

Art. 12. Tout acte de décès d'une des personnes énumérées dans l'article 1er ci-dessus est transcrit sur les registres de l'état civil de la commune où elle était domiciliée, s'il n'y a pas été dressé.

Si l'acte de décès a été dressé par des autorités étrangères depuis le 2 août 1914, il est transcrit sur les registres de la commune où le défunt était domicilié. Le cas échéant, la traduction en est préalablement faite par les soins du ministère des affaires étrangères.

Art. 13. Les dispositions de la présente loi sont applicables à l'Algérie et aux colonies.

Art. 14. La loi du 30 septembre 1915 est abrogée.

La présente loi, délibérée et adoptée par le Sénat et par la Chambre des députés, sera exécutée comme loi de l'Etat.

Instruction relative à la notification en temps de paix des décès des militaires de tous grades.

Paris, le 15 février 1920.

Aperçu général. — Aux termes de l'article 91 de l'instruction ministérielle du 23 juillet 1894 (voir page 67), le Ministre doit être informé, sans retard, du décès de tout militaire en activité de service.

D'autre part, c'est une obligation, pour les autorités militaires, de faire aviser, le plus tôt possible, la famille d'un militaire décédé, du malheur qui l'atteint.

Les conditions dans lesquelles s'effectuent, selon les circonstances, ces deux sortes de notifications, sont indiquées ci-après.

Ces circonstances peuvent être ramenées à quatre, savoir :

1º Décès en France, Algérie et Tunisie;

2º Décès en occupation dans les pays rhénans;

3º Décès aux colonies (y compris le voyage en mer);

4º Décès en expédition, mission lointaine, corps expéditionnaire, corps d'occupation en territoires lointains.

En France, en Algérie, en Tunisie et en occupation dans les pays rhénans. — La notification des décès au Ministre et à la famille est réglée : d'une part, par l'article 66 du décret du 25 novembre 1889 sur le service de santé (vol. nº 80), en ce qui concerne les décès survenus au corps, et par l'article 94 de l'instruction ministérielle du 23 juillet 1894 (voir page 68), pour les décès des militaires *isolés* qui meurent en route ou dans leurs foyers, et dont le corps n'a pas été déposé à l'hôpital; d'autre part, les articles 283 et 290 du décret précité, lorsque le décès a eu lieu à l'hôpital, ou, si le militaire n'y est pas mort, quand son corps y a été mis à titre de dépôt.

Le Ministre reçoit :

Dans les deux premiers cas, une expédition de l'acte de décès;

Dans le dernier cas, un extrait du registre des décès de l'hôpital.

Il est établi, en principe, que le décès d'un officier ou assimilé doit être télégraphié au Ministre (note ministérielle du 6 mai 1886, vol. 38).

En ce qui concerne tout spécialement les familles, la notification du décès leur est faite, par l'intermédiaire du maire, sous la forme d'un avis télégraphique qui est envoyé, selon le cas, soit par le conseil d'administration du corps, soit par l'officier d'administration gestionnaire de l'hôpital (ou le fonctionnaire ayant une situation analogue dans les hospices mixtes ou militaires et civils).

Les règles susdites seront appliquées au cas de décès d'un militaire appartenant *au corps d'occupation des pays rhénans.* Il est entendu, en outre, que l'officier d'état civil qui a dressé l'acte de décès conformément à l'article 93 du Code civil doit en faire parvenir d'urgence une expédition au Ministre (Bureau des archives administratives), afin que la formalité de la transcription puisse être assurée, ainsi que le prescrit l'article 94 du Code civil.

Dispositions spéciales aux familles, fixées à l'étranger, de militaires décédés. — Dans ce cas tout spécial, un avis télégraphique n'est envoyé à la famille que si le lieu où elle réside à l'étranger est assez rapproché de celui où s'est produit le décès pour qu'elle ait le temps matériel d'assister aux obsèques (circulaire du 7 octobre 1905, vol. 83).

Dans le cas contraire, l'avis télégraphique est adressé au Ministre. Le bureau des archives administratives ou la direction des troupes coloniales, selon la compétence, se charge de faire prévenir la famille (même circulaire).

Colonies. Expéditions. Missions lointaines. Corps d'occupation en territoires lointains. — En ce qui concerne les décès qui surviennent dans les circonstances suivantes : aux colonies, en expédition, en missions lointaines, dans un corps d'occupation en territoires lointains, la notification au Ministre, ainsi qu'aux familles, s'effectue dans les conditions indiquées au tableau ci-après.

La notification aux familles est faite directement par le Ministre quand il connaît leur domicile.

Dans le cas contraire, le Ministre emploie l'intermédiaire des conseils d'administration des corps de troupe, pour les officiers et hommes de troupe; des généraux commandant les corps d'armée, en ce qui concerne les officiers sans troupe et assimilés.

COLONIES (accessoirement décès en mer).	EXPÉDITIONS, MISSIONS LOINTAINES, CORPS D'OCCUPATION en territoires lointains.
Les décès sont télégraphiés de la colonie au Ministre des colonies qui les notifie aussitôt au Ministre de la guerre. Les décès *en mer* sont notifiés au Ministre de la guerre, soit par l'administration de la marine, soit directement par les agents consulaires selon l'entente établie.	Les décès seront portés par le commandement à la connaissance du Ministre, *autant que possible télégraphiquement*: la voie postale ordinaire ne sera employée que lorsque l'usage des télégrammes sera impossible.

Les avis adressés au Ministre doivent contenir, autant que possible, l'adresse de la famille à prévenir et mentionner *toujours* l'unité à laquelle appartenait le défunt.

Le cabinet du Ministre dirige les avis de décès sur :

Le Bureau des archives administratives en ce qui concerne les troupes métropolitaines;

La Direction des troupes coloniales, s'il s'agit de militaires des troupes coloniales.

Le Bureau des archives administratives ou la Direction des troupes coloniales (pour les militaires desdites troupes décédés aux colonies) avise de suite :

Télégraphiquement :

Le maire du lieu où réside la famille, avec invitation de la prévenir;

Le corps de troupe intéressé en le chargeant d'avertir la famille par l'intermédiaire du maire, quand l'administration de la guerre est dans l'impossibilité de le faire.

Par note :

Du décès et, lorsqu'il y a lieu, de la notification faite à la famille, les directions du ministère de la guerre desquelles relevaient les officiers sans troupe ou assimilés;

Ces directions doivent faire notifier le décès par les soins des commandants de corps d'armée, lorsque le Bureau des archives administratives n'a pu le faire, en ce qui concerne les officiers sans troupe et assimilés.

VI. — Scellés.

*Catalogue des pièces de toute nature à remettre au dépar-
tement de la guerre, après le décès des-officiers généraux, des
officiers supérieurs, chefs de corps ou de service et des
intendants militaires.*

Paris, le 13 février 1848.

(Cette annexe ne comprend que les pièces de la période de 1790 à nos jours. Il doit être entendu que tous les papiers de même nature appartenant à des périodes antérieures seront pareillement recueillis. On a cru inutile d'allonger la nomenclature ci-contre, de pareils documents historiques ne devant se rencontrer que beaucoup plus rarement.)

1º Les arrêtés de l'Assemblée nationale ou constituante et la correspondance (1) de chacun de ses membres comme fonctionnaires, en original ou en copie.

2º Les arrêtés de l'Assemblée législative et la correspondance de chacun de ses membres, comme fonctionnaires, en original, etc.

3º Les arrêtés de la Convention nationale et la correspondance de chacun de ses membres, en original, etc.

4º Les arrêtés du Comité de Salut public et la correspondance de chacun de ses membres, en original, etc.

5º La correspondance des délégués du Comité de Salut public ou du représentant du peuple près les armées de la République avec le Comité lui-même, et pour tout ce qui se rattache à leurs fonctions, en original, etc.

6º La correspondance des comités central révolutionnaire, de défense, de sûreté générale et de surveillance à l'intérieur, et celle particulière à chacun de leurs membres comme fonctionnaires, en original, etc.

7º La correspondance des douze commissaires institués par le Comité de Salut public, en remplacement des Ministres, en original, etc.

8º La correspondance des membres du conseil exécutif, en original, etc.

9º Les arrêtés du Directoire exécutif et la correspondance de chacun de ses membres comme fonctionnaires, en original, etc.

---

(1) Par ce mot, on entend ici, comme dans tous les articles suivants, les lettres, soit politiques, soit militaires, soit administratives, reçues et adressées, tant en minute qu'en expédition.

10° La correspondance des membres du Conseil des Anciens, relative à leurs actes comme représentants, en original, etc.

11° La correspondance des membres du Conseil des Cinq-Cents, relative à leurs actes comme représentants, en original, etc.

12° La correspondance des commissaires du Directoire près les départements et en Italie ou autres pays conquis, soit avec le Directoire, soit avec les généraux en chef ou autres des armées de la République, Ministres, etc., en original, etc.

13° La correspondance des administrateurs des départements avec le Directoire, pour tout ce qui concerne leurs fonctions, en original, etc.

14° La correspondance des consuls de la République française près des cours étrangères avec le Directoire ou les généraux commandant les armées, corps d'armée, etc., en original, etc.

15° Les arrêtés et la correspondance des trois consuls de la République, en original, etc.

16° Les arrêtés et la correspondance du premier consul Bonaparte jusqu'à l'époque de son couronnement comme empereur, en original, etc.

17° La correspondance de l'empereur Napoléon, soit militaire, soit politique, soit administrative, tant pour l'intérieur que pour l'extérieur, en original, etc.

Tout ce qui porte soit une signature, soit une annotation, soit un simple « approuvé » de l'Empereur.

18° La correspondance des souverains, princes ou alliés de la famille impériale, provenant de l'intérieur ou de l'extérieur, en original, etc.

19° La correspondance des souverains et princes étrangers, alliés ou ennemis de la France, en original, etc.

20° La correspondance du major général Alexandre Berthier, tant pour l'intérieur que pour l'extérieur, en original, etc.

21° La correspondance du Ministre de la guerre.

22° La correspondance des maréchaux de l'Empire, généraux commandant en chef, tant pour l'intérieur que pour l'extérieur, en original, etc.

23° La correspondance des généraux de division, généraux de brigade, de toutes armes, adjudants généraux, adjudants commandants, tant pour l'intérieur que pour l'extérieur, en original, etc.

24° La correspondance des colonels chefs d'état-major, colonels et chefs de corps de toutes armes, tant pour l'intérieur que pour l'extérieur, en original, etc.

25° La correspondance des commandants d'armes, de places, de postes, etc., tant pour l'intérieur que pour l'extérieur, en original, etc.

26° La correspondance des intendants généraux d'armée et intendants des provinces conquises ou alliées, en original, etc.

27° La correspondance des commissaires ordonnateurs en chef des guerres, commissaires ordonnateurs et ordinaires des guerres et adjoints, tant pour l'intérieur que pour l'extérieur, en original, etc.

28° La correspondance des inspecteurs en chef aux revues, inspecteurs, sous-inspecteurs et adjoints, tant pour l'intérieur que pour l'extérieur, en original, etc.

29° La correspondance des payeurs généraux d'armée, corps d'armée, payeurs divisionnaires et payeurs dans les places, tant pour l'intérieur que pour l'extérieur, en original, etc.

30° La correspondance des Ministres ayant département et ministres d'Etat, tant pour l'intérieur que pour l'extérieur, en original, etc.

31° La correspondance des directeurs généraux et sous-directeurs des différents services publics, secrétaires généraux, administrateurs généraux et autres, tant à l'intérieur qu'à l'extérieur, en original, etc.

32° La correspondance des préfets, sous-préfets, maires et adjoints, etc., etc.

33° La correspondance des ambassadeurs français à l'étranger, en original, etc.

34° La correspondance des chargés d'affaires français à l'étranger, en original, etc.

35° La correspondance des ambassadeurs étrangers, en original, etc.

36° La correspondance des chargés d'affaires étrangers, en original, etc.

37° La correspondance des officiers généraux et officiers de tout grade des armées alliées ou ennemies de la France, en original, etc.

38° La correspondance des officiers généraux et officiers de tout grade des armées étrangères, en original, etc.

39° Tous les registres de correspondance, d'ordres, etc., de quelque nature qu'ils soient, provenant des armées ou corps d'armée des places françaises ou places ennemies occupées par nos troupes, soit ceux provenant des armées, corps d'armée ennemis ou places occupées par leurs troupes.

40° Les bulletins d'armées, corps d'armée, corps expéditionnaires, manuscrits ou imprimés.

41° Les ordres du jour d'armées, corps d'armée, corps expéditionnaires, manuscrits ou imprimés.

42° Les traités, conventions, capitulations, en original ou en copie, manuscrits ou imprimés.

43° Les procès-verbaux de remises de territoires et de places avec les états joints à ces procès-verbaux.

44° Les journaux d'opérations des armées, corps d'armée, corps expéditionnaires, divisions, brigades, etc., cartes, croquis ou calques joints à ces journaux d'opérations.

45° Les mémoires historiques des demi-brigades, régiments, bataillons, etc., cartes, croquis, calques, etc.

46° Les états de situations d'armées, corps d'armée, corps de troupes et fractions de corps de toutes armes, tant pour l'intérieur que pour l'extérieur, en original, etc.

47° Les tableaux d'organisation et de formation d'armées, corps d'armée, corps de troupes et fractions de corps de toutes armes, tant pour l'intérieur que pour l'extérieur.

48° Les registres de greffe, de cours prévôtales, conseils de guerre, etc.; les libellés des jugements rendus et expéditions de ces jugements, soit imprimés, soit manuscrits,

Et subsidiairement :

Les mémoires accompagnés de leurs cartes, plans, croquis et calques; les précis, les notes, les reconnaissances, etc., se rapportant, soit à des projets non suivis d'exécution, inventions ou essais, soit à des faits accomplis, tant à l'intérieur qu'à l'extérieur, en Europe ou hors d'Europe, avec ou sans nom d'auteur, de quelque nature que soient ces documents et à quelque époque qu'ils appartiennent;

Enfin, toutes pièces portant *timbre*, soit du ministère de la guerre, soit du dépôt général de la guerre, soit des cabinets topographiques de l'Empereur et du Roi, et qui, par conséquent, doivent faire retour à ces administrations.

Note ministérielle faisant connaître les conditions dans lesquelles il y a lieu d'apposer les scellés au décès des officiers des divers corps de la marine.

(Cabinet du Ministre ; Bureau de la Correspondance générale.)

Paris, le 26 septembre 1889.

Le Ministre de la guerre a été informé que l'apposition des scellés était souvent faite d'office, lors du décès d'officiers *en retraite* des divers corps *de la marine.* Cette manière de procéder n'étant pas conforme aux prescriptions en vigueur et étant, en outre, onéreuse soit pour le budget du département de la marine, soit pour les familles, le Ministre fait connaître aux différentes autorités militaires qu'aux termes d'un décret du 31 décembre 1886, rendu sur la proposition du Ministre de la marine et des colonies, les scellés ne doivent plus être apposés, après la mort d'un officier de l'un des corps *de la marine,* que lorsqu'il décède *en activité de service* et seulement *sur la réquisition expresse* de l'autorité maritime.

———————◆———————

Décret réglant les conditions dans lesquelles peuvent être apposés les scellés au décès des officiers de l'armée de terre(1).

Paris, le 22 janvier 1890.

Le Président de la République française,

Vu l'arrêté des consuls du 13 nivôse an X, relatif à l'apposition des scellés après le décès des officiers généraux ou supérieurs, des commissaires ordonnateurs, des inspecteurs aux revues et des officiers du service de santé ;

Vu l'instruction du 13 février 1848, rendue en exécution de l'arrêté précité ;

———

(1) Mis à jour par l'incorporation dans le texte des modifications qui y ont été apportées par le décret du 21 septembre 1910 (*B. O.,* p. 1790).

Vu les articles 907 et suivants du Code de procédure civile ;

Le Conseil d'Etat entendu ;

Sur le rapport du Ministre de la guerre,

Décrète :

Art. 1er. Aussitôt après le décès d'un maréchal de France, d'un officier général ou assimilé, d'un officier supérieur ou assimilé chef de corps ou de service de l'armée de terre, en activité de service ou en retraite, l'autorité militaire peut requérir le juge de paix du lieu de décès d'apposer, en présence du maire de la commune ou de son adjoint, les scellés sur les meubles contenant des papiers, cartes, plans ou mémoires militaires, susceptibles d'intéresser le département de la guerre, trouvés au domicile du défunt.

Art. 2. La réquisition est adressée directement au juge de paix compétent d'après les règles ci-après :

Par le général commandant la subdivision de région pour tout officier et assimilé compris dans les catégories énumérées à l'article 1er, résidant dans l'étendue de la subdivision ;

Par le général commandant la région, pour les généraux commandant les subdivisions de région ;

Par le Ministre de la guerre, dans tous les autres cas (maréchaux de France, officiers généraux chargés de missions spéciales, officiers généraux membres du conseil supérieur de la guerre, officiers généraux commandant les régions et gouverneurs militaires, les présidents des comités d'armes, fonctionnaires du contrôle de l'administration de l'armée, intendants généraux, médecins inspecteurs généraux, médecins et pharmaciens inspecteurs).

Art. 3. L'apposition des scellés peut également être faite au décès de tout officier ou fonctionnaire militaire de l'armée de terre, quel que soit son grade, qui aura rempli une mission spéciale ou qui sera supposé détenteur de pièces ou documents quelconques intéressant le département de la guerre.

Art. 4. Tous les documents militaires reconnus de nature à intéresser le département de la guerre seront remis à l'officier chargé d'assister à la levée des scellés et envoyés, selon le cas, soit au Ministre de la guerre, soit au général commandant la région.

Les documents qui ne seront pas la propriété particulière du décédé pourront être conservés, s'il y a lieu, pour être versés aux archives du ministère de la guerre ou remis au successeur de l'officier défunt.

Art. 5. Les Ministres de la justice et de la guerre sont chargés, chacun en ce qui le concerne, de l'exécution du présent décret, qui sera inséré au *Bulletin des Lois*.

◆

Circulaire relative à l'application du décret du 22 janvier 1890, réglant les conditions dans lesquelles peuvent être apposés les scellés au décès des officiers de l'armée de terre (1).

(Cabinet du Ministre ; Bureau de la Correspondance générale.)

Paris, le 22 janvier 1890

Mon cher Général, en vue d'épargner, dans la plus large mesure possible, aux familles des officiers décédés en activité de service ou en retraite les difficultés et dépenses nécessitées par l'apposition obligatoire jusqu'ici des scellés sur les papiers militaires des défunts, tout en sauvegardant, en l'espèce, les droits de l'Etat, M. le Président de la République a signé, à la date du 22 janvier courant, un décret aux termes duquel les scellés ne seront plus apposés, à l'avenir, au domicile des officiers énumérés dans ce décret que *sur la réquisition expresse* de l'autorité militaire.

J'ai l'honneur de vous faire connaître qu'il convient de se conformer, pour l'application de ce décret, aux dispositions suivantes concertées avec M. le Ministre de la justice :

DE L'APPOSITION DES SCELLÉS.

Aussitôt après le décès d'un maréchal de France, d'un officier général ou assimilé, d'un officier supérieur ou assimilé chef de corps ou de service, en activité de service ou en retraite, le maire du domicile du décédé informe de ce décès l'autorité militaire

---

(1) Complété. Décret du 21 septembre 1910 (*B. O.*, p. 1791.)

(Ministre de la guerre ou général commandant la région ou la subdivision de région) suivant les distinctions énumérées dans l'article 2 du décret précité.

Si l'autorité militaire estime qu'il y a lieu d'apposer les scellés, elle adresse, dans le plus bref délai possible, une réquisition à cet effet au juge de paix du canton du décédé (1).

Ce magistrat appose alors les scellés sur les papiers, cartes, plans et mémoires militaires délaissés par le décédé et prévient soit le Ministre de la guerre, soit le général commandant la région ou la subdivision de région, suivant le cas, de la date et de l'heure de la levée des scellés, afin qu'un officier soit désigné d'office pour assister à la levée de ces scellés avec le juge de paix et les représentants de la famille.

Le juge de paix ne pourra se dispenser de procéder à l'apposition des scellés lorsqu'il en sera requis par l'autorité militaire.

Dans le cas où l'apposition des scellés aura été faite ainsi qu'il est dit ci-dessus uniquement dans l'intérêt de l'Etat, les frais d'apposition et de levée seront supportés par le budget du ministère de la guerre (*Justice militaire*).

A l'égard des officiers visés aux articles 1er et 3 du décret précité, décédés en campagne, les fonctionnaires du corps de l'intendance militaire exercent les fonctions attribuées aux juges de paix.

DE LA LEVÉE DES SCELLÉS.

Dès la réception de l'avis du juge de paix faisant connaître la date et l'heure de la levée des scellés, le Ministre de la guerre ou le général commandant la région ou la subdivision de région, suivant le cas, désigne un officier pour assister à la levée des scellés.

En campagne, cette désignation est faite par le général commandant l'armée, ou le corps d'armée, ou la division, selon le cas, qui rendra compte au Ministre de la guerre.

L'autorité militaire veille à ce qu'aucun retard ne soit de son fait apporté à la levée des scellés.

---

(1) Cette mesure est obligatoire lorsque l'officier décédé est détenteur, du fait de ses fonctions à la mobilisation, de documents secrets.

Pour permettre d'appliquer la mesure, l'autorité militaire, qui a délivré ces documents, en avise le commandant de région de la résidence des intéressés. (Modificatif du 26 mars 1926, *B. O.*, p. 960.)

DE L'EXAMEN DES DOCUMENTS SCELLÉS.

A la levée des scellés, l'officier délégué procède avec soin à l'examen et au tri des documents militaires; il est guidé, dans le choix de ces documents, par le catalogue annexé à l'instruction du 13 février 1848.

Les objets ou documents reconnus appartenir au département de la guerre, ou qui seraient de nature à l'intéresser, sont inventoriés séparément avec indication de ceux qui seraient la propriété particulière du décédé; tous sont pris en charge par l'officier délégué qui en donne un reçu.

Le général commandant la région ou la subdivision de région, après examen des documents en question, les adresse au Ministre de la guerre avec ampliation de l'inventaire et du reçu de l'officier délégué s'ils sont de nature à être conservés aux archives du département de la guerre; on remet au successeur du défunt les documents intéressant son service.

Les documents qui auront été reconnus être la propriété privée du décédé seront renvoyés à sa famille.

Si le Ministre de la guerre le juge opportun, il a le droit de demander la distraction des pièces dont le défunt était propriétaire, afin de les conserver, mais à charge de les faire estimer de concert avec les héritiers ou ayants droit et d'en acquitter la valeur sur les fonds du budget de la guerre.

Telles sont les dispositions auxquelles on devra se conformer à l'avenir en ce qui concerne l'apposition et la levée des scellés au domicile des catégories d'officiers de l'armée de terre décédés en activité de service ou en retraite, énumérés dans le décret en date de ce jour.

Vous remarquerez que ce décret enlevant aux juges de paix toute initiative en cette matière, c'est à l'autorité militaire qu'il appartiendra désormais de requérir, sous sa responsabilité, l'apposition des scellés dans les cas où cette mesure sera jugée indispensable.

Tout en n'usant de cette faculté qu'avec réserve, il ne vous échappera pas que, dans l'intérêt du pays, il convient que les scellés continuent à être apposés chez les officiers ou fonctionnaires militaires décédés qui auraient occupé des positions militaires, politiques ou diplomatiques importantes, ou qui auraient été chargés de missions spéciales.

L'instruction du 13 février 1848 est rapportée, sauf le catalogue des pièces annexé à cette instruction, auquel il y aura lieu de continuer à se reporter comme il est dit ci-dessus.

***

Circulaire relative aux conditions dans lesquelles peuvent être apposés les scellés au décès des officiers de l'armée de terre.

(Cabinet du Ministre ; Bureau de la Correspondance générale.)

Paris, le 30 août 1904.

Les articles 1 et 3 du décret du 22 janvier 1890 rappelant l'arrêté du 13 nivôse an X et l'instruction du 13 février 1848, laissent à l'autorité militaire la faculté de requérir l'apposition des scellés chez les officiers généraux ou assimilés et les officiers supérieurs ou assimilés, chefs de corps ou de service de l'armée de terre, en activité de service ou en retraite.

En outre, l'instruction du 13 février 1848 précitée dispose que, si l'autorité militaire est la première informée du décès, elle s'empresse, si elle juge l'apposition des scellés nécessaire, d'en donner avis au juge de paix qui procède à cette apposition.

Il résulte des dispositions qui précèdent que l'autorité militaire, informée du décès, ne doit pas attendre pour requérir, s'il y a lieu, l'application de cette mesure, la notification officielle dudit décès par le maire.

***

VII. — Jury.

Note ministérielle faisant connaître que, d'après l'article 3 de la loi du 21 novembre 1872 sur le jury, les officiers généraux du cadre de réserve et les officiers en disponibilité ne sont point dispensés des fonctions de juré.

(Cabinet du Ministre ; Bureau de la Correspondance générale.)

Versailles, le 10 janvier 1873.

Aux termes de l'article 3 de la loi du 21 novembre 1872 sur le jury, les fonctions de juré sont incompatibles avec celles de militaire en activité de service et pourvu d'un emploi.

Le Ministre a été consulté sur la question de savoir si cet article est applicable aux officiers généraux du cadre de réserve et aux officiers en disponibilité.

Cette question doit être résolue par la négative pour les uns comme pour les autres.

Ce ne serait que dans le cas où, par suite de rappel à l'activité, les officiers généraux du cadre de réserve et les officiers en disponibilité viendraient à être pourvus d'un emploi, que l'article 3 précité de la loi du 21 novembre 1872 leur serait applicable.

Officiers de complément.

Les officiers appelés à exercer les fonctions de jurés pendant le cours d'une période d'instruction sont ajournés de droit.

Dans ce cas, ils préviennent de leur situation leur chef de corps ou de service. (Instruction du 2 février 1909, volume 72.)

VIII. — Contributions (personnelle et mobilière).

Extrait de la loi relative aux contributions (personnelle et mobilière) en ce qui intéresse l'armée.

Paris, le 21 avril 1832.

. . . .

Art. 14. Les officiers de terre ou de mer ayant des habitations particulières, soit pour eux, soit pour leur famille, les officiers sans troupe, officiers d'état-major, officiers de gendarmerie et de recrutement, les employés de la guerre et de la marine dans les garnisons et dans les ports, les préposés de l'administration des douanes, sont imposables à la contribution personnelle et mobilière, d'après le mode et dans la même proportion que les autres contribuables.

Art. 15. Les fonctionnaires, les ecclésiastiques et les employés civils et militaires, logés gratuitement dans les bâtiments appartenant à l'Etat, aux départements, aux arrondissements, aux communes ou aux hospices, sont imposables d'après la valeur locative des parties de ces bâtiments affectées à leur habitation personnelle.

Art. 16. Les habitants qui n'occupent que des appartements garnis ne seront assujettis à la contribution mobilière qu'à raison de la valeur locative de leur logement, évalué comme un logement non meublé.

Art. 22. En cas de déménagement hors du ressort de la perception, comme en cas de vente volontaire ou forcée, la contribution personnelle et mobilière sera exigible pour la totalité de l'année courante.

. . . .

Art. 21. La contribution personnelle et mobilière étant établie pour l'année entière, lorsqu'un contribuable viendra à décéder dans le courant de l'année, ses héritiers seront tenus d'acquitter le montant de sa cote.

Art. 27 . . . .

« Les fonctionnaires, les ecclésiastiques et les employés civils et militaires, logés gratuitement dans les bâtiments appartenant à l'Etat, aux départements, aux arrondissements, aux communes ou aux hospices, seront imposés nominativement pour les portes et fenêtres des parties de ces bâtiments servant à leur habitation personnelle. »

Circulaire relative aux renseignements à fournir aux contrôleurs des contributions directes, chargés de procéder au recensement des patentables et à la formation des matrices.

(Direction du Contrôle ; Bureau du Contentieux.)

Paris, le 30 novembre 1883.

Mon cher Général, les contrôleurs des contributions directes, chargés de procéder annuellement au recensement des patentables et à la formation des matrices, sont tenus, avant de commencer ce recensement, de recueillir tous les renseignements propres à leur faire éviter les omissions et les erreurs.

En ce qui concerne le département de la guerre, des considérations de service ne permettant pas de donner libre accès dans les divers bureaux de l'administration militaire aux contrôleurs des contributions directes pour opérer des recherches sur place, il importe que les renseignements qu'ils demanderont par écrit aux fonctionnaires de l'intendance militaire et aux chefs des divers services leur soient adressés sans retard.

J'ai l'honneur de vous prier de vouloir bien donner les instructions les plus formelles à cet égard.

Circulaire relative aux contributions personnelle et mobilière dues par les généraux divisionnaires.

(Service intérieur.)

Paris, le 23 juin 1888.

Mon cher Général, dans une pensée bienveillante pour quelques situations particulières, très limitées à l'origine, une circulaire ministérielle du 8 avril 1858 avait réglé que les contributions des hôtels servant de quartier général aux divisions militaires, telles qu'elles étaient constituées à cette époque, seraient à l'avenir acquittées par chaque général au prorata du temps pendant lequel avait duré son commandement.

Cette circulaire dérogeait formellement, et, il faut bien le dire, d'une manière arbitraire, au principe consacré par les articles 21 et 22 de la loi du 21 avril 1832, et d'après lequel les contributions personnelle et mobilière établies pour l'année sont exigibles, en totalité, du contribuable inscrit au rôle à la date du 1er janvier.

Néanmoins, à la suite des modifications intervenues dans notre organisation militaire, les dispositions précitées avaient été successivement appliquées, par extension, à tous les officiers généraux, de plus en plus nombreux, pourvus de logements gratuits, soit par l'Etat, soit par les municipalités.

Des réclamations n'avaient pas tardé à se produire et il en était résulté, entre les occupants successifs, des difficultés dont mes prédécesseurs ont dû fréquemment se préoccuper et auxquelles il me paraît actuellement indispensable de mettre un terme, en revenant, à l'égard des officiers généraux comme de tous autres officiers ou fonctionnaires logés dans les bâtiments militaires, à l'application pure et simple de la loi.

J'ai décidé, en conséquence, que la circulaire du 8 avril 1858 cesserait de recevoir son application à partir du 1er janvier 1889 et que tout officier général titulaire, au moment de l'établissement des rôles, d'un logement à titre gratuit, rentrerait, à dater de la même époque, dans le droit commun.

Jusque-là, vous continuerez à me soumettre les contestations qui pourraient s'élever encore entre les occupants et vous me ferez connaître, conformément aux instructions précédentes, les périodes de non-occupation, afin que je sois en mesure de prendre telles dispositions que comporteront ces cas particuliers jusqu'à la fin de l'année courante. Il ne pourra, d'ailleurs, m'être adressé aucune proposition tendant à modifier les décisions prises par mes prédécesseurs.

Si toutefois, après le retour à la stricte application de la loi du 21 avril 1832, qui fait l'objet de la présente décision, il se produisait, notamment par l'admission à la retraite au début d'une année ou par suite du décès d'un officier général, quelque situation qui vous parût particulièrement intéressante, il vous appartiendrait de m'en rendre compte, à titre tout à fait exceptionnel.

✦

Extrait de la loi de finances du 26 décembre 1890.

Art. 60. A partir du 1ᵉʳ janvier 1891, les officiers appartenant au service d'état-major établi par les lois des 20 mars 1880 et 24 juin 1890 seront traités, au point de vue de l'assiette de la contribution personnelle-mobilière, sur le même pied que les officiers des corps de troupe.

✦

Circulaire relative à la détermination des bases de la contribution mobilière des officiers avec troupe et des sous-officiers de troupe non casernés, par application du décret du 3 mars 1899 sur le casernement.

Paris, le 26 novembre 1901.

A la suite d'un arrêt rendu par le Conseil d'Etat au sujet de l'application des dispositions du décret du 3 mars 1899 sur le casernement, pour la détermination des bases de la contribution mobilière des officiers avec troupe, le Ministre des finances a adressé au service des contributions directes, le 7 octobre 1901, après entente avec le Ministre de la guerre, une circulaire qui contient les passages suivants :

« Je rappelle que, d'après la jurisprudence actuelle du Conseil d'Etat, il n'y a plus lieu, pour régler l'imposition d'un officier avec troupe, de comparer successivement à la valeur locative du logement qu'il occupe le montant de l'indemnité de logement afférente à son grade et la valeur locative du logement auquel il aurait droit dans les bâtiments militaires ; l'indemnité de logement, par le fait qu'elle a été supprimée. ne peut plus être prise en considération, fût-elle supérieure à la valeur locative du logement réglementaire. (Arrêt du 30 novembre 1897, Dusin, Cher, n° 3655 du *Recueil officiel*.) C'est donc l'excédent que peut présenter la valeur locative de l'habitation particulière de l'officier avec troupe sur celle des locaux qui lui sont attribués, en raison de son grade et de sa situation de famille, par le décret du 3 mars 1899, lorsque cet excédent est notable, qui doit, dans tous les cas, servir de base au calcul de sa cote mobilière.

« Les sous-officiers de troupe non casernés sont imposables à la contribution personnelle-mobilière lorsque la valeur locative de leur habitation est supérieure à l'indemnité de logement que l'Etat leur alloue ; leur cote est d'ailleurs calculée sous déduction de cette indemnité.

« Le décret du 3 mars 1899 ayant fixé le nombre et la composition des locaux auxquels auraient droit, dans les bâtiments militaires, les sous-officiers mariés (deux pièces et une cuisine, plus une cave, s'il est possible), il conviendra, à l'avenir, pour savoir si ces sous-officiers doivent ou non être imposés, d'envisager, non seulement le montant de leur indemnité de logement, mais aussi la valeur locative que comportent les locaux qui leur sont attribués par le décret, et, le cas échéant, de calculer leur contribution mobilière en déduisant, de la valeur locative de leur habitation, soit la valeur locative de leur logement réglementaire, si elle est supérieure à leur indemnité de logement, soit cette indemnité, dans le cas contraire. »

*Circulaire relative à la situation des sous-officiers surveillants
des établissements pénitentiaires militaires au point de vue de
la contribution personnelle-mobilière.*

Paris, le 13 janvier 1905.

Il résulte d'un arrêt du Conseil d'Etat en date du 23 novembre
1903 (affaire Monnier) qu'au point de vue de la contribution personnelle-mobilière, les sous-officiers surveillants des établissements pénitentiaires militaires ne doivent pas être considérés
comme employés de la guerre au sens de l'article 14 de la loi du
21 avril 1832, mais comme sous-officiers avec troupes, non assujettis par conséquent au payement dudit impôt.

IX. — Successions.

Loi ayant pour but d'exempter tant de la déclaration que de l'impôt de mutation par décès les objets, sommes et valeurs trouvés sur les corps des militaires tués à l'ennemi.

Paris, le 9 avril 1918.

Article unique. Sont exempts tant de la déclaration que de l'impôt de mutation par décès les objets et, jusqu'à concurrence de cinq cents francs (500 fr.), les sommes ou valeurs que possédaient sur eux les militaires des armées françaises et alliées de terre et de mer ou qui leur étaient dues par l'autorité militaire.

Cette exemption profite à tous les héritiers et légataires, même non parents. Elle est subordonnée à la seule condition que l'acte de décès contienne la mention : « Mort pour la France », conformément à la loi du 2 juillet 1915.

La présente loi est applicable à l'Algérie et aux colonies.

Extrait de la loi de finances du 26 décembre 1914.

Le Sénat et la Chambre des députés ont adopté,
Le Président de la République promulgue la loi dont la teneur suit :

TITRE Ier.

BUDGET GÉNÉRAL ET BUDGETS ANNEXES RATTACHÉS POUR ORDRE AU BUDGET GÉNÉRAL.

. . . .

Art. 6. Sont exemptés de l'impôt de mutation par décès les parts nettes recueillies par les ascendants et descendants et par la veuve du défunt dans les successions : 1° des militaires des armées françaises et alliées de terre et de mer morts sous les drapeaux pendant la durée de la guerre actuelle; 2° des militaires qui, soit sous les drapeaux, soit après renvoi dans leurs foyers, seront morts dans l'année à compter de la cessation des hostilités, de blessures reçues ou de maladies contractées pendant la guerre; 3° de toutes personnes tuées par l'ennemi au cours des hostilités.

La déclaration de ces successions doit néanmoins être souscrite dans les délais fixés par l'article 24 de la loi du 22 frimaire an VII; elle doit être accompagnée d'un certificat de l'autorité militaire constatant que la mort a été causée par une blessure reçue ou une maladie contractée pendant la durée de la guerre, ou, dans les cas de civils tués par l'ennemi, établissant les circonstances du décès.

L'action solidaire pour le recouvrement des droits de mutation par décès, conférée au Trésor par l'article 32 de la loi du 22 frimaire an VII, ne peut être exercée à l'encontre des cohéritiers auxquels profite l'exemption accordée par le présent article.

Art. 7. Le point de départ des délais prévus à l'article 24 de la loi du 22 frimaire an VII est reporté au jour de la promulgation de la présente loi pour les successions désignées dans les articles 6 et 7 de la loi du 26 décembre 1914, et ouvertes pendant la guerre, antérieurement à ladite promulgation (1).

---

(1) Texte nouveau. (Loi du 16 décembre 1916, *B. O.*, p. 843.)

Circulaire relative à l'application de l'article 6 de la loi du 26 décembre 1914 concernant les successions des militaires décédés victimes de la guerre.

(Service général des Pensions; Bureau des Archives. — N° 15.)

Paris, le 22 juillet 1916.

L'article 6 de la loi du 26 décembre 1914 exempte de l'impôt de mutation par décès les parts nettes recueillies par les ascendants et descendants et par la veuve du défunt dans les successions... : « 2° des militaires qui, soit sous les drapeaux, soit après renvoi dans leurs foyers, seront morts dans l'année à compter de la cessation des hostilités, de blessures reçues ou de *maladies contractées pendant la guerre* ».

Cette exonération est subordonnée à la production d'un certificat de l'autorité militaire « constatant que la mort a été causée par une blessure reçue ou *une maladie contractée pendant la durée de la guerre* ».

D'après les renseignements qui me sont fournis, ces dispositions donnent lieu à des divergences d'interprétation de la part des autorités militaires, dans le cas où le militaire est décédé de maladie après renvoi dans ses foyers.

Certaines de ces autorités exigent, pour délivrer le certificat servant de titre à l'exemption, que la maladie ait été contractée *pendant que le défunt était sous les drapeaux*, tandis que d'autres accordent le certificat sans rechercher si l'origine de la maladie est antérieure ou postérieure au renvoi du militaire dans ses foyers et se considèrent comme tenues de l'accorder par le fait seul que la maladie a été contractée *avant la fin de la guerre*.

J'estime, avec le Ministre des finances, que la première de ces deux interprétations est seule exacte.

En conséquence, lorsqu'un militaire vient à décéder de maladie après renvoi dans ses foyers, il y a lieu de rechercher si l'origine de la maladie est antérieure ou postérieure au renvoi du militaire dans ses foyers. Dans ce dernier cas, l'exonération des droits de mutation par décès ne sera, en effet, pas acquise à ses ascendants ou descendants, et le certificat prévu par la loi devra être refusé.

ROQUES.

Instruction pratique sur la destination à donner aux successions militaires, biens des disparus et objets trouvés, en ce qui concerne la zone des armées.

(Service général des Pensions, Secours, Renseignements aux familles, de l'Etat civil et des Successions militaires; 2° Service; Renseignements aux familles, Etat civil et Successions militaires.)

Paris, le 1ᵉʳ mai 1918.

OBJET DE LA PRÉSENTE INSTRUCTION.

La présente instruction a pour objet de fixer les règles générales d'après lesquelles seront recueillis, réunis et transmis les objets, valeurs ou sommes ayant appartenu à des militaires décédés ou disparus aux armées, que ceux-ci aient été identifiés ou non, ainsi que les objets trouvés dans la zone des armées.

CHAPITRE Iᵉʳ.

DISPOSITIONS GÉNÉRALES. — ORGANISATION DU SERVICE.

Art. 1ᵉʳ. *Militaires auxquels s'applique l'instruction.* — La présente instruction s'applique aux diverses catégories de militaires ci-après désignés :

1° Tous les militaires français, créoles, tirailleurs sénégalais, marocains, indigènes divers, etc., morts ou disparus :

a) Sur le champ de bataille;

b) Dans les cantonnements de la zone des armées;

c) Dans toutes les formations sanitaires de cette zone, y compris les hôpitaux dépendant des régions, les hôpitaux bénévoles, ou dont les cadavres auront été déposés dans les chambres mortuaires de ces formations (A);

(A) *Note.* — Par décision du Sous-Secrétaire d'Etat de l'administration, du 1ᵉʳ mai 1918 (n° 1350) (C. D. — S. G. P.), le bureau des successions militaires est seul chargé, à compter du 1ᵉʳ juin 1918, de la liquidation de toutes les successions militaires des militaires décédés dans la zone des armées, alors même que ces décès sont survenus dans des hôpitaux dépendant des régions.

d) Dans les infirmeries de gare de la zone des armées;

e) Ou au cours des traversées en mer.

2° Militaires de la légion étrangère ou neutres servant dans les armées françaises, morts ou disparus dans l'une des conditions spécifiées au paragraphe 1°.

3° Militaires des nations alliées, morts ou disparus dans les mêmes conditions, pour lesquels l'Etat allié n'aurait pas pris de dispositions spéciales.

4° Militaires non identifiés morts dans les conditions prévues par le paragraphe 1°.

5° Militaires ennemis morts ou disparus dans les mêmes conditions.

6° Exceptionnellement, certains civils (tels que : infirmières, habitants de pays envahis ou de communes dans lesquelles l'autorité municipale n'est plus temporairement en fonctions, etc.) indiqués par l'autorité militaire lorsqu'ils sont décédés ou disparus dans la zone des armées (dans les lignes ou dans des hôpitaux militaires).

Elle s'applique à tous les militaires faisant partie des armées en campagne, quel que soit le théâtre de leurs opérations, ainsi qu'à ceux appartenant aux missions militaires françaises auprès des armées alliées.

Toutefois, elle ne s'applique point aux militaires décédés dans les formations sanitaires de l'Afrique du Nord, alors même qu'ils y auraient été seulement évacués, ni aux troupes opérant au Maroc ou dans les colonies, pour lesquels des dispositions spéciales sont prises.

Art. 2. *Rôle du bureau des successions militaires.* — Le bureau des successions militaires reçoit ces successions tantôt pour en opérer lui-même la liquidation, tantôt pour les transmettre aux services compétents français ou étrangers (marocains, alliés, ministère des affaires étrangères, etc...).

Art. 3. *Personnel chargé de l'exécution du service. Organes de transmission.* — Les opérations que concerne la présente instruction sont confiées, en principe, au service permanent de l'état civil constitué par l'instruction ministérielle du 2 juin 1916. Elles sont placées sous la surveillance et la responsabilité de l'officier désigné par le général commandant l'armée pour diriger ce service dans l'ensemble de l'armée, sous le bénéfice des dispositions de l'article 15.

L'officier chargé du bureau permanent de l'état civil du secteur reçoit des officiers de l'état civil des corps de troupe, services et formations sanitaires, les successions en nature ou en numéraire recueillies aux lignes ou dans les cantonnements.

Ces successions sont toujours accompagnées d'un inventaire en double expédition au carbone, daté et signé par l'officier qui les a recueillies et qui les transmet; il reçoit dans les mêmes conditions les biens de disparus.

L'une des expéditions est retournée, après vérification, par l'officier de secteur; elle vaut décharge. L'officier de secteur établit le relevé individuel ainsi que les autres pièces administratives.

Les officiers d'état civil des corps de troupe sont autorisés exceptionnellement, et seulement quand ils ne peuvent pas se mettre en relations avec l'officier de secteur du service permanent, à remplir les formalités préliminaires dont est chargé celui-ci, mais ils ne feront l'expédition directe qu'après avoir prévenu l'officier de l'état civil de l'armée.

Les officiers gestionnaires de formations sanitaires continueront à être chargés des formalités préliminaires à la liquidation des successions des militaires décédés dans leurs formations ou par eux reçus en dépôt. Ils les transmettront, soit directement, soit par l'intermédiaire de l'officier de secteur, conformément aux instructions du commandement.

CHAPITRE II.

INDICATIONS GÉNÉRALES SUR LES FORMALITÉS PRÉLIMINAIRES A LA LIQUIDATION DES SUCCESSIONS.

SECTION Ire. — *Réunion. Tri. Emballage.*

Art. 4. *Décédés identifiés* (Français, alliés, etc...) :

a) Objets divers. — Correspondance. — Livrets. — Plaques d'identité. Livrets de Caisse d'épargne, etc.

Les objets divers : porte-monnaie, portefeuilles, vêtements, linge de corps, correspondances, livrets individuels, plaques d'identité, livrets de Caisse d'épargne, etc..., ayant appartenu à des militaires français, tels qu'ils sont désignés à l'article 1er (paragraphes 1, 2, 6), à l'exclusion de ceux appartenant à l'Etat, seront soigneusement emballés dans des sachets en toile cousus plombés ou scellés. Chaque sachet ne comportera qu'une succession individuelle et devra porter sur une étiquette qui y sera cousue : les nom, prénoms (tous et dans leur ordre normal), grade, régiment et compagnie du décédé. *Numéro du « carnet à souches de successions » et numéro du feuillet de ce carnet.*

L'ensemble des sachets sera parfaitement emballé dans des caisses ou sacs ficelés et plombés avec des plombs à l'empreinte des services expéditeurs; chaque colis portera à l'extérieur, de manière très apparente et en gros caractères, l'indication de l'expéditeur, le numéro de l'expédition (qui sera de préférence celui du bordereau d'envoi).

b) Cantines.

Les cantines, caisses, sacs de sellerie, etc..., soit qu'ils aient fait l'objet d'un inventaire, soit qu'*exceptionnellement* il n'ait pu être procédé à cette opération, seront envoyés plombés avec les mêmes formalités. Pour les expéditions de colis multiples, il sera donné à chaque caisse ou sac un numéro d'ordre distinct; en outre, les colis porteront sur leurs deux faces l'adresse du destinataire ainsi que la nature du matériel. Les colis ou cantines dont il est question dans la présente section ne devront contenir aucun état, ni inventaire, ces documents devant être remis directement au bureau des successions.

c) Mandats-poste, mandats-cartes ou mandats-lettres.

Ces valeurs qui n'auraient pas été touchées par les décédés seront remises contre récépissé (modèle C) en double expédition au payeur.

d) Valeurs et sommes d'une valeur supérieure à 2 francs (monnaies françaises et monnaies étrangères acceptables dans les caisses publiques).

Les valeurs et sommes laissées par les militaires français, créoles, sénégalais, etc., et ceux de la légion étrangère, ainsi que les soldes et allocations de toute nature, y compris les fractions de prêt en cours au jour du décès à partir du 6 février 1918, date à compter de laquelle ces reliquats ne sont plus versés à l'ordinaire (décret du 31 décembre 1917, *J. O.* du 15 janvier 1918; dépêche ministérielle C. N. 10 (E.) du 4 avril 1918) seront remises aux payeurs, au titre de la Caisse des dépôts et consignations.

Les valeurs et sommes concernant les militaires alliés ou neutres feront l'objet d'un mandat délivré sur la caisse centrale du Trésor à l'ordre du chef du bureau des successions, le payeur n'ayant pas à viser le bordereau.

Lorsque, exceptionnellement, une formation ne sera pas ratta-

chée à un payeur aux armées, ces versements et remises pourront être effectués entre les mains de l'agent local du Trésor.

e) Bijoux, objets précieux et monnaies étrangères n'ayant pas cours légal
en France.

Ces objets et sommes seront insérés dans des boîtes scellées de
cachets de cire ou dans des paquets solidement confectionnés,
également cachetés, dont le poids ne dépassera pas 500 grammes
lorsque l'envoi sera fait par la poste pour les causes énoncées en
l'article 3.

En cas de remise de la succession à l'officier chargé du groupement (art. 14), l'emballage dans une boîte spéciale ne sera
exigé que pour les objets de réelle valeur. Ces paquets ou boîtes
lui seront remis contre décharge.

Toute pièce de monnaie qui, par son caractère particulier (telles que certaines pièces de 20, 40, 50, 100 francs ou pièces démo-
nétisées), peut être considérée comme un souvenir de famille ou
comme amulette et non comme une monnaie proprement dite,
sera considérée comme un bijou; traitée comme tel, elle ne sera
pas remise au payeur, mais insérée dans un paquet ainsi qu'il
vient d'être prescrit.

f) Monnaies françaises ou monnaies étrangères acceptables dans les caisses
publiques (*ne dépassant pas deux francs*).

Ces sommes resteront dans les porte-monnaie ou portefeuilles
qui seront placés dans le paquet des successions comprenant les
objets divers. Pourront également être placées dans ces paquets
les sommes pouvant revenir aux décédés ou disparus pour prêt
ou autres causes, lorsqu'elles seront inférieures à 2 francs.

g) Carnets de pécule.

Les carnets de pécule ayant appartenu à des militaires décédés
seront adressés aux dépôts des corps chargés de les arrêter.

Art. 5. *Décédés non identifiés*. — Les sommes et valeurs trouvées sur des cadavres non identifiés seront remises au payeur
« au titre des domaines », à l'exception des espèces représentant
une valeur de 20 francs ou moins; ces pièces, pouvant servir
d'identification, seront envoyées au bureau des successions au
même titre et sous la même forme que les bijoux; c'est également
à ce bureau que seront envoyés les objets divers dans les conditions prescrites pour ceux des décédés identifiés.

Art. 6. *Disparus.* — La remise aux payeurs des sommes et valeurs appartenant à des militaires disparus, l'envoi au bureau des successions militaires des objets leur appartenant et la transmission aux dépôts de leurs carnets de pécule seront faits comme il est indiqué ci-dessus pour les militaires décédés. Il est fait soigneusement mention de ce qu'il s'agit d'un bien de disparu et non d'une succession.

Art. 7. *Valeurs, sommes et objets trouvés dans des conditions imprévues.* — Les valeurs, sommes et objets trouvés dans des conditions imprévues comprennent : ceux trouvés sur les lieux de combat, mais non sur des cadavres, ceux perdus ou égarés, recueillis dans les cantonnements après le départ des troupes, formations diverses, ambulances, infirmeries de gare, trains sanitaires, gares régulatrices, etc..., sans que le propriétaire ait pu être découvert.

Ils sont remis à l'officier de secteur du service permanent de l'état civil ou à l'un des officiers désignés dans l'article 15 ci-après, s'il y a lieu.

Les valeurs et sommes d'argent seront versées par ses soins au payeur « au titre des domaines », à l'exception des monnaies indiquées à l'article 6, pour lesquelles on suivra les règles qui s'y trouvent prescrites.

Les objets seront envoyés au bureau des successions distinctement.

Art. 8. *Militaires ennemis.* — Aux termes de la circulaire du 26 novembre 1916 (*B. O.*, p. 297), toute succession d'un militaire ennemi décédé sur le champ de bataille, dans une ambulance ou un hôpital de la zone des armées ou de l'intérieur ou dans un dépôt, fera l'objet d'un colis individuel qui comprendra *les objets, sommes et valeurs* composant la succession.

Le bordereau d'inventaire, soigneusement collationné en deux exemplaires, et un extrait intégral de l'acte de décès en double expédition, toutes les fois qu'il aura pu être dressé, ou, à son défaut, un procès-verbal d'inhumation ou un procès-verbal de constatation de décès, seront envoyés en même temps que la succession et par bordereau spécial.

Les valeurs et sommes ne seront en aucun cas versées aux payeurs aux armées ou dans les caisses publiques; elles seront intégralement et dans l'état où elles se trouveront placées sous pli cacheté et scellé; il en sera de même des objets précieux (A).

(A) Nota. — En aucun cas, ces successions ne seront envoyées ni en tout, ni en partie, directement ou par intermédiaire aux familles; de même,

Ces valeurs, sommes et objets seront transmis au *bureau des successions militaires*, qui les fera parvenir au bureau des renseignements aux familles.

Art. 9. *Testaments*. — S'il est trouvé un testament, en procédant à l'inventaire des objets laissés par un décédé, ce testament devra être adressé immédiatement au bureau des successions, sous pli rouge recommandé, accompagné d'un bordereau d'envoi donnant toutes les indications nécessaires sur l'identité du militaire, son recrutement, sa classe et son matricule de recrutement, les lieu et date de son décès et, s'il y a lieu, dans quelles circonstances cet écrit a été découvert.

Art. 10. *Correspondances et colis postaux arrivés postérieurement au décès*. — Ces correspondances et ces colis ne constituent pas des successions. Ils seront envoyés au dépôt du corps auquel appartenait le décédé (circulaire du 22 août 1914); celui-ci retournera les colis postaux à l'expéditeur et remettra les lettres au service des postes.

Art. 11. *Effets, valeurs et armes appartenant à l'Etat. Documents militaires*. — Les effets d'habillement et de campement seront envoyés au magasin administratif le plus proche, désigné par le commandement.

Les armes, jumelles, instruments divers, *autres bien entendu que ceux personnels*, et les munitions, seront versés, dans les mêmes conditions, au service de l'artillerie.

Les valeurs appartenant à l'Etat seront remises au bureau de comptabilité aux armées, par l'intermédiaire du service Trésor et postes.

Les documents militaires seront transmis par la voie hiérarchique à l'autorité militaire supérieure.

Art. 12. *Objets incinérés*. — Les documents, papiers divers et objets ayant servi à l'identification des décédés et qui devront être incinérés dans un but d'hygiène et de salubrité font l'objet d'un procès-verbal relatant toutes les indications qu'ils contenaient et à l'aide desquelles l'identité des décédés a été établie.

Une expédition de ce procès-verbal est adressée au Ministre, Service général des Pensions (Bureau des Archives), en même

---

aucun renseignement au sujet de ces successions ne doit être fourni à qui que ce soit : toutes demandes seront transmises au Bureau des renseignements aux familles qui a, seul, qualité pour y répondre.

temps que l'extrait mensuel des procès-verbaux de constatation de décès.

Section II. — *Expédition. Groupement.*

Art. 13. *Délais. Catégories de colis.* — Tous les envois dont il a été question aux articles ci-dessus seront effectués dans un délai *maximum de un mois*, à compter du décès, de la disparition constatée, ou de la découverte des objets.

Pour tous ces envois, il est indispensable de toujours distinguer les catégories qu'ils concernent et de ne point mélanger ces catégories; en conséquence, les envois doivent être *distincts* pour :

1° Les décédés;
2° Les disparus;
3° Les non-identifiés;
4° Les objets trouvés;
5° Les militaires alliés, en *distinguant* chaque nationalité;
6° Les militaires ennemis;
7° Les bijoux et objets précieux, quelle que soit la catégorie du militaire, décédé ou disparu, s'il est fait un colis spécial, en raison de leur réelle valeur (art. 4).

Art. 14. *Groupement par les officiers responsables de l'état civil.* — Les officiers responsables de l'état civil sont chargés de grouper toutes les successions liquidées par leurs officiers de secteur, ainsi que les biens des disparus, y compris celles des militaires ennemis (1); ils peuvent être chargés par le commandement de ce même soin pour celles liquidées dans les formations sanitaires se trouvant dans leur zone d'action, afin d'assurer une transmission plus rapide et plus sûre en les faisant bénéficier du convoiement.

En ce qui concerne les successions et biens de disparus, des ordres sont donnés par le commandement pour le mode, les lieux et dates de groupement de successions ou biens de disparus, ceux-ci étant assez rapprochés pour que le délai de un mois prescrit dans l'article 13 ci-dessus ne soit jamais dépassé.

Les officiers responsables de l'état civil remettent l'ensemble des colis au chemin de fer, numérotent au préalable chaque colis particulier, le pèsent et portent les indications ainsi recueillies sur le colis lui-même et sur un état d'expédition.

______

(1) Note du G. Q. G. (7227/D. A.) du 28 juin 1917.

Ces colis sont convoyés jusqu'au siège du bureau des successions militaires et à la gare indiquée par ce bureau.

Il est remis au convoyeur, pour être apporté au bureau des successions militaires :

1° L'état susvisé des colis, sur lequel figurera en outre l'indication de l'expéditeur primitif (c'est-à-dire de l'officier qui aurait établi à son sujet les diverses pièces réglementaires);

2° Toutes les pièces administratives relatives à chaque succession ou aux biens de disparus;

3° L'ordre de transport (partie jaune);

4° Le bulletin de parcours dressé en vertu de la circulaire ministérielle du 6 février 1918 (n° 22002).

Art. 15. *Envois directs exceptionnels.* — Lorsque les circonstances n'auront point permis d'organiser un groupement pour tout ou partie des formations dépendant du territoire soumis à l'action de l'officier responsable de l'état civil, soit que ces formations soient trop éloignées, soit qu'elles se trouvent en arrière du centre de groupement, soit qu'il s'agisse de formations sanitaires pour lesquelles le groupement n'aura pas été prescrit, il sera procédé comme suit :

L'envoi de tous ces objets se fera, à la diligence de l'officier qui aura reçu les successions ou biens de disparus, par la voie la plus sûre et la plus directe :

a) Par chemin de fer en gare de Paris-Montparnasse (à moins d'indication différente par le service général des pensions), à l'adresse du bureau des successions militaires, pour toutes les catégories désignées en l'article 1er en ce qui concerne les objets d'un certain poids ou volume;

b) Par la poste, sous chargement, en franchise, également au bureau des successions militaires, pour tous les objets compris au paragraphe *e)* de l'article 4, et pour ceux du paragraphe *a)*, lorsqu'ils seront de faible dimension.

Le mode d'envoi devra toujours être indiqué sur le bordereau d'envoi qui mentionnera le numéro de l'ordre de transport ou de la recommandation.

Les plombs et scellés employés devront toujours être décrits sur l'ordre de transport.

Le bureau des successions militaires se chargera de la transmission des colis :

a) Au chef du bureau de comptabilité des troupes marocaines à Rabat pour les militaires marocains;

b) Au ministère des affaires étrangères ou à toute formation désignée à cet effet pour les alliés, soit directement, soit par l'intermédiaire du bureau des renseignements aux familles;

c) Au bureau des renseignements aux familles pour les militaires ennemis;

d) Au ministère de la marine pour les militaires des armées de mer.

CHAPITRE III.

PIÈCES ADMINISTRATIVES.

Art. 16. *Carnet à souches de successions. Relevés individuels* (Modèle A). — Tous les objets, fonds ou valeurs formant la succession de chaque décédé (Français, allié, ennemi, non identifié), ceux appartenant à des disparus, ainsi que ceux trouvés dans des conditions imprévues, seront inscrits sur le « carnet à souches des successions » dont doit être muni tout officier responsable de l'état civil, officier de secteur, officier d'état civil des corps de troupe ou des services, officier gestionnaire de formation sanitaire.

Ce carnet à feuillets numérotés sert exclusivement à l'inscription des successions ou des biens de disparus qui ont été reçus par celui qui le tient; il reste indépendant de tout autre document administratif, les objets ou sommes recueillis ne devant plus être inscrits sur l'ancien carnet des successions du service de santé. Les relevés individuels ne sont dressés par l'officier responsable de l'état civil que pour les successions et biens de disparus qui lui auraient été exceptionnellement apportés sans passer par l'officier de secteur.

Il sera établi un *relevé individuel* pour chaque militaire, comportant pour chacun un feuillet spécial; au cas où ce feuillet serait insuffisant pour l'inscription de tous les objets, il serait fait emploi d'un feuillet suivant ne relatant que l'indication de la formation, le n° du feuillet, les nom et prénoms du militaire, à l'exclusion des autres mentions; l'existence de feuillets multiples sera en outre signalée par l'apposition sur le premier feuillet des mots « Report au feuillet, numéro..... », et sur le 2° ou les suivants, de ceux de : « Report du feuillet numéro..... »

Ces relevés individuels sont établis en trois exemplaires en une seule fois, à l'aide de deux feuilles de « papier carbone » ínterposées entre les feuillets destinés à fournir les 2ᵉ et 3ᵉ exemplaires (A).

Les feuillets sont numérotés de 3 en 3 sans interruption, même si l'on fait usage d'un feuillet complémentaire pour un même militaire; les deux premiers exemplaires destinés au bureau des successions militaires (à Paris, 1, rue Lacretelle, XVᵉ) sont détachés de la souche; le troisième exemplaire doit y rester attaché. L'ensemble de ces souches est conservé aux archives de la formation et en suit le sort. Les souches d'un bureau de secteur supprimé sont conservées par l'officier de l'état civil de l'armée.

Les carnets sont numérotés par les soins de la formation qui les crée; le premier carnet prendra le n° 1; le deuxième, le n° 2, et ainsi de suite. Pour éviter tout retard dans les enregistrements et les envois, et faciliter les inscriptions en cas de grande affluence, deux ou même plusieurs carnets pourront être simultanément mis en service.

Art. 17. *Mentions des relevés individuels.* — Il est réservé en haut, à gauche, une case qui ne doit pas être remplie; elle est destinée à l'inscription du numéro de la succession à son arrivée au bureau des successions militaires.

L'officier qui établira le relevé individuel y portera les indications suivantes, en se conformant au cadre tracé :

1° Numéro du feuillet;

2° Indication de l'unité qui tient le carnet :

Pour les officiers de secteur de l'état civil : numéro de leur armée et numéro, lettre ou dénomination de leur secteur, sans indication de leur secteur postal;

Pour les formations sanitaires : numéro de la formation, numéro du secteur postal;

3° Numéro du carnet à souches de successions;

4° Numéro de l'envoi collectif, désignation de la gare de départ et date de l'expédition en cas d'expédition directe.

Les officiers de secteur indiqueront uniquement la date de la remise de l'objet à l'officier d'état civil de l'armée qui ajoutera les autres indications ci-dessus que, seul, il possède;

(A) Nota. — On se servira donc pour les inscriptions de crayons bien taillés (de préférence de crayons encre à l'aniline) ou de plumes de verre. Une plaque de zinc ou de carton rigide devra être placée sous le dernier feuillet à impressionner de façon que tous les exemplaires soient nets et lisibles.

5° *Nom patronymique* du militaire, écrit en entier, en *capitales romaines* (exemple : DAUMIER);

6° *Tous* les prénoms, dans leur ordre *normal* et, s'il y a lieu, le pseudonyme;

7° Régiment, grade, classe, recrutement, numéro matricule de recrutement;

8° Nationalité si le militaire n'est pas Français; pour les indigènes : numéro matricule donné dans la colonie, celui-ci permettant seul une identification précise; pour les inconnus et les ennemis : toutes indications complémentaires devant permettre une identification ultérieure. Les noms des *inconnus* seront représentés par la lettre X, suivie des numéros du carnet et du feuillet les concernant;

9° Date et lieu du décès ou de la disparition. Rayer, selon le cas, le mot « décédé » ou « disparu »; inscrire en outre en grandes lettres, s'il s'agit de biens de disparus, le mot « disparu » à la suite des mots « carnet à souches de successions »;

10° Domicile de la veuve et, à défaut, nom des parents, leur parenté et leur domicile, avec l'indication de la commune et du département;

11° Afin d'éviter une nouvelle vérification du colis à l'arrivée, *indiquer* toujours si la succession a fait l'objet d'une *vérification complète* assez rigoureuse pour permettre de ne pas envoyer à la famille ce qui ne doit pas lui être remis; cette indication se fera à l'aide de l'insertion dans la case réservée à cet effet des lettres conventionnelles, suivant le cas : *O. P. V.* (objets et papiers vérifiés), *O. V.* (objets seuls vérifiés), *P. V.* (papiers seuls vérifiés);

12° Renseignements, s'il y a lieu, concernant le numéraire qui aurait été versé au payeur aux armées (numéro du récépissé collectif, indication du payeur et le numéro de son secteur postal);

13° Détail des papiers, valeurs, objets à transmettre au bureau des successions militaires, en mentionnant le nombre de chacun d'eux en chiffres seulement et non en lettres;

14° Date du relevé;

15° Signature de l'officier chef de la formation qui a dressé le relevé et cachet;

16° Observations diverses, s'il y a lieu, telles que, notamment, les causes de retard d'expédition si le décès remonte à une date éloignée, etc...

Art. 18. *Bordereaux de versements de fonds. Récépissés de versement.* — Tout versement entre les mains d'un payeur ou d'un agent comptable du Trésor doit être constaté par la remise d'un « bordereau de sommes laissées » (en double expédition), distinct selon le cas et portant le titre « décédés » ou « disparus » (modèle B).

Les *versements* concernant un même militaire doivent toujours être *groupés* alors même qu'il s'agit de sommes de nature diverse, mais obligatoirement ce bordereau doit faire ressortir les distinctions entre les deux catégories suivantes de sommes versées :

a) Sommes laissées;

b) Solde, prêt échu ou en cours, allocations diverses.

En outre, les versements sont faits distinctement selon qu'il s'agit :

a) De militaires français;

b) De militaires d'origine créole ou coloniale;

c) De tirailleurs sénégalais;

d) De militaires marocains;

e) De militaires de la légion étrangère;

f) De militaires alliés ou neutres (et ce distinctement par puissance);

g) De militaires non identifiés;

h) De sommes ou valeurs trouvées dans des conditions imprévues;

i) De militaires ennemis (les bordereaux de versements de fonds ou valeurs de ces derniers adressés au bureau des successions militaires étant destinés au bureau des renseignements aux familles (art. 8).

Le payeur remettra un récépissé de versement (modèle 8 de l'instruction du service de la trésorerie aux armées du 31 octobre 1904), à moins que la mention de prise en charge par le payeur ne soit portée très exactement au bas de la dernière page du « bordereau des sommes laissées ».

Art. 19. *Transmission des documents administratifs.* — Lorsque les colis sont livrés à un officier ou à un convoyeur chargé d'en effectuer le groupement, l'expéditeur devra lui remettre en même temps les documents administratifs ci-après indiqués.

Au contraire, si l'expéditeur fait parvenir directement les objets au bureau des successions militaires, il devra envoyer à ce bureau ces mêmes documents par pli recommandé, *soit avant l'envoi, soit au plus tard le jour même.*

Les documents administratifs comprennent toujours et dans tous les cas :

1° Les deux premiers exemplaires du relevé individuel concernant la succession transmise (modèle A);

2° Un bordereau d'envoi, en double expédition, au carbone, indiquant :

a) Le nombre, le poids et le numéro de chacun des sacs, caisses, boîtes ou cantines, objet de l'expédition;

b) Le nombre et les numéros des feuillets doubles expédiés et correspondant aux successions contenues dans chacun de ces sacs ou caisses;

c) Le mode d'envoi utilisé, soit transmission au chef de groupement, soit par poste ou chemin de fer, avec, dans ces derniers cas, le numéro de l'ordre de transport ou de la recommandation postale.

Ces documents comprennent, en outre, mais seulement s'il y a lieu :

a) L'ordre de transport (partie jaune);

b) Le bordereau des sommes laissées (modèle B);

c) Le récépissé de versement;

d) Le récépissé de remise au payeur des mandats-poste, mandats-cartes, mandats-lettres (modèle C);

e) Une note pour les militaires non identifiés faisant connaître les circonstances de la constatation de décès et tous autres renseignements pouvant faciliter les identifications (pour éviter toute confusion entre ces non-identifiés, la lettre X, qui représentera leur nom, sera toujours suivie des numéros du carnet à souches et du feuillet les concernant);

f) Pour les valeurs, sommes ou objets recueillis dans des conditions imprévues (art. 8), une note donnant tous renseignements utiles sur la découverte de ces objets.

Art. 20. *Décharges.* — L'un des doubles du bordereau d'envoi prévu par l'article 19 (2°), vérifié et signé au bureau des successions militaires, sera retourné au chef du groupement expéditeur, ou, si l'envoi a été fait directement, à la formation expéditrice; ce bordereau, en retour, indiquera :

a) Le nombre de successions reçues;

b) Le cas échéant, les successions donnant lieu à réserves et tous renseignements utiles à cet égard;

Il sera conservé pour décharge par l'expéditeur primitif et joint par lui à la souche du « carnet à souches de successions » auquel il se réfère.

Modèle N° 285 *bis* à la Nomenclature spéciale.
Modèle A de l'Instruction pratique du 1ᵉʳ mai 1918.

T A L O N.

Nom : (4)
Prénoms (tous dans leur ordre normal) et pseudonyme.
Régiment :
Grade :   Classe :
Recrutement :   Mˡᵉ de Recrutement :
Renseignements divers :
Décédé ou le
Disparu } à
Domicile de la veuve ou des parents (Commune, Canton, Département).

A) VÉRIFICATION. — Indiquer si la succession a fait l'objet d'une vérification complète à l'aide de l'insertion dans la case ci-après des lettres conventionnelles selon le cas O. P. V. (objets et papiers vérifiés), O. V. (objets seuls vérifiés), P.V. (papiers seuls vérifiés).

(1) Les Officiers de Secteur de l'Etat Civil devront toujours indiquer ici le numéro de leur Armée et le numéro ou la lettre de leur Secteur sans faire connaître le Secteur postal.
Pour les formations sanitaires, il y a lieu, au contraire, de donner le numéro de la formation et celui du Secteur postal.
(2) Au cas où l'espace réservé à l'inventaire serait insuffisant, utiliser le feuillet suivant sans reproduire le détail des mentions ; indiquer le numéro du feuillet suivant utilisé et sur ce dernier le numéro du feuillet auquel il fait suite.
(3) Lorsqu'il s'agira de biens appartenant à un disparu, l'indiquer en inscrivant en grandes lettres le mot " DISPARU " à côté des mots " CARNET A SOUCHES DE SUCCESSIONS ".
(4) Ecrire le nom du militaire que concerne l'inventaire en grandes lettres, en majuscules romaines (Ex. DAUMIER).
(5) Mentionner le nombre d'objets en chiffres seulement.

CARNET A SOUCHES DE SUCCESSIONS (3).

Unité tenant le carnet : (1)

N° d'ordre des colis, caisses ou sacs dans lesquels a été expédiée la Succession :

En cas de convoyage (Désignation de la gare expéditrice) :   Date d'expédition :   19

INVENTAIRE DES OBJETS, SOMMES ET VALEURS.

B) NUMÉRAIRE *compris ou récépissé collectif ci-joint N°*   *délivré par le Payeur aux Armées du Secteur postal N°*   *en date du*   19 .

   Montant :

C) DÉTAIL *des papiers, valeurs, objets.*

Cachet

Date :   19

Signature de l'Officier ayant établi le présent feuillet

MODÈLE **B.**

—

INSTRUCTION PRATIQUE
du 1ᵉʳ mai 1918.

—

ᵉ ARMÉE.

ᵉ CORPS D'ARMÉE.

(1) Désignation détaillée
de l'organe expéditeur.

SERVICE GÉNÉRAL
DES PENSIONS.

—

SUCCESSIONS MILITAIRES.

—

(1)

—

Nᵒ 283 *bis*
de la Nomenclature
spéciale.

BORDEREAU des sommes laissées par les dénommés ci-dessous, et dont le montant a été versé au payeur au titre de la Caisse des dépôts et consignations.

NUMÉROS				CORPS ou ÉTABLISSEMENT auquel ils appartiennent.	NUMÉROS		NOMS ET PRÉNOMS.	GRADES.	DATE DU DÉCÈS ou de la disparition.	MONTANT des SOMMES versées.	OBSERVATIONS.
du CARNET à souches des successions.	du feuillet du CARNET à souches des successions.	du REGISTRE des entrées.	du REGISTRE des dépôts.		DE LA COMPAGNIE ou batterie.	MATRICULE.					
1	2	3	4	5	6	7	8	9	10	11	12
										A reporter..	

NUMÉROS				CORPS ou ÉTABLISSEMENT auquel ils appartiennent.	NUMÉROS		NOMS ET PRÉNOMS.	GRADES.	DATE DU DÉCÈS ou de la disparition.	MONTANT des SOMMES versées.	OBSERVATIONS.
du CARNET à souches des successions.	du feuillet du CARNET à souches des successions.	du REGISTRE des entrées.	du REGISTRE des dépôts.		DE LA COMPAGNIE ou batterie.	MATRICULE.					
1	2	3	4	5	6	7	8	9	10	11	12
							Report.....				
							A reporter..				

NUMÉROS				CORPS ou ÉTABLISSEMENT auquel ils appartiennent.	NUMÉROS		NOMS ET PRÉNOMS.	GRADES.	DATE DU DÉCÈS ou de la disparition	MONTANT des SOMMES versées.	OBSERVATIONS.
du CARNET à souches des successions.	du feuillet du CARNET à souches des successions.	du REGISTRE des entrées.	du REGISTRE des dépôts.		DE LA COMPAGNIE ou battorio.	MATRICULE.					
1	2	3	4	5	6	7	8	9	10	11	12
							Report				
							À reporter ..				

NUMÉROS				CORPS ou ÉTABLIS- SEMENT auquel ils apparlien- nent.	NUMÉROS		NOMS ET PRÉNOMS.	GRADES.	DATE DU DÉCÈS ou de la disparition.	MON- TANT des SOMMES versées.	OBSERVATIONS.
du CARNET à souches des succes- sions.	du feuillet du CARNET à souches des succes- sions.	du RE- GISTRE des entrées.	du RE- GISTRE des dépôts.		DE LA COMPAGNIE ou batterie.	MATRICULE.					
1	2	3	4	5	6	7	8	9	10	11	12
							Report.....				
							Total......				

CERTIFIÉ le présent bordereau à la somme de

dont le montant a été versé à la Caisse des dépôts et consignations.

        A   , le   19 .

L'Officier d'état civil

ou

L'Officier d'administration   *gestionnaire,*

Vu :

Le Payeur soussigné déclare avoir reçu la somme de

montant du bordereau ci-dessus et avoir délivré un récépissé à talon n°
en date de ce jour.

        A   , le   19 .

Modèle C.

Instruction pratique
du 1er mai 1918.

• ARMÉE

e CORPS D'ARMÉE.

N° du carnet à souches :
N° du feuillet :

(1) Désignation détaillée
de l'organe qui a effectué
la remise.
(2) Nom, prénoms, grade, corps.
(3) Payeur ou receveur
des postes.

SERVICE GÉNÉRAL DES PENSIONS

(1)

SUCCESSIONS MILITAIRES

RÉCÉPISSÉ

N° 286 *ter*
de la
Nomenclature
spéciale.

ÉTAT des mandats ou bons de poste laissés par le nommé

(2)

(décédé le   19 ;
(disparu le   19 ;

lesdits mandats ou bons remis au (3)

NU-MEROS des MANDATS ou bons.	DATES des MANDATS ou bons.	BUREAU EXPÉDITEUR.	DÉSIGNATION		MONTANT.	OBSERVA-TIONS.
			de L'EXPÉDITEUR	du DESTINATAIRE		
1	2	3	4	5	6	7
				TOTAL..		

*Certifié le présent état comprenant   bons et   mandats, s'élevant
à la somme de*

A   , le   19 .
L'Officier d'état civil,
ou *L'Officier d'administration   gestionnaire,*

Vu :

*Le (3)   soussigné reconnaît avoir reçu les
mandats et bons de poste énumérés ci-dessus.*
A   , le   19
Le (3)

4⁰ ANNEXE.

Succession des militaires américains décédés dans les formations françaises et des militaires français décédés dans les formations américaines.

La destination à donner à ces successions est réglementée par une instruction du sous-secrétariat d'Etat du service de santé militaire du 22 avril 1918, relative à ces successions (A), et par les dispositions de l'instruction pratique du 1ᵉʳ mai 1918 ci-avant.

Cette réglementation est résumée comme suit :

I. — MILITAIRES AMÉRICAINS DÉCÉDÉS DANS LES FORMATIONS SANITAIRES FRANÇAISES.

a) Formations sanitaires des armées.

Les successions des militaires américains décédés dans des formations françaises seront adressées au bureau des successions militaires, 1, rue Lacrételle, Paris (15ᵉ), qui les fera parvenir au Commanding Officer, Effects Dépôt, Base Section n° 1, à Saint-Nazaire (officier commandant le dépôt d'effets, section de base n° 1, à Saint-Nazaire).

Le numéraire fera l'objet d'un mandat sur le Trésor établi à l'ordre du chef de ce dernier bureau.

b) Formations sanitaires du territoire (formations régionales situées dans la zone des armées et formations du territoire proprement dites).

L'envoi des successions sera fait par le gestionnaire à l'adresse du Commanding Officer, Effects Depot, Base Section n° 1, à Saint-Nazaire.

Le numéraire fera l'objet d'un mandat sur le Trésor établi à l'ordre du chef de ce bureau.

II. — MILITAIRES FRANÇAIS DÉCÉDÉS DANS LES FORMATIONS SANITAIRES AMÉRICAINES.

a) Formations sanitaires des armées.

Les successions des militaires français décédés dans des formations sanitaires américaines seront remises à la mission militaire

---

(A) *Note.* — Cette instruction n'a pas été insérée au *B. O.*; toutes les dispositions qu'elle contient concernant la zone des armées sont reproduites dans la présente annexe.

française près l'armée américaine, à Chaumont, qui les fera parvenir au bureau des successions militaires, 1, rue Lacrételle, Paris (15°), en se conformant aux prescriptions de l'instruction pratique du 1er mai 1918, ayant remplacé celle du 2 juillet 1916. Toutefois, les carnets de pécule seront, conformément aux dispositions du décret du 18 avril 1917, adressés directement aux commandants des dépôts par les soins de la mission militaire française.

b) Formations sanitaires du territoire :

1° Formations régionales situées dans la zone des armées;

2° Formations du territoire proprement dit.

Les successions seront remises avec un état du modèle ci-joint établi d'une façon complète (modèle D), à l'hôpital français le plus proche (hôpital militaire permanent ou hôpital complémentaire).

Cet hôpital enverra au bureau des successions militaires les successions de militaires décédés dans les formations régionales de la zone des armées (paragraphe 1) en se conformant aux prescriptions de l'instruction pratique du 1er mai 1918 et en joignant à cet envoi un extrait du carnet à souches des successions (modèle A de l'instruction pratique).

Il liquidera au contraire, directement, en se conformant aux règlements du service de santé, les successions des militaires français décédés dans une formation du territoire proprement dit (zone de l'intérieur, paragraphe 2) (1).

____

(1) Texte nouveau. (*Erratum* du 10 juillet 1918, *B. O.*, p. 2191).

MODÈLE D.

MINISTÈRE
DE LA GUERRE.

**Service général
des Pensions.**

—

BUREAU DES SUCCESSIONS.

—

PARIS
1, rue Lacretelle (XV°).

———

(1) Indiquer le nom de la formation et son adresse.

(2) Tous les prénoms dans leur ordre normal.

Numéros { du présent bordereau
{ du colis

Expéditeur (1)

Adresse

Nom du militaire

Prénoms (2)

Régiment

Grade   classe

Recrutement

N° de recrutement

décédé à

le

Domicile de sa famille

A. — Montant du numéraire compris dans l'envoi

Indiquer s'il a été envoyé du numéraire

par une autre voie

le montant

et à qui il a été remis

B. — Carnet de pécule : N°

C. — Détail des valeurs ou objets expédiés

Date :

Signature et cachet de l'expéditeur.

NOTA. — Envoyer le bordereau et le colis à l'adresse ci-contre.

TABLE DES MATIÈRES.

CHAPITRE III.

PIÈCES ADMINISTRATIVES.

Modèles et annexes.

TÀBLES

TABLE MÉTHODIQUE

I. — Actes de l'état civil

II. — Nationalité.

1° DISPOSITIONS GÉNÉRALES.

IV. — Divorces.

V. — Décès, disparitions. exhumations.

VI. — Scellés.

VII. — Jury.

VIII. — Contributions (personnelle et mobilière).

IX. — Successions.

TABLE CHRONOLOGIQUE

TABLE ALPHABÉTIQUE

A

B

C

CHARLES-LAVAUZELLE ET Cⁱᵉ. — PARIS, LIMOGES, NANCY. — 1926.